中国矿业大学国际汉文化比较研究丛书

国际汉文化研究文集

吴格非　孟庆波　主编

Essays on International
Han Culture Study

中国矿业大学出版社

图书在版编目(CIP)数据

国际汉文化研究文集 / 吴格非，孟庆波主编. —徐州：中国矿业大学出版社，2018.5

ISBN 978 - 7 - 5646 - 3909 - 9

Ⅰ.①国… Ⅱ.①吴… ②孟… Ⅲ.①汉学—汉代—文集 Ⅳ.①K234.078-53

中国版本图书馆 CIP 数据核字(2018)第 032088 号

书　　名　国际汉文化研究文集
主　　编　吴格非　孟庆波
责任编辑　万士才
出版发行　中国矿业大学出版社有限责任公司
　　　　　　(江苏省徐州市解放南路　邮编 221008)
营销热线　(0516)83885307　83884995
出版服务　(0516)83885767　83884920
网　　址　http://www.cumtp.com　**E-mail**:cumtpvip@cumtp.com
印　　刷　江苏凤凰数码印务有限公司
开　　本　787×960　1/16　**印张** 15.25　**字数** 270 千字
版次印次　2018 年 5 月第 1 版　2018 年 5 月第 1 次印刷
定　　价　35.00 元

序

汉代研究在西方汉学、英文文献研究领域中历来是一个重要领域。

从研究者队伍来看，英国牛津大学的德效骞(Homer H. Dubs)、剑桥大学的鲁惟一(Michael Loewe)、荷兰莱顿大学的何四维(Anthony F. P. Hulsewé)、澳大利亚国立大学的张磊夫(Rafe de Crespigny)、加拿大不列颠哥伦比亚大学的加里·阿巴克尔(Gary Arbuckle)、美国哥伦比亚大学的毕汉思(Hans Bielenstein)、宾夕法尼亚大学的德克·卜德(Derk Bodde)、菲尔德自然历史博物馆的劳佛(Berthold Laufer)、俄勒冈大学的杜润德(Stephen Durrant)等人，都是以汉代研究为主攻方向的汉学家。

从论文及著述来看，《古代中国》、《美国东方学会会刊》和《通报》等知名汉学期刊都刊发了大量的汉代研究文章和书评；劳佛的《汉代的陶器》、鲁惟一的《汉代行政记录》、德克·卜德的《古代中国的节日：汉代的新年和其他年度节日》、何四维的《汉律残简》、耶鲁大学傅汉思(Hans H. Frankel)的《乐府诗》、华盛顿大学康达维(David R. Knechtges)的《汉赋：杨雄辞赋研究》、哥伦比亚大学韦慕庭(Clarence M. Wilbur)的《西汉时期的奴隶制度》、加州大学伯克利分校齐思敏(Mark Csikszentmihalyi)的《汉代中国思想导论》等著作，都曾在西方学界引起较大反响；部分中国(华裔)学者的著作也首先在西方出版，例如瞿同祖的《汉代社会结构》、陈启云的《荀悦与后汉思潮》、余英时的《汉代的贸易和扩张》和许倬云的《汉代农业》等。

从研究机构来看，20 世纪 50 年代，魏特夫曾在华盛顿大学主持过“汉代研究计划”；普林斯顿大学目前有汉代史学研究的专门藏书；美国弗瑞尔美术馆、波士顿美术博物馆等，也设有收藏及研究汉代文物的专门机构。

由上可见，西方汉学对汉代的研究包括汉语、文学、思想、历史、民俗、艺术等等，可谓五彩缤纷、洋洋大观。

而与之形成对照的是，国内学术界对国外汉学中的汉代研究尚未予以充分重视。自改革开放以来的几十年间，仅出版过 1983 年的《秦汉史研究译文集》、1992 年的《剑桥中国史·秦汉卷》、2016 年的《哈佛中国史·早期中华帝国：秦与汉》等极少量著作。学术信息的不通畅给中外学术交流与对话造成了障碍，形成汉学领域的汉代研究在国内国外两张皮的局面。中国历史文化属于中国，它也属于世界。中国人在研究中国历史，西方人也在做。只有把中外学界的研究进行交融，我们才有可能真正发现中国文化在世界上的地位和价值。

有关西方汉学界的汉代研究，我们计划在下一辑的《中国矿业大学国际汉文化比较研究丛书》中进行专门的文献搜集和索引。在本辑中，我们结合国际汉文化比较研究中心研究队伍的实际情况，从语言、文学、史学、政治、思想、社会等方面入手，虽详略失衡但也力争全面地反映国外汉代研究的基本情况。尽管篇幅有限，但我们也向外单位的相关研究人员约稿，征集汉语原创文章，尽量体现出中外学界在汉文化研究领域的立意、概念、方法、结论等方面的异趣，体现本套丛书的“比较”特色。

需要说明的是，本文集所节选的原著中多有与史实出入的地方，包括纪年、地名等，为尊重原著，在翻译中未作改动，有的加了译注进行了说明。最后，鸣谢许昌学院魏晋文化研究所师彬彬博士为本书的最后定稿做了精心细致的审校工作。

中国矿业大学国际汉文化比较研究中心

二〇一八年三月

目　录

资治史学:班固和西汉的历史记录[1]

萨金特 著 王梦景 译

(中国矿业大学 国际汉文化比较研究中心)

朝代史

公元一世纪后半期,一位中国学者提笔开始编纂历史记录。一次政治失言过早地终结了他的政治生涯,但他却将自己人生的二十个年头都献给了这项工作。其汇编的文献后来构成了世界上最具影响力的历史文献的一部分。这位学者是班固(公元 32 年—92 年),而这部耗尽了其大半生的著作就是《汉书》,[2]即汉文献,或(前)汉代文献。

班固的《汉书》是中国"朝代史"二十六史的第二部。[3] 中国的"朝代史"上起公元前三世纪的传说时代,下至公元 1911 年结束统治的清朝。这些"朝代史"以两汉史(公元前 202 年—公元 221 年)[4]为肇端,逐渐形成了为统治中国的历朝历代编纂历史文献的传统。除了第一部,[5]其他的二十五史因各自针

---

① 原文出处:Sargent, Clyde B. The Far Eastern Quarterly, Vol. 3, No. 2 (Feb., 1944)。pp. 119-143.

② 《(前)汉书》,由德效骞教授(Homer H. Dubs)节选翻译,英文书名为 The History of the Former Han Dynasty (巴尔地摩,1938 年版)。本文接下来将会证明,这本书并非"史书",而是一些文献合集。因此其他的几个书名似乎更为恰当,参见德效骞的《王莽及其经济改革》,《通报》,35(1940),第 220～221 页。本文引用的版本为王先谦(1842—1917 年)的版本《汉书补注》。

③ 参看伟烈亚力(Alexander Wylie) 的《中国文献纪略》(Notes on Chinese Literature,上海,美国长老会出版社,1901 年重印),第 16 页列出了二十四史,第 15～24 页对二十四史做了简单介绍。第二十五史为柯劭忞著《新元史》,第二十六史为 1914～1928 年编撰并与 1927 年～1928 年出版的《清史稿》。后者 1928 年停止公共发行,在 1937 年又重新发行,但当时的中国政府并没有采用这部书。贾德纳(Charles S. Gardner)《中国传统史学》(Chinese Traditional Historiography,剑桥大学出版社,1938 年版),第 97 页～98 页。

④ 译者注:汉代历史为公元前 202 年至公元 220 年,此处萨金特给出时间范围有误。下文同。萨金特在本文第三部分《汉书范围》中解释说明了几个存在争议的年份数字,但与我国公认的年份起止有别。

⑤ 司马迁《史记》,见沙畹(Edouard Chavannes)翻译的法语版《史记》(巴黎,1895—1905)。

对一个单独的朝代收录文献而成为严格意义上的“朝代史”。也是除了第一部外，这二十五史全都沿袭了班固的记录传统。（这个传统）通常的操作方法是：任何一个朝代灭亡之后，新朝代的统治者就会下令对之前的朝代进行有选择的史料编纂。值得一提的是，被编纂“历史”的朝代正是被那个下令编书的统治者或其前任推翻和取代的朝代。新王朝选出一位史官或一批史官，然后编纂工作就开始了。完工后，草稿被呈递给皇帝去判定编纂工作是否合格。待工作得到了皇帝的认可进而获得圣谕，它就成为了获得认可的“朝代史”。这样做的结果就是二十六部历史文献，包括正式的二十五史和非正式的《清史稿》（如果其获得当时中国政府的肯定，就是“第二十六部朝代史”）。

一些数据可以简单说明这些收集来的历史材料。二十五史的官方版本总计印刷 880 卷，不计评注约一千万字。完整加注的英文版翻译约需一千九百万字，三百页一卷的话，需要四百卷。① 这比卷帙浩瀚的《大英百科全书》多了一大半。

通常这些历史文献的编纂遵循一套统一的体例，当然每个朝代会有一些细微的改变。本文讨论的班固的《（前）汉书》，正是这种体例的一个范式。

《汉书》的体例

班固的著作分为四部分。第四部分的双重特性其实还衍生出第五部分，这一部分虽然不能称为一个独立的范畴，但作者很可能将其视为第四部分中一个独立的部分。这四大部分分别为：(1) 纪（帝纪，第 1 卷～12 卷）；(2) 表（第 13 卷～20 卷）；(3) 志（第 21 卷～30 卷）；(4) 列传（第 31 卷～100 卷）。“列传”包括两类资料：列传（第 31～93 卷及第 97～100 卷）和几篇讨论“外国事务”的文卷（第 94 卷～96 卷）。这四部分之首的“纪”，至关重要。其他部分基本是“纪”的补充，为编者呈现皇室的政治历史提供关键的支撑材料。

“纪”是记录王朝统治者生活和治理事物的文献及评论。每个帝王一卷。在班固那里，共计 12 卷，记录了王莽摄政（公元 6 年—9 年）前的 12 位登基的帝王。西汉最后一位王位继承人披上龙袍不复可能，因王莽推翻了西汉并创建了新朝（公元 9 年—23 年）。班固编纂的这些“纪”主要是一些存于皇室档案馆里的法令和记录，它们构成了《汉书》的核心，这部著作的其他部分均围绕着“纪”而展开。“纪”按照时间顺序跨越了公元前 209 年②到公元 6 年，而呈

① 这并不包括《清史稿》，形成这份数据的图表类似德效骞翻译的《汉书》。

② 译者注：此应为公元前 206 年，原作者有误。

现的资料并没有显现出任何必然的连续性或统一性。这些记录是由叙述和编者注放在一起构成的。

“表”是关于以下几方面的列表:(1) 所有帝国诸侯王;(2) 大约二十位公卿;(3) 古今名人。表列帝国诸侯及享受封地采邑的贵族姓名的分为五组六卷(即第13卷~18卷)。其中第一卷是和刘氏皇族同姓的《异姓诸侯王表》(第13卷)。在其征战过程中,汉朝建立者高祖(姓刘)①册封了一些军官和助其推翻秦王朝(公元前221年—206年)的农民起义的人为王②;这一列表列出了这些册封。然而,汉高祖在登基之后提出一个原则,即后来常被引用的不姓刘不能封王,③高祖的余生都在削除那些异姓支持者在新王国的分封。④ 第二个“表”是《诸侯王表》(第14卷)。高祖之后(公元前202年—公元195年),所有册封的王侯均是刘姓,通常是在位帝王的儿子们。这个表列出了这些王侯,并解释了他们为什么得到封地,通常仅仅是因为他们是皇子。第三个“表”《王子侯表》分为两部分(第15卷),讲的是封侯的帝王的孙子们。第四个“表”是《功臣表》(第16~17卷)。这其中包括因各种原因王权希望通过封侯承认他们的一些有功之人和臣子。这些人并非来自皇室。第五个和最后一个“表”是《外戚恩泽侯表》(第18卷)。大多数时候这些人是王后和宠妃的父亲兄弟或侄甥。每一个表都是按照时间顺序记录的,即分封这些封地的年份。每个条目都是以封地的名字以及首先享用新封地的人名命名的。接着描述封地历史,包括最初的所有者到后来继承者的名字,如果封地曾经被废除,这一部分还会加上封地的最终归属。对拥有封地的每一个贵族而言,这些“表”解释了其受封的原因(通常是因为他与一个贵族有关系或者是他为王朝,也即为皇帝立下了汗马功劳),受封的精确日期,封地大小,封地何时收回(要么是贵族死了,要么是爵位被削),以及其子嗣的姓名。这些“表”为研究汉代封建制度的性质、程度、运作提供了可观的资料,也为计算纪传体日期提供了最为便捷的材料。

---

① 汉高祖(公元前247年—前195年;公元前202年—前195年在位)是汉朝的建立者也即第一位皇帝高帝的庙号。参看德效骞:《汉高祖之名与祖先》(The name and ancestry of Kao-tsu),《通报》,32(1936),第59~84页;以及德效骞译《汉书》卷一,第27~150页。

② 王,这个头衔的翻译,参看萨金特《王莽:从〈汉书〉看官方对其篡权的记载》(Wang Mang: A Translation of the Official Account of His Rise to Power as Given in the History of the Former Han Dynasty),第四部分,n. 22;第七部分,n. 89。此文彼时尚未发表,将会由美国东方学会发表。这一卷最初在1941年11月7日发表于上海。

③ 《汉书补注》,ch. 99A,p. 15b. 参看德效骞译《汉书》卷一,第201页。

④ 参看德效骞译《汉书》第一卷。

紧接着这些王朝封地采邑列表的是《百官公卿表》(第19卷)和《古今人表》(第20卷)。前者列出了占据主要官职的人名。他们任职和罢免的日期也一并给出。《古今人表》中,那些中国历史上显赫的人物——从史前的夏朝(通常是公元前2205年—前1766年)到东汉初期——被分为三大类罗列开来:(1)德性高尚永远不会做出龌龊之事的人;(2)德性败坏永远不会改邪归正的人;(3)德性大多由环境因素决定的人。

“志”是一组有关各种话题的文卷。不同的“朝代史”,“志”的数量也不同。班固的《汉书》里共十篇志。每个独立的“志”的主题分别为:(1)《律历志》(第21卷);(2)《礼乐志》(第22卷);(3)《刑法志》(第23卷);(4)《食货志》(第24卷);(5)《郊祀志》(第25卷);(6)《天文志》(第26卷);(7)《五行志》(第27卷);(8)《地理志》(第28卷);(9)《沟洫志》(第29卷);(10)《艺文志》(第30卷)。这些文卷均出自真实材料。从整体上看它们缺乏充分的观点和评注,但从很多方面来说,它们却为后世历史学家提供了最富意义的编纂材料,历史学家可以利用这些资料构建一副汉代图景,并对编者提供的真实材料做出阐释。

“传”(不包括那少数几篇边疆关系的文卷)是那些生平活动对王朝产生影响的关键人物的传记(第31卷~93卷,第97卷~99卷)。这些列传的大部分讲述的是为西汉政府,尤其是西汉王室(因为这两者的确很难区分开来)立下汗马功劳的人。而如果流氓骗子的不法行为直接影响了王室的声誉和地位,那么他们的传记也会被涵盖在这一部分中。和《汉书》前面几部分一样,“传”也是编年体。所有的材料都是按照时间顺序排列的,没有统一性或概述。然而,“传”却为我们理解和阐释那个时代提供了很多相关材料。

“传”的第二部分是一组与“外国事务”相关的文卷。这些文卷如果作为独立的有关边疆事物的“志”放在前面的“志”中会更加合适一些。《汉书》中这类文卷有三篇,和帝国的边疆少数民族相关。它们分别是:(1)《匈奴传》(第94卷);(2)《西南夷两粤朝鲜传》(第95卷);(3)《西域传》(第96卷)。

班固作品中特别有意思的一点是其将三卷传记放在了上述边疆卷节之后。它们分别是《外戚传》(第97卷),《元后传》(第98卷),《王莽传》(第99卷)。这三卷为何与“传”的主体部分隔开,班固没有给出解释。个中缘由我们只能猜测了。我们有理由相信,其中一个原因是班固刻意地想要表达一种微妙的儒家式谴责。我们能够轻而易举地感受到他对这三卷[1]中人物的不屑。这种态度足以证明:他认为这种非难是恰如其分的。因此他很有可能是故意将这种不屑放在了对边疆蛮夷之人的描述之后,也即整部《汉书》的最后。对王莽公开的责难(作者本人在本卷最后表达的不满是显而易见的)是因为王莽颠覆了汉朝的统治。而对待孝元皇后的问题上,班固(抑或班彪?)特意指出她一定程度上导致了王莽上位,也即作者一直使用的词"篡权"。班固试图温和地表达他对孝元皇后的不满,指出她的失责仅仅是出于无能,尤其是无力掌控遏制王莽。[2] 值得指出的是,除了"高后纪"(第二卷),[3]这一卷是《汉书》中唯一的一个卷节全文讲述一个女人。在对待这些后宫嫔妃方面,班固的态度一般是隐晦地表达谴责,因为她们多会设计干扰朝政甚至对皇室继承人的问题产生决定性的影响。证据表明,班固认为这三卷中的人物理应受到他的谴责。如果这些猜测成立的话,那么将这几卷"传"置于边疆蛮夷传之后,也即整部书的最后,正表明其一以贯之的儒家在进行历史评判时使用的方法,也足以表明班固如此安放这三卷来表达他的不满是故意为之。

《汉书》以《续传》(第 100 卷)结束,这一卷是作者本人的自传。[4]

《汉书》范围

《汉书》涵盖的时间就是汉代(公元前 202 年—公元 9 年)。[5] 但班固将汉高祖抗秦、争霸、最终建立汉王朝的"革命的"七年也包含在内了。在那些敌友中,最著名的当属项羽。汉高祖先是和项羽一道推翻了秦朝,后又打败了项羽建立了霸权。因此,《汉书》的起始年份为抗秦开始的公元前 209 年。刘氏家族在公元 25 年重新掌权,汉朝得以延续;为了将这两者区分开来,后世分别称为西汉和东汉。[6] 虽然现实中西汉在公元 9 年 1 月 15 日倒台,王莽废除了最

① 在每一卷最后的关于"赞"的简短评论中,作者的责难都是显而易见的,尤其是第九十九卷后的"赞"。

② 如《汉书补注》ch. 98, p. 12b 及 ch. 99A, p. 25b。

③ 德效骞译《汉书》,第一卷第二章。

④ 德效骞译《汉书》中有其翻译。

⑤ 高祖于公元前 202 年称帝。

⑥ 西汉和后汉,也称为西汉和东汉。第二种说法来自王朝都城的位置,西汉的都城在长安的西面,靠近今天陕西的西安,而东汉的都城在现在河南洛阳以东。本文中,作者用了"Latter Han"而非"Later Han"来对应德效骞所用的"Former Han",而萨金特实际更倾向于"Earlier Han"这一种译法。

后一位储君并创建了新朝，自封为王，①但班固的《汉书》却将记录时间一直延续到公元25年东汉建立那年。在这17年间(即公元9年—25年)，实际上还有另外一个朝代(王莽的新朝，②公元9年—23年)，和一位失败的汉朝冒牌货执政的两年(公元23年—25年)。③ 班固作为东汉的官方钦定史学家，其对汉朝历史的"忠实"记录得到了来自西汉统治者后人的认可，因此班固是不会承认王莽政权的合法性的，同时他依然忠诚于自己的资助者，也由于西汉和东汉的关系承认了东汉政权。这种双重对待——如果不是出于个人信仰的话——大量见于《汉书》很多卷节里对王莽的负面评价中。班固和他表达出来的不屑与谴责即使不是至关重要的，也是政治上的权宜之计，这使得中国和西方的史学家均不是非常公正地将王莽的登基称为"篡权"，将其政权视为一种"过渡时期"，蔑视的态度显见于中英文各处。班固坚持认为王莽新朝在政治上是非法的，因此他并未将公元9年～23年视作一个独立的朝代，而是将其一并纳入了汉代范围内。④ 班固同样将短暂执政的刘玄纳入《汉书》，刘玄为"更始帝"，死后被东汉第一任皇帝——光武帝追封为"淮阳王"。因此班固《汉书》的涵盖时间为公元前209年到公元25年。

公元前209年—前206年，高祖、项羽及其他人起义抗秦，于公元前206年推翻秦朝。

公元前206年—前202年，高祖为汉高帝，与项羽进行楚汉战争，于公元前202年击败项羽。

公元前202年—公元6年，汉代，十二位皇帝。

公元6年—9年，王莽成为西汉最后一任皇帝摄政王。

公元9年—23年，王莽新朝。

公元23年—25年，淮阳王刘玄称更始帝。

公元25年，刘氏家族重新夺权，始建东汉。

---

① 对这一阶段的探讨，参看德效骞译《汉书》，vol. 3；以及《王莽及其经济改革》，载《通报》，35(1940)，第219～265页；施坦格(Hans O. H. Stange)《〈汉书〉卷九九〈王莽传〉译注》(莱比锡，1939年版) leben, personlichkeit und werk Wang Mangs(柏林，1934年版)；以及上文所引萨金特。

② 新。这个术语作为王朝名称的意思，参看上文所引萨金特，第16部分，n. 113。

③ 刘玄在位时的年号为更始，谥号淮阳王。

④ 主要在第九十八卷和九十九卷。反抗王莽的战争起于公元23年，终于公元25年汉朝恢复国号，《后汉书》卷一《光武帝纪》也有所提及。

《汉书》编者

通常讲到《汉书》,都会将班固视为唯一编者,这肯定是实至名归的。但他也曾直接或间接受到几个人的帮助,这里值得一提。

对《汉书》编纂有直接贡献的人是班固的父亲班彪(公元 3 年—54 年)及其妹妹班昭(约公元 45 年或 51 年—公元 114 年或 120 年)。在王莽失败被杀,公元 23 年新朝被推翻后不久,班彪私自开始编纂他认为至关重要的文献,即西汉史。[①] 大约一百年前,司马谈(卒于公元前 110 年)及其子司马迁(约公元前 145 年—前 86 年)编纂的中国通史为班彪提供了"创作"灵感。司马家族的中国史始于公元前 28 世纪传说中的黄帝时代,跨越殷商时期(约公元前 1500 年—前 1050 年,其时中国还分散着各自独立的部落)、重要的周朝(约公元前 1050 年—前 221 年,中国的社会组织经历了封建社会的开始、兴盛、衰亡)、[②]秦朝(公元前 221 年—前 206 年,中华帝国形成,中国完成了历史上的首次政治统一)[③]以及西汉(公元前 202 年—9 年)的大部分时期(年轻而又缺乏经验的秦王朝实行的高压管制逼迫农民起义,使汉朝取而代之)。然而,司马家族的中国史却是在汉武帝(约公元前 140 年—前 87 年)封疆拓土的时期编著的。几乎就在司马迁刚刚封笔完成《史记》(约公元前 87 年)后,那个曾经重金资助这部著作的王朝开始了长期的腐败解体,并最终元气尽失,走向衰亡。司马家族的为西汉的早些年提供了历史资料,而班固家族则补充了王朝的逐渐衰败这一重要阶段。

班彪没能完成自己的计划就死了,他的儿子班固接手了这项工作。同时也是班固撰写了《汉书》资料搜集的整体计划,并承担了筛选编排这些文献资料的主要工作。他一做就是二十余年,[④]但不幸激怒了皇室并二度被投入监狱。[⑤] 班固死在了狱中,几案上是尚未完成的手稿。

但上天对那些想要了解汉代的人们不薄;因为班固还有一位勤勉不辍能

---

① 被视为司马迁《史记》的补充,也即《后传》。

② 有关殷商时期和周朝,参看顾立雅(H. G. Greel)的《中国的诞生》(The Birth of China,纽约:Reynal and Hitchcock,1937 年版)。

③ 参看德克·卜德(Derk Bodde)的《中国第一位统一者》(China's First Unifier,莱顿,E. J. Brill 出版社,1937 年版)。

④ 《后汉书·班彪列传》。

⑤ 他一生曾两次入狱,一次因为修订其父亲的著作,一次是作为官员失职。

力超群的妹妹。她就是被称为"中国最伟大的女学者"的班昭。① 当兄长在牢狱中遭遇不幸后，班昭保存了班固耗尽大半生完成的手稿，班固被政治打断的工作在班昭那里得以继续下去。最后就是我们今天看到的《汉书》。

没有资料显示班氏家族的这三位成员各承担了多少工作。但应该主要是班固制定了筛选编排资料的整体计划，并承担了大部分文字工作。班昭主要负责《表》(第 13 卷～20 卷)，《天文志》(第 26 卷)，以及《王莽传》(第 99 卷)。② 在得到皇帝认可并为官方采用之前，也是班昭负责了最后的修订工作。在其儿女后来完成的作品中已经没有任何痕迹来表明班彪做了哪些工作了。但有资料表明是班彪撰写了《元后传》(第 98 卷)。③ 如果是这样，那就与这一卷的评价有直接关系了。因为元后时期班彪尚是少年，虽然这一卷的大部分材料之前没能被记载下来，但却很可能来自班彪的个人经历或年少时家里的一些议论。④

资料来源

《汉书》的编纂用到了三类资料：(1) 西汉学者的文字资料；(2) 班固开始这项工作时，东汉文献中的西汉史料；(3) 个人经历及口述史。

班固和其他编者采用的关键资料来自以下几人。这些人的文字资料对《汉书》起到了间接的帮助。最重要的人物当属司马谈和司马迁。《史记》为《汉书》前六卷的"纪"和那些公元前 87 年人物"传"提供了大致的框架和鲜活的资料。班固基本采用了《史记》提供的框架，完全采用了《史记》提供的资料，只是稍作修饰而已。⑤

其他对班固的资料搜集工作有主要贡献的是陆贾、刘向刘歆父子。从战

---

① 参照孙念礼(Nancy Lee Swann)的《班昭传》(Pan Chao, Foremost Woman Scholar of China，纽约：世纪出版社，1932 年版)

② 同上，第 47 页～48 页。

③ 有说法这一卷的"赞"是由班彪完成的。《汉书补注》，ch. 98，p. 15a。

④ 班氏家族在朝堂上地位显赫，担任要职。班彪的父亲与元后有私交，其姑母与元后同时代，还是其丈夫的小妾。元后死的时候，班彪十二岁。参看德效骞《王莽及其经济改革》，《通报》，35 (1940)，第 220～222 页。

⑤ 对两本书的相应卷节进行粗略比较会发现，班固仅仅是从司马迁那里借鉴了相关的卷节，改动不大，大部分是文字上的变更而非事实上的修正。参看德效骞译《汉书》及上文索引沙畹译法语版《史记》。班固借鉴司马迁的方法表明了他编纂整部作品的方法，同时也说明他本质上是一个编者，而非进行批评的历史学家。

争年代到汉朝建立这一段时间的处理，班固主要借鉴了陆贾的《楚汉春秋》。① 十篇“志”中至少有六篇是班固借鉴了前者的文献。《刑法志》中资料主要来自刘歆。②《艺文志》主要基于刘向和刘歆的《七略》。③《五行志》主要参考了《尚书·洪范》④和刘向的《五行传记》。《地理志》受惠于刘向。⑤《律历志》受到了刘歆《三统历谱》的影响。《礼乐志》则主要参考了诸如《礼记》、《仪礼》、《周礼》、《月经》等文献。班固的诸多评论则得益于王充的《论衡》。⑥

但班固的主要资料则来自皇室档案。⑦ 文献中广泛的引用证明了这个猜测。不仅如此，班固所处的位置也允许他去处理相关皇家文献，身为史官他无疑可以接触到皇家的各种档案记录。但即便有证据表明他利用了这些文献资料，我们仍不免疑问：西汉的这些资料果然全部都能为班固所用吗？王充《论衡》中提到公元 25 年（即刺杀王莽两年后），一个名为“赤眉军”⑧的秘密组织在长安起义反抗刘玄（谥号淮阳王），彻底洗劫了长安，烧毁了皇宫。⑨ 这次起义的破坏之大连班固都称“烧长安宫室市里”、“民饥饿相食”。⑩ 王充指出，在这场大规模的破坏运动中，皇室档案中的手稿、文献等都散失了。⑪ 很多可能都在起义军血洗长安时焚烧殆尽了。⑫ 如果是这样的话，那班固从何处得到的文献，这些文献又是什么呢？现在我们已经不可能进一步质疑了，但却表明班固资料来源的问题还有进一步探讨的空间。在没有更多令人信服的证据的前提下，我们只能接受传统的观点，即班固直接采用了在长安之乱中幸存下来

---

① 陆贾，《楚汉春秋》。德效骞译《汉书》，第一卷第 1 页。

② 刘歆（公元前 45 年？—公元 23 年）。参看萨金特，第四部分，n. 48。

③ 刘向（公元前 79 年—公元 8 年）、刘歆著《七略》，参见上文贾德纳，第 33 页～38 页。原文作者译为“Monograph on natural law and its political reference”，此处作者认为也可以译为“Monograph on the five elements”。

④ 《尚书·洪范》。上文所引贝德士，第 27 页～28 页。

⑤ 贾德纳所引马伯乐，《远东古文物博物馆通报》(Bulletin of the Museum of Far Eastern Antiquities，9(1909)，595，n. 1.)

⑥ 王充：《论衡》，III，1，(见福尔克(Forke)译《论衡》[两卷本，莱比锡：Otto Harrassowitz 出版社，1907 年—1911 年版]，第二卷第 6 页)；III，2(福尔克，第一卷第 306 页)；XX，2(福尔克，第二卷 276 页)；XXI，1(福尔克，第一卷第 218～219 页)。参看萨金特：《序言》，n. 57；第一部分 n. 4；等各处。

⑦ 参看德效骞译《汉书》，第一卷第 215 页。

⑧ 萨金特《序言》，n. 51。

⑨ 王充《论衡》，XX，2(福尔克，第二卷第 276 页)。

⑩ 《汉书补注》，ch. 99C，p. 29a.

⑪ 参看上文引王充。

⑫ 如果公元 23 年，未央宫失火时(《汉书补注》，ch. 99C，pp. 28b～29a)且其他宫殿也一并起火时(《汉书补注》，ch. 99C，pp. 26b～27a)没有摧毁它们的话。参看萨金特，《序言》，n. 50。

的西汉文献资料，这些资料后来被保存在了东汉的档案中。

班固依赖的第三种主要资料来自口述，这一点不可或缺至关重要。除了那些在朝臣中流传开来的故事，班固还同时从他自己家族的只言片语中听到了一些，进而影响了他的创作态度。班氏家族至少和西汉的最后三任皇室关系紧密，其中就有位置显赫的妃嫔和位高权重的官员。① 西汉和班氏家族同时期的一些名人的故事可能就这样传到了东汉，并在班氏家族中流传开来，最终影响了班固。②

编纂原则

中国传统的史书编纂方法与现代中西方历史学家的方法具有天壤之别。现代史学家首先收集数据、分析数据，然后发掘出符合他选题的条件或可能性，最后利用这些数据来支撑他的文卷。与此不同的是，老派正统的中国史学家所采取的古典方法却主要局限于收集数据。

在某些方面，中国正统的描述历史的方法保留了一份难能可贵的中立性。历史叙述的支柱通常是一些记录资料。作者收集、筛选、安置好这些资料后让它们自己言说，这样就给读者留下了一种中立印象，获得的评价也客观公正。但这种方法却缺少对文献进行批判性的评价，也缺少对整体历史情境的客观关注。

但这种不加批判的客观性也只是笼统而言，因为编者经常自己就违反了这种理论上的公正方法。他通常会对资料加以个人评论。这些评论所呈现出来的态度有时会与资料有大量冲突，偶尔还会完全颠覆资料本身理应给读者留下的印象。因此，我们不能说编者是没有态度、没有偏见、没有观点的，也不能说这些态度、偏见、观点没有出现在记录中。(研究中国历史的)学生必须时刻警醒这点。因此，中国史学家的方法是一种对资料文献的非个人的编纂方法，是资料自身在描述历史。中国史学家的艺术有赖于其自身如何筛选、编排这些资料，如何针对历史事件呈现自身态度，如何简单地表达个人观点并婉转地表达其个人感想。班固正是采取了这种方法并充分利用了编者的这种特权。对其《汉书》的研究有三个结论：(1) 班固主要不是一个史学家或批评家；

① 参见德效骞：《王莽及其经济改革》，《通报》，35(1940)，各处以及上文所引萨金特，《序言》。

② 流传下来的传统说法的影响解释了为什么在班固的《汉书》中存在一些不一致的地方。明显的例子就是发生在讨论王莽时。除了作者本人对文献资料的评论有几处前后自相矛盾之外，整个卷节某种程度上也是矛盾的。在这一卷的第一部分尤其如此，虽然文献资料全都有利于王莽，但作者的评论和整体给人的印象却恰恰相反。

他是一个小心谨慎的编纂者；（2）他不做评价，但他会有个人观点；（3）时局要求他所呈现出来的个人观点必须与他的资助者，即东汉刘氏统治者的意愿相符。这些统治者是西汉刘氏的后代，因此班固必须对前朝保持他的忠诚，对任何有损西汉皇室利益的行为（如王莽篡权）表示谴责。

大多数正统的中国史学家遵循着传统的治学目标收集历史资料，却忽视了那些影响历史进程的更为细微关键的因素。虽然他们与事实打交道，但他们却不分析事实，也没能发现引起这些历史事件的原因，他们并没有探讨这些相互关联的事实的相关性。对王莽货币改革的处理正表明了很多中国历史文献编纂者的历史观点在这方面存在欠缺。在《食货志》中，班固完整记录了王莽在货币流通方面意欲建立的繁杂的货币体系。他完整列出了王莽发行的货币，并详细描述了每种货币。在其他卷节提到这些货币改革时，班固总结道：这个体系太新太复杂，人民被弄得晕头转向，不愿使用这些货币。但他没有提到新的局势需要一个更为精密的货币体系来促进经济发展。他也没有提及改善的交通更为高效，使得商品货物可以在更大范围内流通，随之而来的贸易的增加，以及这种货币体系所需要的、背后的各种历史条件。我们不能期待在货币学方面看到这些解释，但在一部通史专门讲述经济的一卷中没能看到分析性的文字还是让人非常失望的。另外一个例子是班固对王莽土地改革的描述。他仅仅浮光掠影地记述了土改的表面。在他搜集的一些资料中，他给出了大量例证表明地主制已经有了长足发展，①但在《食货志》中谈到王莽的土改时，他却并没有指出土地所有制的条件和王莽改革之间存在丝毫的联系。②

然而，正统的中国史学家并非没有一点治学之术。其“术”较现代史学家而言更为缜密微妙。这是一种典型的儒家式的、中国式的学术之道，其与西方及现代中国历史研究方法的区别很大程度上在于编纂历史数据的目的。（孔）子曰：“举一隅，不以三隅反，则不复也。”③旧时的中国史学家也经常希望其读者的领悟力和洞察力能够如此。他提供最关键的事实；对这些事实的个人评判也会有所暗示，但他更希望读者能自己去领悟全部的论述。正统的中国史学家在书写时秉承的特质和中国艺术家创作山水画时的特质是一模一样的。在创作山水画时，营造某种“氛围”的关键因素被艺术家呈现出来，接下来就是

---

① 比如《汉书补注》，ch. 11，p. 3a。

② 这个不足就是因为与现代中西史学家采取的历史观和历史书写的目的有天壤之别。对统治者政治道德的强调（见下文讨论）使任何对事件及其起因的彻底探究都变得肤浅无比。参看上文所引贾德纳，p. 13。

③ 《论语》，VII，8（理雅各：《中国经典》，第一卷第197页）。

巨大的留白，需要读者调动想象力去填充。与此类似，中国史学家也仅仅勾勒出一个大致的框架。

支配古代中国历史文献编纂的两个原则（本质上是儒家式的）是：(1) 褒贬原则；(2) 正名原则。对中国历史文献的评价必须考虑到这两大书写原则。

所谓褒贬原则，就是历史文件的编者对历史事件的伦理判断超越了对事件本身细致的、分析性的论述。对这个原则的强调相当于引入了一种历史评价的概念，这与崇尚客观、分析的历史书写价值的现代历史学家脑海里的概念是相左的。中国史学家的任务在于坚持正统的政治道德，其编纂文献的方法就是要体现出真实的政治事件与这种正统的政治标准之间的关系。因此，他的历史记录主要是对政治事件的伦理阐释，为后来的统治者提供政治道德上的指引。① 这些历史学家脑海里的重中之重是必须根据正统的标准将历史描绘成它应该是的样子，而非其本来面目。对史学家而言，"历史"并不是去全面、分析性地研究政治经济力量与政治事件之间的关系，而是从历史事件中筛选一些实例为统治者提供道德指引。他更关心的是"正直的人"应该如何行事，他不关心引起这些行为的强有力的原因，尤其是环境因素导致的政治行为。强调这种政治道德和历史的伦理评价的抽象原则，无疑妨碍了他们基于现存的环境去探索历史事件，历史事实的呈现也就让位于受到理论和传统标准影响的对真实事件的评价了。因此，历史文献就成了编者评价事件的有预谋的呈现，而不是调查与分析，这一点又常常是由编者正统的政治道德所决定的。

班固（抑或其妹妹班昭）一提到王莽建立的新政府就会使用"篡权"一词，其处理态度正好表明了历史文献的编者受固于正统的政治观念而完全无视真实的现状。② 王莽上位时，当时的皇帝已经沦为朝堂政治势力的工具，各方家族的政治团体正相互逐权，旨在以此控制皇帝和政策来为自己获利，地方组织也已经变成腐败的封建体系，对工业和贸易利益的追逐控制了这个国家的经济运行，以致民不聊生压迫重重。班固对此均予以默认。但是，当他提到王莽的时候，班固认为需要调整百姓利益和资本利益的关系来避免社会革命，因此在对待王莽反抗既存的权威方面，班固采取了双重标准。他并没有将王莽的"新政"放在当时的社会、经济、政治环境下去评价，而是斥责了王莽。班固遵

① 参见上文所引贾德纳，第 12～14 页；恒慕义（Arthur Hummel）《一位中国史学家的自传》（Autobiography of a Chinese Historian，莱顿：E. J. Brill 出版社，1931 年版），p. xvii.

② 参看萨金特：《序言》。

照的道德标准是臣子对皇帝的无条件效忠（不顾皇帝是否当得起这份忠诚）、对传统上承认的皇室家族忠诚（而无视一个即便是他自己都会承认的事实，即这个皇室家族按照传统的、先决的道德标准已经被剥夺了所有权力，徒有皇室头衔而已）。① 我们必须明确意识到这种正统的伦理评判的动机，以便对中国历史文献进行客观评价。

第二个影响中国历史文献书写的原则是“让描述符合现实”的原则，也即常常提到的“正名”原则，也是孔子提出的。② 正名原则用在历史书写上需要读者对文字表达的细微之处高度敏感，但其评价却是绝对无误的。这个原则的影响力大量见于后来的历史书写中，尤其是班固的《汉书》。比如对被班固视为起义者的汉高祖，从来没有不敬的称谓。相反，与汉高祖和其他任何皇帝相比，王莽都更加努力地行驶着统治者的职责，去调节这个国家的社会经济因素以改善民生（完全不同于皇室的做法），但班固却从未表露过对王莽的肯定。班固从来没有提及王莽的头衔，提到他时言必称“莽”（即便对待王莽代汉这一事实也是如此），王莽登基也永远称为“篡权”。这些文字表达婉转表达了“让描述符合现实”的原则是如何运用的，我们还能找出很多更加微妙的例子。至关重要的是，这个原则在秉承正统道德标准的史学家看来就是“据实而言”的。

正如前面所言，这两个原则的使用一直取决于历史学家脑中“正统的政治道德”。因此我们有必要来澄清一下这个“道德”的基础是什么。

从根本上讲，这个概念就是对皇帝的无条件忠诚。除去那些极端的皇帝不作为的例子之外，历史学家需要坚持臣子对皇权的绝对忠诚，而不去考虑统治者是否利用自己的职位牺牲大众的利益为自己谋福利；但矛盾的是，“极端的皇帝不作为”却不是根据道德标准评判的，而是由政治事件的成败决定的，正如这些事件是和接受历史评价的个人相关一样。历史事件影响道德评判的最佳例证就是在朝代更迭中对个人所采取的态度。几乎毫无例外的是，一个行将灭亡的朝代的最后一任统治者都会被描述成混蛋；而新朝的建立者则会被形容成“起义者”，在且仅在其王朝得以存续之后，至少是在其身故后，就会被称为英雄。但有一点，建立者虽然经常被美化成天赋皇权，在历史文献中却不会被描绘成“圣人”。大多数“朝代史”的编者都是由英雄立国者的后人下令

① 萨金特认为班固意在婉转表达对西安最后一位成年皇帝汉哀帝（公元前 6 年—公元 1 年在位）的不满。汉哀帝德性欠佳，政治无能，其对皇权的滥用又为王莽推翻西汉的政变铺平了道路。班固对刘氏统治者的忠诚，特别是牢狱之灾教会了他作为历史书写者必须有所限制后，使他不能公开贸然地批评汉哀帝；但他的不满已经通过卷十一《哀帝纪》所选的文献表达出来了。

② 《论语》，XIII，iii，2。

去编写被废黜的前任的历史的，如果我们意识到这一点，那上文那种夸张的反差就可以理解了。虽然得到皇室资助的中国历史学家想要坚持客观性，并在描述他正在研究的朝代时采取一种公正性，但如果他支持（这也是可能的）任何针对皇权的反抗力量（即便在位者滥用社会经济特权使反抗成为正当之举），那在政治上就是一种失检行为了。这一点是可以理解的。因为只要政府继续下去，历史学家就需要支持这个政权。类似的是，相同的现实考虑也要求他去支持最终的反抗力量。这个最终的反抗力量既推翻了他研究的朝代，又建立起一个新的朝代继续资助历史学家的工作。因此就出现了对最后一个统治者的大量谴责。对已发生政治事件或明或暗的评价是道德说教的，但这种评价并非由伦理因素决定的，也不是由一个人的活动与其环境间的关系决定的，而单纯是由这个人的成败决定的。在中国，一个朝代倾覆之后，"朝代史"的编纂方法使编者要一直等到最终的结果明了之后才会给出官方的判断和道德上的评价，最后的结果很大程度上决定了判词。这种历史评判的方法也支撑了中国的政治哲学。

中国的政治哲学很看重决定论、自然力量和现象对政治事件的影响。这种观念又影响了史学家信奉"正统的政治道德"。历史学家认为全能的"天"左右了政治结局，所有违反常理的自然现象都是天对"普天之下"政治事件的谴责，因此他们自然就相信一个朝代历史上发生的重要事件（如被推翻）都是得到天的首肯。天的首肯因此也就构成了道德首肯的基础。这种信念使史官担负起替上天发出道德首肯的责任。但因为专制和世袭的皇位终归会被推翻，当反抗成功时，我们就需要将世袭的皇位和朝代区别开来。史学家这时会将最后一任统治者描绘成激怒"上天"的混蛋，被剥夺了皇位。因此书写亡朝的历史学家在负面评价没落王朝时就获得了哲学上的支撑。

"正统的政治道德"很大程度上成了诸多政治事件的解释，也成了这些被即兴创作（或捏造）出来解释的事件发生的缘由。建立这些解释的政治道德不是由哲学或伦理标准决定的，而是单纯由历史事件决定的。这种旨在为宫廷政策和行为正名、协调既存的历史事件与正统的政治道德的举措代表了正统历史文件编纂者的至高目的。这些文件被编织在一起不是为了引起对事实的警醒，而是为了给统治者提供政治伦理方面的指导。①

① 其后果是，通常学者尤其是历史学家获得了难得的机会去制定有关皇家道德的原则。毋庸置疑，一定程度上正是由于这个机会，学者们才能在中国历史上一直维持他们的地位。

《汉书》的特征

班固的作品遵循前一部分提及的历史文献编纂和书写的指导原则,因此是严格意义上的正统的史书。此外,为了全面了解《汉书》,我们还需要指出此书的其他几个特征。

作为文献,中国的文学评论家一直视班固的作品为经典。其文风简洁扼要。每个字都直截了当、意义丰富。但作者时不时也会自由随意地插入简短评论。因此,班固的作品为后来历史文献书写者提供了风格和语言上的标杆。有很多节选的版本也成了学童的学习模板。但就其散文价值而言,很少有人能够超越班固,学者对这部作品有很高的评价在于文学性,胜于它在历史方面的研究价值。

与所有后来的历史著作一样,《汉书》也是编年体的 。[①] 每一卷都是严格按照时间顺序来的;而对历史事件、伦理解释和对这些事件的评价的编排都符合编年体。这种编排对于中国史学家而言是非常舒服的,因为中国史学家主要关注的是围绕着对历史事件的阐释给出的道德说教;但在现代历史学家看来(其历史研究的目的语正统的中国史学家大相径庭),这种编排是不尽如人意的。它意味着编者只能偶尔考虑历史发展的政治、社会和经济原因,这样他根本无法呈现出一幅全景。现代史学家希望看到的是另外的一些东西,而这些东西的缺席无疑让现代学者难以理解古代中国史。这种缺憾完全是由不同的目标导致的,但它却给现代史学家制造了两个不小的麻烦。

第一个麻烦是难以全面理解任何一个时期,或者说难以理解这个朝代的任何一个发展阶段。因为那些解释关键历史发展的基本的事实材料要么完全缺场,要么仅仅是一带而过。如此,对历史事件的研究至关重要的大部分资料本该以经济、政治和社会因素为基础,现在必须通过类比获得。如《汉书》中缺少对经济因素分析性的、有效的描述,因此有必要从诸如汉哀帝的圣谕中去挖掘一切可能的信息。对那些想要弄清楚历史发展背后原因的人们来说,中国史书中历史事件关键起因的缺省成了一大障碍。

每卷的编年体引发的第二个麻烦在于,想要研究汉代任何一个阶段,都需要对整部作品有完整细致的了解。对任一单独事件至关重要的资料很可能是不起眼地散落在整部书的十几二十几个章中。对不熟悉整部著作的人而言,缺少对照检索、完全没有目录意味着错失一些重要信息,而这些信息又是随意

---

① 译者注:《汉书》为纪传体史书,此处原作者有误,下同。

安插在一些相对没有关联的卷节的不起眼的位置。这些特点及中文固有的难点使西方史学家基本无法对汉代进行透彻的研究，除非《汉书》是用西方人熟悉的语言媒介表达。

《汉书》还有另外一个特点让想完全了解汉代的西方学者举步维艰。编者只愿意片面引用他获得的档案资料。当然，让编者将所有可得的资料都纳入进来需要巨大的工作量，但只要他不这么做，那问题就来了：编者筛选编入著作的档案资料是基于什么原则？这个问题无法回答，但却自然让我们联想到另外一个问题，即他的动机和中立性的问题。正统的中国史学家理论上遵循着编纂历史文献、并用这些文献来描述历史的传统方法，但这不足以证明这个史学家就是诚实公正的。很多片面的引用意味着我们要去评价这些文献，搞清作者的动机及筛选原则是刻不容缓的。不仅如此，在大多引用的资料前后作者插入的个人观点也表明，他并不愿意让文献自己去描绘历史图景。让证据自己言说的操作方法只是理论上可行，《汉书》的编者们显然不愿将文献的评价完全交与后来的历史研究者。《汉书》中出现的班固的批评表明，他是愿意去阐释和评价这些资料的。但他的那些阐释和评价当然是基于正统的政治伦理；这种伦理正是传统中国历史书写的终极目标。这些偶尔插入的阐释，其影响力不能被小觑；因为它们常常会歪曲读者对文献的解读，并诱导其得出与没有读到编者点评、不受偏见影响的解读背道而驰的结论。①

《汉书》的另外一个特点在于，它特别强调历史事件对皇家命运的影响。它的重点都集中在描述皇室活动以及发生在朝堂上的事件。广大的民众以及社会经济因素基本上都被忽略了，除非它们对皇权和朝政产生实质影响。比如，暴动和革命只有在威胁到朝代安定时才会被提及。而皇权的正义和“德性”在历史叙述中自然受到了推崇，除非起义叛乱最终成功推翻了那个朝代。为了证明掌权者的正当性，与叛乱后建立的朝代的关系需要编者去证明叛乱是符合“德性”的。班固的编纂一个明显的缺陷就是排除了那些和皇家生活没有直接关系的社会经济元素。因此，虽然通常被称作“汉代历史”，但这种说法却是不妥的；因为它真的仅仅是一部皇家及其生活事件的政治史而已。实际上，《汉书》不过是西汉刘氏家族的皇家个人史。②

了解班固作品的另外一个特点对评价他所描绘的历史图景至关重要。以

① 进一步的讨论和具体阐释参看萨金特：《序言》。

② 我不想暗示历史缺少和皇家命运无关的有价值的材料。事实上存在大量这样的材料。但有必要强调，编者对皇家的关注应该是其大部分材料的核心。

评价为目的，班固编纂《汉书》的时间正好与汉代的一个阶段重合。除了司马迁的《史记》有一些卷节提及了汉代历史的前半部分，班固的作品是二十六史中唯一的一部。从技术上讲这是不可能的，因为西汉和东汉应该作为不同的历史阶段区别对待，但实际上东汉的统治者是西汉皇室的远亲；这一影响无疑表现在《汉书》或明或暗的解读中。历史上有两个汉朝：(1) 西汉（公元前202年—公元9年），(2) 东汉（公元25年—221年）。① 历史上，这两个汉朝又被王莽的新朝（公元9年—23年）和淮阳王意欲建立但最终流产的那个朝代（公元23年—25年）分割开来。但正统的中国史学家并不承认这两个中的任何一个，认为它们都属于西汉；而公元25年刘氏家族的复兴让史学家将这两个政权均视为“篡权”，将这个阶段视为“过渡时期”。但从政治上讲，西汉和东汉必须视为一个整体。的确，东汉创立者刘秀②只是西汉刘氏统治者的远亲，但在这个关系上押注，以西汉皇帝的直系后代和合法继承人的姿态示人，对刘秀来说是有政治利好的；这种政治上的权宜之计需要他效忠于西汉统治者，并否定一切不利于他们的事物。单就这一点，③班固理应秉持的客观性（如果其作品得到的资助是来自不同皇帝，而非其作品主要关注的家族后代）就自然受到了制约。我们必须记住，在其文字生涯的早期，班固有好几年是在牢狱中度过的，在那里他不得不思考独立写作要付出的代价。如果班超的编纂不是得到刘氏皇帝的资助，那么《汉书》所呈现的整体图景也许就完全不同了。④ 班固对东汉皇帝的忠诚不可避免地导致其对西汉皇帝的忠诚；这显然又会影响到他尽力维护的公正性和客观性，毫无疑问，《汉书》里的很多阐释也会有所曲解。为了实现绝对的客观性，《汉书》不应该在东汉时期编纂，（在东汉期间成书）这一点应该被所有希望客观了解西汉的学者谨记。

结　　论

《（前）汉书》，也即《汉书》，(*Documents of the former Han Dynasty*，或如德效骞教授翻译的 *The History of the former Han Dynasty*）是二十六部“朝代史”中的第二部，由班固编著。班固主要得到了其妹班昭的辅助。这部书分为四个部分：(1) 纪，(2) 表，(3) 志，(4) 传。这部书涵盖了中国历史的公元

① 译者注：东汉（公元25年—220年），此处萨金特有误。

② 刘秀（25年—57年在位），即光武帝。

③ 中国历史上，由一个家族统治两个朝代仅此一例。

④ 从公元前6年到公元25年尤其如此。

前 209 年—公元 25 年。① 班固的主要资料来源是保存在东汉档案中的西汉文献。同时，他也大量参考了西汉学者的文卷，包括他的父亲班彪；不仅如此，他的创作很可能还受到了个人经历和口述传统的影响。

班固编辑撰写史书的方法本质上是儒家的，也是典型的中国式的。这些方法主要受到以下两点影响：(1) 褒贬原则，(2)“正名”原则。将这些儒家原则应用到历史文献的书写中又是由史学家的正统道德政治哲学决定的。这些史学家的主要目的就是解释历史事件，将这些事件与其正统的政治伦理相调和。虽然班固的作品从文字语言上通常被视为散文经典，但作为历史研究，囿于编者的目的和组织方法，它在几个方面是有明显欠缺的。《汉书》编年体的特征及严格按照时间顺序编排材料的方法使学者难以将其应用到研究汉代生活的任何一个特殊阶段，②也妨碍了编者对材料进行分析和整合。此外，作者为统治者提供政治伦理指导的目的也导致缺少对政治、经济、社会因素的全面研究，将重点放在了皇家历史和影响皇家生活的历史事件上。因此，《汉书》并非“一个朝代的历史”，而是西汉刘氏家族掌权的皇家政治史。

抛却这些局限性不说，班固的《汉书》还是为研究西汉提供了重要资料。它是迄今为止研究中国公元前 209 年到公元 25 年历史、经济发展、政治社会组织最重要的资料。它为几乎所有后来对这一阶段的研究奠定了基础。当荀悦(148 年—209 年)、郑樵(1104 年—1162 年)、司马光(1019 年—1086 年)和朱熹(1131 年—1200 年)将目光投向这一历史阶段时，《汉书》的一些卷节也是他们唯一的资料来源。班固的编纂提供了大量资料，但这些资料都需要分析整合。对其进行研究就必须时刻谨记本文提到的它的几个显著特点。

---

① 译者注：《汉书》的起止时间为公元前 206 年—公元 23 年，此处原文有误。

② 译者注：《汉书》为纪传体，原文有误。

班固与张衡作为历史见证人的价值①

修中诚 著　　吴格非 译

（中国矿业大学　国际汉文化比较研究中心）

我一直试图通过对汉代这两位诗人的研究，寻求汉代历史的蛛丝马迹。这两位诗人关联密切，虽然张衡比班固晚出生 46 年，但他俩大半生均在同一城市度过，且有 14 年的交集；他们两人都把一生的主要精力投入到赋的创作中，并且描写了同一题材。由于他们是我对汉朝认识的主要来源，所以我非常重视他们作为历史见证人的价值。我认为他们是比较聪颖和诚实的人。无论是读者还是我本人，在本案中都相当于一组问讯庭的法官，如果他们头脑糊涂，不善观察，我们是不会把他们作为有价值的证人的；他们各自的故事虽然不能相互佐证，但也不是相互矛盾；即使他们是自以为是的撒谎者，他们仍会有些用处，因为只要我们目光敏锐，就能够穿透迷雾发现事实。从另一个方面看，如果他们具有真正的学术洞察力，能够眼观六路，耳听八方，对周围发生的事情了如指掌，或者说，如果他们能够更胜一筹，善于对所学到的一切——事实的，或者虚构的——进行判别，那么他们将具有极高的价值。虽然他们的证词有不一致之处，但这更有利于我们了解他们所描写的事物。我们有必要深入到他们独特的个性中探索其真实思想，发现他们作为一个阶级成员的观念，了解他们作为一定年龄段和特殊文化氛围中的男人的无意识揣测。

在前面各章的评论中，我主要集中在事件方面，其中杂陈许多数据。这里总结如下：

（1）关于班固《汉书》所做的记载，我已在第二章做了论述，对《汉书》中闪烁的某些批判性智慧也做了评价。总的说来，他对历史的评价做得最好，但他在《两都赋》中是怀有偏见的证人。这不是说他对逝去王朝的记载缺乏可信度（毕竟那是他穷尽一生的研究领域），而是说他对那个王朝过于痴迷，认为它完美无缺，以至于我们怀疑他对帝国西部边疆政策所产生的诸多事件有所隐瞒。

① 原文出处：Hughes, E. R. : Two Chinese Poets: Vignettes of Han Life and Thought. New Jersey: Princeton University Press, 1960.

(2) 张衡是数学家,是精密仪器的发明者。对于历史事件,他有着和班固一样敏锐的洞察力和判断力。他对所处时代,即班固死后的 20 至 40 年间的政治和社会复杂性的记载相当可信。那时候道德滑坡已经显现。

(3) 两人都认为道听途说的证据不可靠,但对于广为流传的古代圣贤帝王的故事,他们的立场却并不一致。我们不清楚他们是从事实上还是从象征意义上接受这些故事的。假如从象征意义上接受,那么我们应该明白,思想史本身就充斥着象征性事例,并以此营造一种事实性氛围。

(4) 两人都信奉自然派哲学,并且在一定程度上与他们所传承的万物有灵论交相辉映。后者虽有所变异,但并未完全消除。

(5) 两人视野宽广,不拘泥一邦一国之见解,虽然他们相信自身所在的文明道德完美,社会进步,政治清明,人民知书达理,学术与文学天才辈出,资源丰富,外交通达,疆域广袤,万国来朝。

(6) 四首赋的文学造诣深厚。作者能够表达细微的涵义差别,提出有说服力的主张,描写简练精确,一词一字即把情感的变幻表达得惟妙惟肖,往往产生画龙点睛、锦上添花的效果。四首赋所描绘的四幅图景清晰表现了所感知和所观察的复杂物体,以及对于上述物体各自不同的体会和思考。此外,每当班固遵循一种连贯性的描写,那么张衡必定采取另外一种描写方式,以至于在四首赋中,它们形成一种奇妙的搭配效果,实现了艺术上的均衡。从一定意义上说,这种构思特点也正是作者希望与读者分享的。班固在序言中所刻画的艺术创作灵感的迸发,其实是文学天才新奇激动意识的产物,而这正是发展中的文明之最重要的结果之一。班固和张衡作为赋的始作俑者,清楚地知道他们的创作成果所要面对的挑剔和批评。

(7) 他们都具有幽默感,这是一种更具有城市风格而非乡村特点的幽默,虽然班固更接近于粗俗闹剧。张衡对反讽手法的应用技艺精湛,充满睿智,切中要害,且不同于恶意中伤的讽刺。

(8) 他们对内在情绪的变幻和外在环境的困扰具有敏锐的洞察力,譬如班固描绘的在楼梯上那种头晕目眩的感受,以及张衡刻画的日常娱乐过度造成的倦怠情绪。可见,他们熟知精神错乱的种种症状,后者或产生于对想象中曼妙过去的怀念伤感之情,或来源于诸多能够表达人的真实感受的习俗观念。

(9) 他们机智敏锐。虽然他们缺乏现代逻辑思想的缜密思维,甚至张衡在数学上的最高造诣也只是在试图精确计算圆周率方面做了不成功的尝试,但他们始终坚持清晰的思想表达和精准的语言表现,并能够站在宇宙的高度去审视伦理世界和社会秩序中的因果关系。这一切足以证明他们是睿智的思想者。

(10) 至于他们是否言语由衷,这个很难估量,因为他们生活的时代和朝廷的环境十分复杂。读者也许注意到,我曾经对班固很不理解,因为他曾对皇帝大肆吹捧。不过,我对他做了辩证观察。一则,他在朝廷中官职低微,渴望获得赏识,二则,他在发现事实方面训练有素。关于张衡,我感觉他更加诚实。他生活的朝廷已不同于班固时代,道德风尚日益滑坡,败相渐呈,他想要保持荣耀感已变得非常艰难。他力谏皇帝,怒斥权贵,这使得他成为那个时代重要的见证人。但是,他也谄媚,说明他难以免俗。但我们知道他是被迫遵循当时的行为规范。所以,我们不会把班固贬斥为拍马小人。在我看来,班固是个中等诚实的人,而张衡比他做得更好些。

可见,两位见证人的证据高度可信,即使有些不可信之处,他们也能描写得相当清楚和准确。总之,这两个来自历史的声音十分清晰。譬如,当我们仔细审视班固和张衡对他们所处环境作出的反应时,我们显然是赞许的。他们所说的我们都能明白,尽管汉朝的价值观在某些方面与我们今天主流的价值观完全不同。我们甚至想做一番对比:把他们那个时代与当时世界其他国家地区的文化历史进行对比,并且与我们今天的时代进行对比。

政治体制的架构:独裁还是神权?

这四首赋并没有对长安和洛阳朝廷的政治体制进行全面刻画。班固对旧都的描写最接近于此,但是他即使对主要政府机关也只是轻描淡写。从张衡那里我们只知道官员们有值夜班的习惯。而关于洛阳,连这点都没有提到。班固对于宫殿的描写完全是概括性的,张衡虽然列举了诸多建筑的名称,但历史学家们要想分辨出哪些是政府机关来却十分茫然。在事实方面,两位诗人都未涉及政府机构的职能,只说到有一个发号施令的地方,那就是汉代的宫廷。在他们看来,这是一个在人类历史上独一无二、无与伦比的机构。它在前汉时代虽然遭遇不幸,但在后汉时代十分成功。

通过对洛阳宫廷的描写进行对比。在两位见证人看来,这是一处结构精巧的建筑,它表现了天宫与诸神、阴阳势力、祖先灵魂、华夏先民以及整个世界,首次全面展示了当时朝廷的社会政治信仰。基于这一信仰,两位诗人分别创作了关于长安的赋。在他们的赋中,除了描写军队的战无不胜以及城市与区域经济的繁荣外,他们更着墨于抨击武则天和她的追随者们,指责他们不理朝政、独断专权、妄尊自大,生活荒淫。汉代所特有的政治理念是权力世袭,皇权延伸,这是平民出身的皇帝汉高祖立邦创立的体制。但是它受到诸多因素的限制,难以高效地发挥作用。这是因为巨大的财政花费,国家献祭大兴奢靡之风，加上人们笃信巫术占卜，以及朝廷以大规模的屠戮狩猎，使得这一政治理念难以得到有效贯彻。正如班固所说，汉代政体中主要还是运行着秦朝的机制。

我说过后汉基本上是一个神权政体，前汉是专制政体。如果说某些现代人认为这种区别毫无差异性可言的话，批评家却认为洛阳的神权政体具有我们现代人称为的君主立宪制的特征。值得注意的是，梵蒂冈是西方神权政体的典范，它历经几个世纪发展出了一整套日常运行规则。这些规则无论从何种目的上说都是宪法，教皇在这些规则下行使他的神权。换句话说，他如果要有效行使权力，就必须卸下他的礼仪与行政职责，并且认可天主教制度的历史权利。

汉代朝廷的礼仪也很重要。要想探明一个社会及其政府的基本状态，最有效的方法莫过于观察它的政府礼仪，因为礼仪是以戏剧化的方式体现方方面面的社会关系。洛阳朝廷礼仪中令人印象最深刻之处，是它完整体现了神权与俗人关系的紧密勾连：皇帝与上天、土地以及阴阳力量不可分割，皇帝在金銮殿上与他的高级幕僚商议国是，孝子侍奉死去的神灵，君王与农民在洒满汗水的土地上并肩耕耘，地方最高首脑和他的书生幕僚同时在一起接受施政培训，意气风发的年轻兄弟照顾着退伍军人。汉明帝统治期间，首次将所有这些具有象征意义的行为在首都进行推广实施，让所有人亲眼目睹。光武帝登基后做的第一件事就是仿照汉朝前任皇帝建立博士团制度，其中有十四名博士组成。在和平时期，朝廷建造了邑庠，接纳教师和学生。学生毕业后进入朝廷各部门工作。与此同时，帝国的各级地方官员向朝廷大力举荐品行端正、遵循孝道的人士。任何人，不管出生贵贱、地位高低，只要其学识和能力获得认可，就能够获得机会做官。而他一旦踏入官场，就有可能上升到任何一个高度。前汉时期就有此先例。关于汉代官场机构，第一部详细记载汉代官僚体制的人是后汉时期的司马彪，他撰写的《百官公卿表》，记录了秦汉时期从中央到地方各级官职的设置情况，对每个职位的头衔、职责和俸禄都有详细描述。不仅如此，刘超在前言中还记载了光武帝的改革热情，譬如，他强化了服务意识，建立了长史制度。此外，他大力弘扬礼制，要求官员对其上级和下级的权利和义务加以认可，这被认为是后汉时代最引以为荣的事情。这样看来，汉代的官僚政治正是围绕着权利和义务的关系开展运作的，这其实就是宪政体制。现在的问题是，尽管班固和张衡十分强调前汉与后汉的巨大差别，但我们仍有理由相信，前汉与后汉相比，国家状态一直没有发生什么根本变化。乍一看，直到汉宣帝时期（公元前 71—前 49 年）国家运行方式很像是宪政。德效骞

(Homer Hasenpflug Dubs)认为,前汉时期存在事实上的宪政,他还雄辩地用汉代对儒家准则的推崇作为佐证。这里,我们必须承认,张衡所描写的那一套仪式在前汉时期都能找到原型。君主要对他的臣民拥有义务和责任的说法在孔子时代就有了,后来孟子继承这一说法,成为鲁国和齐国意识形态的一部分。而且,汉文帝和其后的汉宣帝都崇尚仁义。在官僚体制方面,我没有发现任何证据表明光武帝对体制做了重大变革。

关于班固和张衡的研究,我们可以得出如下结论:首先,汉朝继承了秦朝的政体。正如司马迁所说:"秦失其鹿,天下共逐之"。汉高祖刘邦最终逐得此鹿,并把它作为私人财产,随心所欲加以处置。对他的继任者来说,帝国是祖上传下的神秘圣物,他们必须妥善保管。这是贯穿整个前汉时期永恒不变的主题。尽管汉代朝廷积极宣传君权神授的思想,但对于建立在尊重法律基础上的皇权来说,它是所有其他宗教支柱中唯一高于一切、坚不可摧的力量。其次,法家学派韩非子强调治国之术,认为皇帝的大臣们都是皇帝的工具,执行皇帝的命令。如果大臣们执行不力,会被问责。皇帝掌管着所有的荣誉、奖励、赏赐,他以此为手段激励大臣们努力工作。同时,他还颁布严刑苛法,惩治不服从命令的下属,驱逐慵懒和不称职的官员。《前汉书》对此有大篇幅记载。何四维(A. F. P. Hulsewe)的《秦律遗文》也做过详细研究。

第三,前汉皇帝出于祭祀需要,建造了大量高大而古老的祭坛。批评家们认为,这些被认为是作为皇权支柱的宗教架构,是为了彰显皇帝绝对权威统治下的丰功伟绩。同时,它们也意味着,皇帝的权威统治和对祭坛下土地的拥有,不是通过法家理论来保障实施的,而是基于悠久的历史传统所形成的观念。这其中还贯穿着泛灵论的思想,即众神必须得到犒劳,也应该得到犒劳,前汉皇帝们亲眼见证了众神在得到犒劳后给予他们的很多支持。即使发生灾难,皇帝也能够在众神帮助下采取得力措施让好运回归。到了汉武帝时代,帝国开拓了大片疆域。显而易见,在这种情况下,祭祀比以往任何时候都重要,汉武帝亲自制定了封禅礼仪,实行祭祀,并五次登泰山行登封礼,封禅结束后,汉武帝在明堂接受群臣的朝贺。他的后继者们认为封禅活动取得了很大成功,他们忠实地继承了这一帝国传统,把封禅仪式延续下去。不过,他们后来做了些改变,认为这样更有利于巩固王朝统治。

一开始,这些改变很小,仅具有一些神学上的意义。其主要动机包括:节省开支,使皇帝的封禅仪式简约化,借助神灵的名义扩大长安朝廷政权的威望。这些措施的主要目的是为了巩固独裁政体的统治基础。另一方面,王莽为实现篡权,着重于安抚民意,尤其是安抚儒生的意见。王莽相信他是君权神授，因此恢复了南北郊祭祀，并推行天地合祀制度。这一招术十分见效，不仅有影响力的儒生们出席了祭祀，而且产生了吉祥的预兆，结果是，王莽能够推行他不受约束的神权统治。

总的说来，很显然，前汉时期的君主凭借以独裁为基础的政权建立了某种带有任意性和不连贯的宪法程序，而且在君主的整体思想中还贯穿着根深蒂固的神权因素。对于光武帝和他的支持者来说，其所面临的问题是如何恢复汉朝的权威并使之保持下去，因为独裁的君权难免要被神灵和民众唾弃。我认为，在某些地方，现存的历史记录让史学家感到迷惘，而张衡的记载帮助历史学家解开了那些谜团。尤其是班固，他着力于描写人类基本关系的建立，“首次”昭示了这一观念，即人受制于天人合一的宇宙结构，但同时不得不生活在人与人相互作用的社区里。虽然这个观点并不新颖，在某些经文中已经有所表现，在汉代的一些公告中也有尝试性的探讨，但它并没有被庄严地宣布为社会赖以存在的基础。据此，君主确保了宪法行为实施。可以说，这是儒家思想的胜利。在汉代万物有灵论和自然逻辑相结合的迷宫中，在独裁政治的实践与及其不足之中，诞生了大社会的思想，人被神权政体所统治，而这一政体所实施的却是宪法行为。

司马迁眼中的古代中国人文地理[①]

藤田元春 著　　柳玲 译
（中国矿业大学　国际汉文化比较研究中心）

一

司马迁是编纂《史记》的中国杰出的史学家。按照系谱，他的祖先是颛顼世掌司土地的官员黎氏，熟习作为家学的地理已经有几千年历史。周朝时期被封为程国伯，自宣王时期（公元前八世纪）改名司马迁。因周朝衰落进入晋朝（五霸之一），后又进入秦朝时期。在此期间，司马氏的多数人口分散到诸国，其中有一部分因效力于卫国、赵国、秦国而闻名。直至汉代，有个叫司马谈的人效力于武帝被封为太史公，此人便是司马迁的父亲。学者们对此收集了诸多史料，据记载，司马迁继承父亲遗志成为太史公，因遭李陵之祸而受到刑罚，继而大为发愤，编写了《史记》，共约一百三十篇。《史记》详细地记录了上至黄帝下至武帝两千余年的古代历史，而且严密公正地对关键的记事和有失真实性的记录进行了批判，被誉为最具信誉和真实性的正史，是一项绝非平庸之徒能够达成的伟大事业。周公殁后五百年有孔子，孔子殁后五百年的当下，恰逢我司马迁阐明春秋大义之时。司马迁以此为远大抱负，由此，其自信程度可见一斑。《史记》的确堪称后世纪传体的模范，隋史、经籍志首次以此修史方法确定为正史。所谓的纪传体，即以本纪和列传为大纲，在此基础上加上书、志或表的一种体。

但是，有批判指出，司马迁虽亲自制定了周公之礼，明正了孔子的春秋大义，彰显了儒家理想，但司马迁同时也重视道家，谈论神仙，因而其历史观并不是单纯的儒学观。这种批判没有看到司马迁博大的学者度量，更没有看到司马迁的史观具有巨大的包容性。作为正史而言，唯有以这种不偏不倚的公正见地来记录，才具有更高的价值，因此以至于有人认为批判是非常不好的，韩

---

① 原文出处：藤田元春：司馬遷の見た古代支那の人文地理について（一）；司馬遷の見た古代支那の人文地理について（二）。刊号：地球 1931 年、16(2)：79—93.

愈和柳宗元大赞其文章妙笔生辉，比起其记事，作为文章艺术感的模范更为世人所尊重。《延喜式》（译者注：日本平安时代中期的法律实施细则，是当时律令政治的基本法。该书由藤原时平，藤原忠平主编，于927年完成，于967年开始实施。）中也有《三史》和《文选》均以各《大经》为参照，四书五经之后，《史记》、《汉书》和《后汉书》倍受我国纪传道（译者注：日本律令制的大学中，教授历史，主要为中国史的学科。）的学者尊崇，最终对日本的修史产生了多方位的影响。例如，水户光国的大日本史就是以《史记》为范例而著。

曾经，即使到了德川时代，也有很多人为《史记》写注解文以及评论，《史记》甚至被作为日本的古学书籍倍受人们推崇。根据《史记》的记载，究竟有多少发愤勃兴的人杰无从计数。这样的古书中所记述的地方的人文地理是怎样的呢？有关这一问题也许不必旧话重提，然而当今世人在这样古老的汉学中应该会有新的人文地理方面的发现，考虑到应该会有人对回顾旧话感兴趣，因此笔者不顾自己才疏学浅仍然斗胆作此一篇。

在东洋发展起来的上代的史书中，很早就有地理相关的记载。而且相当多的人认为论治乱兴亡乃是地气使然。其中，如管子和孟子，尤为坚信此论。实际上，司马迁在重视隐藏在上下两千年历史中一些地方的地理方面，绝不输于古人，不仅如此，还开拓了纪传体的一派，成为后世永世流传的正史之鼻祖。

如此杰出之才，是怎样重视地与人相关的理法的呢，我认为唯有学习这一点，才能理解东洋地理学。

二

司马迁在其自序中清晰地叙述到承袭其家学而任太史官，因此其学问古今兼有。必须悉数通晓战国时代发展起来的阴阳家、儒家、墨家、名法家、道家所论，并逐一列举它们的特色和缺点，得出正误。例如，阴阳家所解之处是四时的大顺，是至理。任何人都无法违背。而四时的序中解说到，顺之则昌逆之则亡，而有时候事实却未必如此。儒家重视礼，讲究五伦五常之道，这也是至理，世人皆处在君臣、父子、兄弟、朋友关系中。然而，研究说道经传绝非易事。有时即使经历二三代人仍无法将之通晓。因此有人称所谓的儒学是一种劳人心智却无效用的东西。首先即使看到零星的批判诸子百家学说的言论，由此可见完全是对近世史学者的所谓客观纯批判的态度的一种根本上的支持。如此这般，司马迁的确是世界少有的杰出人才。

司马迁为何会如此精通诸子百家，熟知其中长短？关于此问题，当然包括司马迁头脑聪明，具有先天性发达的常识的原因，然而我们不难想到一个前提，那就是还因为他的足迹遍布天下，熟通地理并且有丰富的实地见闻，才会有如此这般的见识。换言之，司马迁的学问基础里有地理学！这是我首先特别要主张的一点。

据记载，司马迁的出生地在黄河北岸叫作龙门的地方。一开始在那里从事农耕放牧，十岁时开始学习古文尚书，二十岁时，南游江淮，上会稽，探窥九疑（湖南南部），浮沅湘，北涉汶泗，在齐鲁之都开展讲业，观孔子遗风，困于鄱、薛、彭城，过梁楚。后来在《河渠书》（自序传）中作了如下叙述：

“余南登庐山，观禹疏九江，遂至于会稽太湿，上姑苏望五湖。东闚漯淮、大邳、迎河、行淮泗、济、漯、洛渠、西瞻蜀之岷山及离碓，北自龙门至千朔方。”

由上述内容可见，司马迁的足迹北起黄河的大转弯处，今包头边线，南至江西庐山，从姑苏城，即今天的苏州到杭州太湖，湖南省原称九疑山，从衡山向南挺进，西从四川省的岷山探至岷江及成都，东访至齐鲁古都，横断河、济、漯、淮连成的大平原。若按字面意思解释，可以说其足迹遍布多地。于所到之处，探寻古迹，搜集资料。对于传说中有疑问的地方，能够全部进行订正，的确是其旅行所赐。这与 Leopold von Ranke 因去意大利旅行搜集资料，他的世界史被客观公正地编著这一经历十分相似。

在中国后世的史学家中，足不出户，户门紧闭，就这样伏案作文的占大多数。而实地一考察却发现谬误百出。然而实地考察又往往困难重重。在此简单举一例。

此为我明治维新史的一节，看了井野边茂雄氏的幕末史概说，有一则安政元年十月十八日俄国大使普察金的下田入港事件的记事，然而十一月四日发生了一场大海啸，其搭载的加纳号船破，于是此后在户田修理此船而后回航，而井野边氏的书中记载的是在前往户田的途中遇到暴风，随后在骏州小滨冲沉没，而同一则记事在吉田东伍氏的大日本地名词典中记录为十二月二十日向户田进发，翌日再次遭遇暴风，于宫岛冲沉没。户田事件是一件有名的事件，然而如两本书所写，有较大差异，甚至地名都是不一致的，一为小滨冲，一为宫岛冲。读开国起源一书，会发现自小须滨向海中延伸二里地左右，在寄侯处发生风波，被吹到江之浦，在藤川的落口宫岛村，有个叫立戾侯的地方，宫岛冲是正确的地点。

首先在此需指出的是这是历史学家伏案而作的结果，并未一一去实地考证。因此即使是明治维新前后的事情也是如此，也是必须要再次查证的。这是修史的大事业，是需要史学家特别注意的劳苦之事。就像兰开去意大利之后才接触了正确的原汁原味的历史一样，司马迁也周游天下，直至病危仍笃信不疑，他的正史才成为万代修史的典范。

司马迁在修史上的伟大功绩不仅在于设立年表以外在八书之中编入了河渠、平准二书，重视交通、经济现象，还在于在列传中设立了货殖、游侠、日者、龟策这样的传，甚至市井之徒都被列入正史中记述，同时，还不忘注意编述世俗间的迷信这样的东西以及能够大为鼓动人心的东西。

在本纪、世家以及列传的达意的文章中，顺应时景编述都邑山川的地方可谓文笔炉火纯青。西南夷、东月、南越、朝鲜、匈奴等外国的地理也据实记载，独成一卷，展现了当时的时代特征。

三

首先，根据上述的数书，以下对司马迁的人文地理学的见解逐一展开陈述。

第一，《河渠书》。首先要提的是《河渠书》的内容。司马迁周游天下，亲眼目睹并深刻感受到水运为经济生活带来的重要影响，举了大禹治水的传说，叙述了以黄河的泛滥为中国之害，阐明了禹贡的河道。这样，理清了汉初的通运渠水，第一个叫作鸿沟，即后世叫作汴水的河道，是隋代成为大运河的前身，通过鸿沟，将河与江和淮连通，南达吴地（苏州），西沿江水直至云梦的大泽（今洞庭湖）。直到现在，在黄河大平原也存在着黄河以及淮水的支流，记述了在平野之中扬帆直通上游这样历史久远的水运利用方式。

他在齐国记述了济水和淄水（类似于今日的大清河和小清河）之间的交通状况，记述了在四川省看到蜀守李冰在灌县将水分流引入成都盆地作灌溉之用（他所谓的离碓的地），转而在陕西盆地看到秦朝同样修建的郑国渠，因得四万余顷肥沃良田而富甲诸侯称霸天下。

同时还记述了汉武元光年间（公元前132年），河堤决裂，十六郡遭受洪水肆虐。司马迁对于此事深表悲痛，亲自随从武帝，搬运堤防土砂，共操御洪事业。

第二，汉民族的文化圈内。司马迁周游天下，关于文化最鼎盛时期的故乡和新开发的周边地区的地和人文现象之间的差异，呈现出高深的见解。他在《封禅书》中叙述道：

> “昔三代之军皆在河洛之间，故嵩高为中岳，而四岳各如其方。四渎咸在山东。至秦称帝，都咸阳。则五岳四渎皆并在东方。”

这其实是司马迁亲眼所见之后得出的论断，上代的文明兴起于河洛之间，即黄河平原。那里五岳以此为界限，四渎也流经此地。

自古以来关于五岳四渎（译者注：五岳指东岳泰山、西岳华山、南岳衡山、北岳恒山和中岳嵩山；四渎指江、河、淮、济，即长江、黄河、淮河、济水。）有种种说法。至周代因定都洛阳，以河南嵩山为中心，西为华山，华山是黄河流经山西和陕西省之间直抵潼关，位于弯曲地带的南部的秦岭山脉的主峰，也地处长安的东部。这一点可以力证早在周代，长安尚不是中华子民的居所，而是文明更低一些的游牧地区。东边是泰山，北边是恒山，这是矗立在河北平原西部的西山山脉的主峰。南部是霍山，它是淮水和江水的分界线，是位于河南省南部的山川。《尔雅》的释丘中另外列举了湖南的衡山，而事实上它并不是河洛平原的界限。从河洛平地向四面辐射，南岳必是霍山无疑。因此，《尔雅》中有关于霍山的这一说法。

周代以前的殷代时期不是五岳而是四岳。《尔雅》的释地篇九府中指出，中有岱岳，传说泰山是天下的中央，甚至有传说指出那里是天孙氏。由此可见，泰山封禅自古有之，因此其仪式也倍受尊崇。管仲也曾说道，古者封泰山禅，梁父（泰山山脚的小丘）者七十二家，记述了自古以来祭典的盛况。现在泰山脚下有设泰山府，并设泰丘庙，是天下第一名山。（参照拙著《从西湖到包头》）

同样在《尔雅》的四篇中，有以齐为中的注释。齐和脐为同义词，是天下的中心的意思的名字。将这些内容联系起来考虑的话，中国的文化是起源于泰山以西的黄河三角地区，自然而然三代古都都在那之间。但是秦朝将都城迁到长安，文化圈向西延伸，天下形势产生了变局，因此才强力声称五岳、四渎皆在东方。四渎是泰山西部平野的河流，指的是黄河、济水、淮水以及扬子江。江淮的名称是因淮水连通江水，河济的名称是因河水和济水相通，它们之间由淮泗连通在一起，合称中原。这也是孟子的《滕文公章句》中出现的词句：

> "当尧之时，天下犹未平，洪水横流泛滥于天下，草木畅茂禽兽繁殖，（中略）兽蹄鸟迹之道交于中国，尧独忧之，举舜而敷治焉，舜使盆掌火，盆烈山泽而焚之，禽兽逃匿，禹疏九河，沦济漯而注诸海，决汝汉排淮泗，而注之江。然后中国可得而食也。"

因此，孟子所说的中国，实际上指的是河济江淮之间。汝水是指河南省内流淌的淮水的支流。汉水是湖北的河流，流至汉口，与江水汇合而成。

据记载，在司马迁当时的朝代，中国领土变得极为辽阔，古时的五岳当中不太能包含其居住圈内，因此，嵩山、恒山、泰山、会稽山、（浙江省绍兴府）、湘山（湖南省衡山）这五座山作为当时的名山，济水和淮水作为当时的名川，在那里还设立了大川祠。不仅记述了前代的地理事实，此外还记述了华山向西，包括华山在内的襄山、岳山、岐山、吴岳、鸿冢、渎山（蜀山）新的七座名山，还记载了祭奠河水以外的汉水、湫水和江水相关内容。这是祭祀远离古代中国的太行山以及伏牛山脉以西的高原上的土地的山川的意思。然而，当然若是和周代以前的五岳相比较的话并不能称之为名山，因此直至今日它们之中仍有许多踪迹尚未探明。

因此，司马迁在《货殖传》中叙述道：

“昔唐人都河东，殷人都河内，周人都河南，夫三河在天下之中若鼎足。”

这段话与封禅书中的昔三代之君皆河洛之间这句话相呼应，是至理名言。唐人，即尧的故都在司马迁看来是在河东。这大概是由于黄河的河道从今天的包头起穿过山西和陕西之间而南下，从潼关起蜿蜒曲折凿出半圆的沟槽向东曲折流淌，怀庆府前面形成了一个三角形状的缘故。一线向东流的河是济水，还有一条是流经东北注入渤海的叫作漯水（接近今天的大小两清河）的河，此河的源流是沿太行山向东北流淌，最终从河北省的低地流出。这在《诗经》中叫作河水，这一点是很明了的。因此当时的黄河本流是呈 U 字形流淌，将山西高地包围其中。山西高地和其东斜面黄河所包围的地区称为河内，陕西方面称其为西河，河以东直至泰山的这一部分称为河东。

中国学者论述了尧的都城在当今山西晋阳，而舜的都城也在山西省，黄河和涞水交汇的附近的蒲州（今永济），《中国通史》的著者那珂博士也在论著中赞同此结论。然而司马迁的著作中却与上述不同，在《货殖传》中，有如下叙述：

“昔尧作遊成阳，舜渔于雷泽，汤止于亳。”

他指出，尧的邑城在成阳，即今山东省定陶县。将尧称为陶唐氏是因为他曾经居住在陶。据传说，舜制陶于河滨，渔于雷泽，耕于历山，河滨的陶指的就是上述的定陶，雷泽指的是古代中国的学者称为雷夏泽的山东省定陶县的湖水，所谓的历山，是指今山东济南南部的历山。因此，尧和舜所居住的地方位于黄河以东的济水沿岸，他们是居住在那里制作陶器的民族的首领，因为中国文明是从陶器时代向青铜器时代过渡，尧和舜应该被认定为中国石器时代的酋长。在当今时代，一种叫作鬲的类似于鼎，接近其原型的铜器，在蒙古以及满洲地方被出土，在我国（指日本，译者注）的秋田县也有出土。前些年在辽东半岛的貔子窝发掘出一种被滨田博士称为“甗”的类似于周代的铜器的许多土器，根据这些考古事实，甚至可以阐明尧和舜的时代叫作陶唐氏的人们制作的日用器具的形式。这种制陶文化最终称为殷时代的文化，其文化中心向西迁移最终定都河内。

黄河沿太行山脉向北蜿蜒曲折形成的地方的内侧，即当今（译者注：指作者所处的时期，为中国清朝时期。）卫辉府被认为是殷纣王时的朝歌。前几年出土的殷墟位于河南省彰德府附近。因此称为河内的都城是没有错的。在那里出土了许多刻在龟骨上的卜辞。上面刻的古文字由罗振玉和王国维解读出来，殷朝的石器时代的文化变得明了。根据卜辞的地名，理清了殷王出征南方蛮族的事件以及出征陕西省叫作鬼方的地方的游牧民族的事件（参照《观堂集林》）。据说王国维指出鬼方是位于陕西的岐山附近，这个岐山的山脚下是渭水的上游，实际上是周的始祖古公亶父的故乡。据说后来成为秦的祖先的居住地，经常在此饲养牛马，因向穆王进献了千里马，才初次被命名。

在山西高地自古以来就存在戎狄，在陕西也有犬戎和鬼方的民族存在。这两支民族都远离中原文化。而且，诸如南方的湖北省的荆楚地方，在战国时期最终归顺了汉民族。当然，江淮的下游地区生活的吴越民族曾经也是文身断发的野蛮民族，是周朝历史曾经记载过的地方。因此，中国的文化圈位于河东、河内、河南这三个中心地，换言之，位于河济漯淮的交通中心枢纽地，发祥于今山东省定陶附近，直到殷汤王定居亳（河南归德府附近）才号令四方，逐渐同化了东夷、北狄、西戎和南蛮等民族。因此直至周代，这些夷狄戎蛮最终成为中国的文化民族。故而孟子在《离娄章句下》中记述道：

> “舜生于诸冯，迁于负夏，卒于鸣条，东夷之人也。文王生于岐周，卒于毕郢，西夷之人也。”

由此可见，东夷和西戎的出身者一为舜帝，一为周朝王室。

这一系列事实揭示了诞生于黄河三角地区的文化圈，经数年的发展逐渐扩大这一状况。司马迁周游天下，亲眼目睹了当时的形式并熟知其中状况，从而才能清晰地阐明这些事实。关于这一点，首先我认为司马迁的人文地理学方面的见识已经达到了炉火纯青的地步。

第三，陕西盆地。按照上述顺序，陕西盆地的开拓尚晚且年数较短，周代时期是大戎以及骊戎等民族的地区，后来这些民族接受了中国文化的感化，最终成为农民，他们原本粗朴的生活逐渐进化，进入了有礼仪的生活，最终成为中国的住民。他们最终获得了自己的姓氏，这一点成为他们的生活产生了显著变化的状态的证明。根据王国维的研究，《观堂集林第十三》曾在鬼方的子孙以隗为姓，猃狁的子孙以允为姓，不知不觉中成为了中华子民。因此王国维曰："鬼方礼俗异于中国，或根本上即无姓氏之制度，入中国后与诸夏通婚，因而以国名作为姓氏"，又曰："无论戎抑或狄，皆为中国语，而非外族本名，戎乃兵也，大约是持兵器侵盗者亦应称之为戎，狄乃远也，遥远之意。居住在遥远之地当然会受驱逐，因此称之为狄"。

因此，从殷的角度来看周的兴起，是一场从凶暴的西戎出来的取得国家的战争，是称西夷。然而周灭殷商之后不久，继承其文化，这不仅是从石器时代向青铜器时代的过渡，而且制定了周礼，建立了璀璨的古代封建和平乡，三河之地不久便成为当时世界上最为先进的文化地带。然而在距离周的发祥地岐山土地不远的地方有赢氏一族，主要是为周氏王朝饲养牛马。这就是后来的秦。周孝王时期，在渭水之间其人口大量增长，西戎完全是一支游牧民族。这支强健的游牧民族后来趁周衰落之时，征集四方民众，最终称霸天下。汉起源于山东，步秦之后，最后还是进入陕西建立帝都。司马迁因此论述了陕西的地理状况，阐明了当时选择陕西是明智之举的理由。他说，作为周的西都，陕西盆地长安附近的土地的确很好但是略显狭窄。但是经历秦朝，又进入汉朝，四川蜀地的财富自南方流入，西北方向陇西（甘肃）的交通也变得繁盛。另一方面，凭借汾水可直通山西太原，从山西高地向北依次集中着包头附近和今绥远一带的畜牧财富。这样一来，这片北方的土地上居住的全部是游牧民族，是与关中风俗相通的民族所居住之地。有记载称：

天水、陇西、北地、上郡、与关中同俗。然西有羌中之利，北有戎翟之藩，畜牧为天下，饶。然地亦穷险，唯有京师要其道。

这样就集中了畜牧之利，而且要害之地是一块有利之地。由于是畜牧地区，土地和黄河中央一样较少被开拓，并且尽管面积辽阔却人烟相对稀少，据记载，在此基础上这里有中央集权的帝都，帝都集聚天下富豪，因此其实力足可掌天下之霸权。

有记载称，故关中之地于天下三分之一，而人众不过什三，然量其富什居其六。通过这样的数字，明显可以看出司马迁在统计学方面的知识和才智。正因如此，也就不难理解秦始皇横扫六国一统天下的理由，至汉武时期，东征朝鲜，北服匈奴，南将领土从南海拓至安南（日南），于四川平定西南夷，合并云贵二省，更派张骞出使西域，打通了同西域之间的交通要道，秦长城止于陇右，一直向西北延伸，直至酒泉和敦煌，甚至抵达玉门和阳关。通过这些，可以清楚地窥见秦王朝的实力之所在。通过了解当时的地理学原因，也就能理所当然地理解为什么在当今中亚，汉代长城的废墟中会发掘出那么多各式各样的古文物了。

注：

从司马迁的这些地理学常识出发来考虑的话，中华民族是从西部的中亚地区向东迁移这一学说变得有些令人怀疑。无论是周还是秦，虽说是从西方过来的游牧民族，但其传统风俗却和羌以及氐很相近，和西域的土耳其斯坦人（深目高鼻）完全不同，汉代以前和他们完全没有交涉。尽管王国维将鬼方解释为远方。

记载称，其地尚在岐关之西，今征之古器物，则宣城李氏所藏小盂鼎，与潍县陈氏所藏梁伯戈，皆有鬼方字，案大小两盂鼎皆出陕西凤翔府郿县礼村沟岸间，其地西北按岐山县境，当盂之封地。大盂鼎纪、“王遣盂”，就国之事，在成王二十三祀，小盂鼎纪“盂伐鬼方”献俘，受锡之事，在成王二十五祀。

此段话所说的是在郿县礼村的沟岸出土了一大一小两个青铜器。有纪录显示大周成王二十三年将此大鼎遣给了盂国，由此可见这一带在成王时期有一个封建而又野蛮的首领存在，此首领受领了这个大的鼎。小的同样是在成王时期的二十五年，盂攻打鬼方，作为进献俘虏的纪念受领的鼎。

在日本奈良时代以后，也有叫作虾夷的游牧民族前后几次被征讨，向朝廷进献名为夷俘或者俘囚的俘虏。将其子民迁移到播磨以下的近畿地区。这些人后来得到姓氏，或叫藤原氏、阿部氏，或叫佐伯氏，不知何时逐渐被大和民族所同化，从上述鼎文来看，有“代鬼方献俘受锡”。我们从这个文字可以知晓，这和日本人同化阿伊奴族的情况完全相同，周朝的人也发挥了作用。

这样看来，无论是周还是秦，其发祥地都是鬼方，我国（译者注：指日本）则是阿伊奴。是黄帝以来居住在陕西岐山地区的羌氐民族。因此我认为其起源更加向西方延伸，认为是中亚地区也未尝不可。

汉代的太初历是希腊历法，采用的是默冬章。这也是从西方传过来的，有人主张汉文化的西方起源说，如此学说所主张，目前姑且不得不细细品鉴，接受这一学说。所有的一切都是从西域传来的以前，我们必须要忠实地阅读《史记》。

司马迁彻头彻尾地认为中国的文化圈在五岳四渎之间，关于周和秦的起源地陕西，如上所述，是更加野蛮一层的地区。完全不认为这些民族在犹西一方文化更加先进。这一点我们因循《史记》的说法，先姑且承认中国的文化是在中原独立发生的，不能过高评价西方的文化。只是，张骞出使西域以后，关于中亚的文化向东流传，不好下种种定论，希望这一点不要引起读者的误解。

四

（一）古代文化的发祥地

司马迁从地气年数较短的关中盆地走出来，游历在作为更加古老的时代的文化发祥地的河济漯淮中心地区，究竟是如何进行观察并且做记录的？说起这一点，司马迁指出，河东、河内、河南这些古老的帝都由于长期文化生活的结果，人口大幅度增加。但是由于人口过度膨胀，人情自身变得吝啬，人人竞相逐利，生活逐渐产生了颓废的倾向。有关这一点他做了如下叙述：

“夫三河在天下之中若鼎足，王者所更居也，建国各数百千岁，土地狭少民人众，都国诸侯所聚会，故其俗织俭习事。”

文章短小精悍且得要领。生活在古老的文化土地上的人是如何侵染上织俭的。江户人针对京阪地区的文化民，戏称他们为“上方人精子”（译者注：上方，都城方面，京都及其附近的地方）已经成为一种风气。有关殷代的河内，司马迁称：

“中山地薄人众，犹有沙丘，纣淫地馀民，民俗懁急，仰机利而食。起则相随椎剽，休则掘冢作巧，姦治，多美物，为倡優。（中略）有遊媚富贵，入后宫，遍诸侯。”

由此可见，殷的都城的情况如上文所述，邯郸等地的人情世故很坏，据说是一个盛产美男子和美女的地方，有钱人家的子女都送入后宫。只不过，女子追求富贵这样的事情世间例子很多，这个地区的民众巧妙地参与奸冶之事，制造出很多古器物的赝品。掘墓地挖出古器物，然后巧妙地按照古器物的样子制造出土器、铜器等仿品拿去骗人。笔者也有被卖给在南京巧妙制作出的古器物的经验。

但是，自那以后向燕赵方向移动的话土地靠北，戎狄逼近。因土地靠近边塞屡有胡人进犯，人民之间兴起豪气侠义之风。农商几近荒废。因中华军队常常经过，因此当地人设立兵站，有的人常常有机会因此获利成为大富豪。据记载，这些住民分布不均，全晋时期开始一直彪悍勇猛，结果导致燕赵时期对北方开拓的疆土始终不敢疏忽大意，放松警惕。

司马迁还论及，然而如果到同为河东的鲁地（曲阜）以及梁地（开封）去的话就会发现这里的人情世故稍有变化，变得厚重不浮夸不奢华。我认为的确是如说明中那样的，当我们看到这样的记事，我们无法怀疑在当今世界文明国家的人情世故当中也存在着类似的情况。

无论如何，从文化古老的地方向逐渐远离的地方去的话，土地会变得辽阔，人口变得稀少，自然而然人情也变得淡薄。在汉代有两个这样的地方。一个是山东的齐国，另一个是四川的成都。

司马迁关于齐国做了如下叙述：

“洛阳东贾齐鲁南贾梁楚故，泰山之阳则鲁，其阴则齐，齐带山海，膏壤千里，宜桑麻，人民多文綵布帛鱼监。临淄（齐国之都）亦海岱之一都会也。其俗宽缓，阔达而足智，好议论。地重难动摇。怯于众斗，勇于持刺，故多劫人者大国之风也，其中具五民。”

当时的泰山山地森林茂密，济漯的水利也十分兴盛，肥沃的土地绵延千里，物产丰富，而且又是工业地区。因此，齐都的子民宽缓豁达，爱好论谈。孟子就是和齐宣王论谈的人物，但是因为文明程度高而怯于聚众争斗，从而产生的结果是刺客高超。称其有大国之风是很有趣的，比如擅长举行言论战、宣传战等这样的国家并不只有当时的齐国，欧洲也存在。在这样的土地上，齐聚五民，除了中华人以外还有戎狄蛮夷，这五个民族之间是互相迁移的状态。司马迁在论述齐国情况的同时，也论述了燕国和赵国合并北方枣粟之利而发展壮大，不可忽视对其领土扩张方面起到的有利影响。关于四川省，做了以下叙述：

“巴蜀亦沃野，地饶卮（卮是红色的意思，已有记载说是红色的盆地），丹沙石铜铁竹木之器。南御滇僮、棘僮。西近功笮、笮马、旄牛、（地名）然四塞、栈道千里、无所不通，唯褒斜绾毂（指的是栈道）其口。以所多，易所鲜。”

此段指明了蜀地的赤色盆地物产丰富，南接云贵，西通西藏，位于栈道险要地的中部。拥有丰富的物产，却和很少的地方有交易，首先从这一点考虑的话，蜀地以富饶著称，蜀地的铜鐵工业自古以来就和漆器一样非常有名，在乐浪（译者注：西汉汉武帝于公元前108年平定卫氏朝鲜后在今朝鲜半岛设置的汉四郡之一。）出土的物品中的汉镜当中就有蜀地制造，也有记载称诸多漆器上面铭刻着产于蜀地。蜀地确实是当时天下的工艺之地。因此有记载称有一个叫清的巴蜀的妇人唱道：有地产丹，其富甲天下。

（二）楚

司马迁对于当时文化发展尚不太先进的位于扬子江北部的楚地，分成了三个地理区划进行了说明。其一是西楚湖北省，位于洞庭湖以北的地郢都（今江陵一带），物产丰富。其二是中楚，位于湖北省北部境内从淮山山脉向北，即陈，这里的住民从文化圈角度来说，是处于中华和荆蛮的中间地带，其民风分别清晰，以遵守诺言为自豪。其三是东楚之地，位于河南省东部的彭城向东至东海附近。这里的风俗类似于徐僮、朐缯。

彭城是指当今的徐州，徐州东部是泰山山脉的南斜面，位于江苏省内。所谓的徐僮是周代时期徐偃王发动战乱的国家，一般叫作徐夷淮夷，属于东夷，未归属于周朝的文化圈内。

司马迁亲自游历此地，因此，他称从江苏省到河南省南半部（陈），以及从安徽省到湖北省这一带所谓的东南部的土地位于中华文化圈之外。因此，有关这些地区的记事也较为简单，类似于三河之地，人口众多但土地狭小，人民民风较为吝啬，这样的事情并未记载，徐僮朐缯若与北方的风俗相类似，只记载道等同于齐，仅仅记载了生活之乐。

这样看来，江苏南部的吴越之地，以及江西省和湖南省等地并未全部位于文化圈内，全部是百蛮之地。据传说记载，吴国的太伯是周朝的王族，向南迁徙，并到了文身断发的程度，原本并不是中华子民，这里是指今日的苏州和上海。而且，由于东夷之地徐僮并未顺从周朝，因此周公将他的儿子伯禽封为鲁国王，意欲同化徐僮之地，而徐、淮在整个周代时期都处于反抗中华的过程中。因此，称之为东夷，可以想象是之前东夷的民众和山东的子民一起，经过朝鲜，在我日本有历史记载以前就迁移到此地居住。因此，值得相信的一种说法是殷周时期高等的文化经过徐淮地区的人民的转移，构成了日本文化的根源。

以上是司马迁所见的中国最初的文化圈内的状况，进而转向扬子江下流(吴越之地)以及江南地区，司马迁是怎么看的呢?

（三）扬子江畔的古代

司马迁说道：

> “楚越之地，地广人稀，饭稻羹鱼，或火耕而水耨。果随蠃蛤，不待贾而足，地势饶食无饥馑之患，以故皆窳(懒散倦怠)，偷生无集聚，而多贫。是故江淮以南无冻饿之人，亦无千金之家。沂泗以北，宜五谷桑麻六畜，地小人众，数被水旱之害，民好蓄藏，故好农而重民。”

司马迁首先做了如上叙述，充分说明了扬子江流域文化欠发达，而土地肥沃可自给自足，不必进行商品买卖。烧林木而做土地，在草地上灌溉水源改为田地。以稻米为主食，以鱼为菜羹。生活十分惬意舒适，因而容易滋生倦怠之情，并且没有储蓄之心。也正因如此，既没有冻死饿死的人民，也没有千金富豪之家，完全是一幅原始社会的图景，文化方面因为起源于这样的土地，与起源于冷酷贫瘠的土地的楚地以及江苏北部的似水以及沂水一带的民众，以耕牧五谷六畜为生，土地狭窄而人口众多，偶尔还会遭遇旱灾，因此人民更喜欢储藏积蓄。喜好从事农事而重视人民。因此可以说是一个重农的国家。

首先我赞同司马迁的人文地理方面的见解。正因如此，也就不难理解当时天下的财富为何会集中在陕西，以及为何这里会成为帝王之都。

汉文化正是这样，从三河的中央一旦向陕西移动，随后历经五胡十六国之乱，最后移动到扬子江畔，这被称为晋室的南渡。由此一来，中原人对于北方强敌一直处于被动状态,但后来致力于江南的开发,如今江南集中了天下财富。

发祥于寒带的文化,在温暖地带发展,最终又支配了热带的岭南地区。思考一下就会发现这样的文化南进最终和世界史的未开拓地带的开发以及殖民发展历史倾向必然是一致的。

(四)气候的周期性变化

有关司马迁的人文地理的见解如上所述,不仅叙述了作为前提的文化圈的扩大问题,也力证了包含其中的农业文化,同时通过亲身经历注意到伴随气候变化而发生的每一年的欠收和丰收等情况,并结合这些情况,正视乃至分析了由于农作物的收成带来的物价变动等经济状况。司马迁论述了通过农工商交易的途径而兴起了龟贝金钱刀布等货币,还论述了农业不兴则民众衣食贫困,工业不振则交易变得贫乏,商人不出则民众苦于衣食住等方面,从而断定"虞不出则财匮少,财匮少而山泽不辟矣"。虞是指负责山泽开发的林务官,即如果不开拓土地,就会造成财产匮乏。从这样的观点出发,可以推断衣食之源如果较为丰富,那么就会产生富足的民众生活,从而成为富裕的国和富裕的人家。管仲正是因循此方法,被齐桓公任命为宰相,从而助齐称雄。因此,他归纳道,仓廪实而知礼节,衣食足而知荣辱,同时将范蠡致富的理由归结为利用气候的变化而导致的农作物的丰收欠收的情况。他说道:六岁穰,六岁旱,十二岁一大饥。夫粜二十则病农,九十则病末,农伤则财不出,农病则草木不辟矣。这也许是十二支的迷信记载,但是布鲁克纳提出的周期是三十五六年的时间之中会有作物的丰歉,而这个时间的三分之一也就是十二年当中出现一次大型饥馑,这样的状况也未必是迷信。太阳黑子的周期大约为十一二年,此周期的三倍是布鲁克纳提出的周期。每十二年发生一次大的饥馑这一结论即使不是经过科学研究得出的结果,至少这个数字与太阳黑子的周期活动是一致的。事实上,我们可以肯定的是太阳黑子的变化对地球上气候的长期的变化会产生直接的影响。在当今,古代中国人民得出的实践性的归纳的上一句是应该被倾听的。如果收成不好的年月米价跌到九十钱,商人就会陷入困境。如果遇到丰收的年月降到二十钱,农民就会陷入困境。最高也不过八十钱,最低不低于三十钱,像这样米价的标准价格维持在一个稳定的水平是最理想的状态。因此,司马迁分析如果大丰收的时候大批量购入大米囤积起来,欠收的时候再将其卖出就会获得丰厚的回报。即米谷法案当中记载的方案在这篇记事当中也有所体现。我通过研究司马迁的这些论述,一方面可以看到汉代经济生活的高度展开,另一方面注意到米价变动的《史记》的论说大概会对后世的政治家形成永恒的经验教训。

1930年以来小麦的世界性过剩带来的结果，以及日本的绢丝生产过剩带来的结果，将二者联系起来思考的时候，我们会感受到在《史记》的论说中存在着许多至今依然适用的新经验。基于上述目标，笔者粗略介绍了司马迁的人文地理观。

司马迁和历史学[1]

格兰特·哈迪 著 薛为 译

（中国矿业大学 外文学院）

约公元前108年，汉武帝时代的太史令司马迁开始撰写一部史书。这本书兼收并蓄，系统总结了当时所知世界自神话起源到作者生活时代的历史。同儒学一样，司马迁借助并拓展了中华文化中的历史意识。他的记述如此翔实有据，却又如此意犹未尽，两千年来吸引着中国读书人去阅读它、争论它、仰慕它，为它书写了许多续章，还努力去模仿它的组织形式和文学风格。最终，司马迁所著的这部史书——《史记》——成为中国二十六部正史中的第一部。后来的史书全都沿用了《史记》的基本格式和写作手法。这些史书共同组成了研究中国古代史的第一手资料。德效骞（Homer H. Dubs）曾经估计，前二十五部正史记载了两千多万人物，如果对它们进行学术性的翻译，以500页每卷计算，译本将长达450卷。

然而，司马迁的开拓性成就还是被轻视了。司马迁是第一个尝试写通史的中国人，这项工作所涉及到的概念性和技术性困难是不言而喻的。如何确定历史时间？什么材料可以作为历史证据？怎样整理历史资料？如何追踪历史的主要脉络？最重要的是，怎样网罗历史事实？司马迁大胆而富于创造性地回答了最后一个问题。当他发现传统的史书格式无法满足自己的需要，便重新设计了一个组合历史数据的方法，即将史书划分为本纪、（纪年）表、（论述）书、世家和列传几个部分。司马迁通过对早期史书格式的改造，独创出一个条理清晰的史书体系。正如清朝史学家赵翼（1727—1814）所说：

> 古者，左史记言，右史记事。言为《尚书》，事为《春秋》。其后沿为编年、记事二种。记事者，以一篇记一事，而不能统贯一代之全；编年者，又不能即一人而各见其本末。司马迁参酌古今，发凡起例，创为全史。本纪

[1] 原文出处：Hardy，Grant. Worlds of Bronze and Bamboo：Sima Qian's Conquest of History. New York：Columbia University Press，1998.

以序帝王,世家以记侯国,十表以系时事,八书以详制度,列传以志人物。然后一代君臣政事,贤否得失,总汇于一编之中。自此例一定,历代作史者遂不能出其范围,信史家之极则也。

但是,余下的问题并没有得到彻底地解决。虽然司马迁在系统整理历史材料方面取得了进步,但在这个过程中,他常常设定一些(不必要的)规则。从积极的角度去看,也可以说正因为司马迁勇于试验和冒险,《史记》才焕发出勃勃生机。像其他带来新手法、新词汇和新概念的开拓性作品一样,《史记》有时引人入胜,有时又令人费解。例如,将历史一分为五的做法,就带来了一些特定的结果,其中一个结果就是,《史记》有时会通过不同方式、从不同角度多次叙述同一个故事。至少对于西方读者来说,一部史书这样歧义丛生是有问题的。此外,在每一章的结尾,司马迁都加入了简短的个人评论。这些评论经常能深刻地体现司马迁编写史书的原则,但有时也会与该章节的主旨产生冲突。

其他正史的作者们发现,想要取得媲美司马迁的成就是很困难的。因此,他们专注于单一朝代,并保留了《史记》的核心结构,即本纪和人物传记加上总结性评论(这一整套体系汉语称之为纪传体),有时辅以议论性的“书”。宋朝时,史学家们试图撰写一部像《史记》一样的综合性通史。但是如此一来,他们就不得不放弃纪传体形式。司马光(1019—1086)采用了编年体的格式,著就了《资治通鉴》,记载了1326年的历史。郑樵(1108—1166)和马端临(十三世纪)拓展了“书”这一文体,就税制、政府组织机构、刑法等方面做了跨越多个朝代的追踪记录。然而,《史记》一直是后世模仿借鉴的原型。因为,通过构建他的世界史,司马迁已经牢固树立了中国人对历史的概念。鉴于历史在中华文明中的重要地位,以及《史记》在中国史书中的重要地位,司马迁为什么会投入修史的事业,就成了一个重要的问题。实际上,这个问题的探索可分为两条独立的研究路线:(1)为什么司马迁要从历史中寻找答案;(2)他面临着怎样的情况或困难,使他产生了寻求答案的想法。这才是一切的开端。这两个问题中,前者比较容易解决:因为中华文化重视历史,司马迁深受这种文化的影响,这一点我在上一章节概述了。在《史记》的最后一章(第130章),即司马迁本人的自传中[①],以及《汉书》(中国历史的第二部正史)所收录的司马迁写给任安的信中,司马迁对自己修著史书的出发点作了清楚明确的说明。事实上,这两篇文献上的记录加起来就是我们所能知道的关于司马迁一生的全部了。

① 译者注:即《太史公自序》一章,以下简称《自序》。

司马迁显然受到祖先崇拜文化的影响。在《自序》中，他一开始就追溯杰出先人的事迹，特别提到了他们曾是周朝的文官；之后，他又大篇幅地描述了父亲司马谈的一生和思想。司马谈的父亲取得过一个中等品阶的荣誉头衔①，而司马谈本人则精研诸子百家和天文，在被任命为太史令之前，似乎曾务农。司马谈从公元前140年开始一直担任太史令一职，直到公元前110年死于任上。很显然，司马谈的事业是成功的，但司马迁仍然认为自己的家族已日渐衰落，他追思着过往的荣耀。太史令的职责范围包括观测、记录自然现象，编写历法以及卜筮。在汉初，这个职位并不是一个受人尊敬、有影响力的工作。司马迁描述他的父亲是“主上所戏弄，倡优所畜，流俗之所轻也”。

儒家思想的影响也是推动司马迁转向历史的重要原因。自从班固（公元32—92）批评司马迁的儒学思想不够正统以来，不少中国评论者一直在争辩司马迁是属于儒家还是道家（道家论的主要依据是司马谈的一篇论述各个学派的散文，这篇文章支持道家并被收录于《太史公自序》）。在我看来，这不是问题。虽然司马迁方法折中，观念灵活（他肯定不是反道家主义者），但他最本质的思想是儒家的。提到孔子，他总是充满敬意；从整体上来看，《史记》将神话传说合理化，模仿《春秋》设计了“表”，接纳了以天命理论为基础的王朝演替论，这些都是明显的证据。后面我会提到更多司马迁的儒学思想，但即使是在《自序》中，儒家思想也居于至高无上的地位。

《自序》中，司马迁记录了自己父亲的临终遗言，尽管其父具有道家的倾向，这番话却成了宣讲儒家思想的典范。这是令人动容的一幕：司马谈抓住儿子的手，含泪敦促他完成自己的计划，即写出一部非官方史书，重建祖先的荣光。他哀叹自己未能参加泰山封禅的祭典（这是他这一代最重大的典礼），强调为人子女应尽的孝道，并提到了儒家尊崇的圣人周公和孔子本人。司马迁后来追忆道，他的父亲希望他能够校正并续写儒家经典，甚至成为孔子五百年后的继承者，正如周公之后五百年而有孔子一样。如果说司马谈有什么地方偏离了正统儒学的轨道的话，那就是对儿子的期望过于热切（以至于到了亵渎孔子的地步）。用李长之的话说，成为“第二个孔子”，这对于后来的、更加保守的儒学者来说是不可想象的。

也许是为了减轻父亲惊世骇俗的期望所招来的指责，紧接着，司马迁花费大量篇幅讨论《春秋》的意义，这本书正是他所推崇并希望去模仿的。由于被（错误地）认为是孔子所作，《春秋》在汉代广受关注，引发了许多争论。要确切

① 译者注：即五大夫。

说明司马迁打算如何模仿《春秋》是困难的，因为《史记》第 130 章中的相关讨论几乎全都只是对儒学家董仲舒(前 179—前 104)的观点的引用。但不管怎样，司马迁似乎接受了这样一个观点：孔子在挫折失意之下，将自己的道德准则写入了《春秋》，希望它能成为后世统治者的指南。我们或许可以断言，司马迁也同样希望自己的史书能够作为道德上的参考，并传达他对历史兴替规律的分析。但司马迁最后又明确否认了这一点："而君比之于《春秋》，谬矣。"

司马迁这种谦逊的否认，一般被认为是出于政治上的谨慎，因为孔子对自己所处的时代整体上是批判的。因此，直接模仿《春秋》来写书就相当于叛国。不过，司马迁的主要目的之一很可能就是以《春秋》为蓝本，针砭时弊。这展现出司马迁在历史上和政治上的双重追求。在汉初，许多有影响力的官员从历史中寻找制定政策或者警告皇帝的依据，但是，司马迁和他的父亲无法广泛参与进来："太史公既掌天官，不治民"。

作为司马迁最重要的英文评论者和翻译，柏顿·沃森(Burton Watson)总是将"太史令"翻译为"大史官"(Grand Historian)，或许是为了避免"占星"一词中至今仍存在的伪科学意味。① 然而，需要说明的是，虽然司马迁的职位可以让他接触到皇家档案(这很重要)，但他在历史方面的努力却不属于其职司范围。将修史看作本职，只是司马迁个人的想法，他期望自己可以延续家族(著书修史)的传统。后世的正史都由官方赞助编撰修订的，而《史记》与之不同，它是一部私史。司马迁去世后，《史记》也是在私人间传阅。太史令对朝堂政策并无较大影响，事实上，公元前 99 年，司马迁在政治上最著名的冒险谏言是以灾难而告终的。

一位与司马迁并无深交、名叫李陵的将军，受命带领五千人的部队深入敌境，抗击匈奴部落。虽然一开始取得了一些胜利，但最终由于死伤惨重，食物与武器短缺，而许诺的援军又不见踪影，李陵被迫投降匈奴。汉武帝大怒，他希望将军们要么获胜，要么战死，于是，武帝身边的朝臣一起弹劾李陵。司马迁则不同，他冒险向武帝陈述李陵过去的功劳，并提出李陵之所以投降，是为了将来还能有机会为皇帝效力，而这个机会只有活着才能拥有。

司马迁的辩护令武帝更加生气(辩护辞含蓄批评了本应带领援军支援的将军，而这个将军恰好是武帝正当宠的妃子的哥哥)。司马迁被指藐视皇上，犯了死罪。按照当时习惯做法，官员被控重罪，可以花钱将自己赎出，摆脱法律的追责，或者自杀来避免接受惩罚，但这两个选择对司马迁来说都不适用。

① 译者注：本文作者将"太史令"英译为"Grand Astrologer"，即"大占星师"。

他家里拿不出足够的钱为他免罪；而他自己选择活下去，因为这样才有机会完成父亲所托，完成自己正在撰写的史书。这个机会保住了，但代价惨重：司马迁被减刑为宫刑。他承受住了这个耻辱，虽然他认为宫刑是极点之耻："最下腐刑极矣"。之后，他活了下来，并完成了《史记》。他曾写过一封感人的信给任安——另一个陷入牢狱之灾的官员。在信中，他试图解释自己的抉择。但是，司马迁的终极自辩只能寓于《史记》的文本之中，而如何在批评统治者的同时保全自身，自然而然地成为《史记》所关注的难题。

司马迁为修史所付出的代价是如此巨大，以至于我们不得不思考：是什么支撑着他在历史中求索？是怎样的震撼、不满和需要，支撑着他做出如此坚毅的抉择：宁可忍受残躯活着，也不愿失去对历史的追求？我可以提出多种可能，不过，在此之前我们必须清楚，如今留在我们手中的，只有《史记》模棱两可的记述。不过，一些学者的猜测或许可以引导我们的解读。

> 余死，汝必为太史；为太史，无忘吾所欲论著矣……自获麟以来四百有余岁，而诸侯相兼，史记放绝。今汉兴，海内一统，明主贤君忠臣死义之士，余为太史而弗论载，废天下之史文，余甚惧焉，汝其念哉！

司马迁低下头，流泪道："小子不敏，请悉论先人所次旧闻，弗敢阙。"

如果写作是对内心深处某些需要与缺憾的回应，那么促使司马迁撰写《史记》的最初动力就是父亲的壮志未酬。司马谈显然曾搜集历史材料，甚至可能已经开始写作，但死亡中断了他的工作。据我们所知，司马谈修著史书是出于个人的意愿，而非太史公一职的职业要求。司马迁继承了父亲的心愿和事业，他用这种方式来应对失去父亲的悲伤，试图完成父亲未竟的事业。为此，司马迁宁可付出巨大代价，即接受宫刑。

孝是司马迁对待父亲的根本出发点，但"孝"的要求也并非总能得到满足。譬如，在父亲去世之前的十五年，司马迁广泛游历。他着重为我们讲述了一次前往孔子故里的朝圣之旅，这次旅行也许令他的父亲感到欣慰。但司马迁将父母留在家中，自己去孔子故里朝圣的行为，显然违背了孔夫子"父母在，不远游"的教诲，具有反讽意味。

更重要的是，当司马迁被判宫刑，他有多少选择呢？他可以自杀，这样家族可以保留一些荣誉；或者接受宫刑，这会损伤自己和父亲的名誉，但也能有机会完成事业，为父亲昭传。任何一个选择都很可能造成家族血脉的中断。在《报任安书》中，司马迁清楚地说明自己没有兄弟和近亲，并强烈暗示没有男性后代。这也许就是司马迁在追忆和记录父亲让他传宗接代的遗命时语焉不详的原因。

司马谈曾告诫儿子:“孝始於事亲,中於事君,终於立身。扬名於後世,以显父母,此孝之大者。”这与孟子的“不孝有三,无后为大”形成鲜明对比。但司马迁最终还是下定决心,认为一部文化遗产足以超越宫刑的耻辱和断绝后代的代价。但他究竟如何作出这一抉择的,我们仍然难以判定。司马迁在《报任安书》(这封信由柏顿·沃森极为精彩地译成英文)中写道:

> 仆以口语遇遭此祸,重为乡党所笑,以污辱先人,亦何面目复上父母之丘墓乎?虽累百世,垢弥甚耳!是以肠一日而九回,居则忽忽若有所亡,出则不知其所如往。每念斯耻,汗未尝不发背沾衣也。身直为闺阁之臣,宁得自引深藏于岩穴邪!故且从俗浮沉,与时俯仰,以通其狂惑。

遭受宫刑加上父亲去世,加深了司马迁人生的悲剧性,也强化了他对现实的不满,这很可能是促使他写作的另一动力。司马迁生活在一个政治和社会剧变的时代,他对自己所看到的一切深表疑虑。经过诸侯之间几个世纪的残酷内战,公元前221年秦始皇第一次统一了中国。他废除传统政治形式,大规模改造中国社会。秦始皇曾预言自己的后代将统治中国千秋万代,但他死后不久,其政权便分崩离析了,秦朝从开始到结束只存在了十五年。中国又一次陷入内战,直到汉高祖于前202年建立西汉王朝。虽然出身农家,汉高祖却恢复了一些传统贵族政治的因素,包括属国和诸侯制度。他的继任者们成功经受住了来自这些诸侯和吕后家族的挑战,但总的来说,他们采取的是无为而治的政策,给国家以亟需的休养生息的时间。

但随着前141年十五岁的武帝登基,一切都改变了。在他漫长的统治过程中,武帝采取坚定的举措一步步废除诸侯国,开始了同北方匈奴部落的大规模战争,入侵朝鲜半岛,在中亚地区安置了七十万移民,以及派遣远征军进入南方。他还改革了宗教和政治礼仪,收回铸币权,加强市场管理,建立盐铁国家专营制度,增加税收,在他统治期间,诉讼增加,法律趋于严苛。总之,武帝似乎正重返秦始皇那种令人反感的专制统治。

这些令司马迁感到烦恼。因此,他把目光投向历史(显而易见,司马迁本人就曾被武帝时代的司法体系所残害,这使得他不可能改变对武帝统治的消极看法)。正如之前所说,中国有借古讽今的古老传统,而《史记》的大部分内容都符合这个模式。其中有许多地方暗示着对武帝时代经济、军事、司法、礼仪和人脉政治的深刻不满,而《太史公自序》中对孔子《春秋》的长篇幅讨论也体现了这一方面。的确,通过搜寻潜藏在司马迁文字下的批评,《史记》的研究者们体会到了一波又一波无法言喻的快乐。

但是,《史记》并不仅是隔着一层薄幕(甚至是厚幕)的讽刺。在《太史公自序》中,对话人壶遂打断了司马迁对《春秋》本意的沉思。他指出孔子对历史的评价是消极的,在描写辉煌的武帝时代的史书中,不适合采用这种观点。司马迁表示同意,并告诉我们,他继承了父亲的志向,是要记录美德善行和高尚人士。虽然这个声明有政治上的考虑,但我并不认为它完全是玩笑之谈。即使是武帝,他也有好的地方——无论怎么说,正是他将儒家思想确立为汉朝的官方意识形态。他统治的时期是中国前所未有的强大和自信的时代。司马迁本人也参与了这些盛事。譬如,他帮助设计了颁布于前 104 年的新历法,这是代表帝国更新的一件事。司马迁以兴趣广泛和对笔下人物充满理解和同情而闻名于世。他客观公正地记录(时代的)长处和短处。最终,《史记》层次丰富、内容充实地刻画出当时的图景。但是,在整个历史脉络不断推进的表象之下,确实潜藏着一股悲哀的暗流。

司马迁所处的时代,是追求政体恢复、国家统一和民族融合的伟大时代,渴望在其中有所作为,这是促使司马迁写作的最终动机。汉朝的开创者终于为中国带来了政治上的稳定和统一,其他领域的统一和稳固也即将来临。在《太史公自序》结尾,司马迁列举了汉朝学者的成就。与周朝末年和秦朝铺张四散的文化相反,汉朝学者们推出了系统的法典、军事律令、历法、度量衡和礼仪制度。但是,所有关于历史、文学和哲学的记录却依旧四分五裂、疑义丛生。司马迁继续写道:

> 天下遗文古事靡不毕集太史公。太史公仍父子相续纂其职……凡百三十篇,五十二万六千五百字,为太史公书。序略,以拾遗补,成一家之言,厥协六经异传,整齐百家杂语,藏之名山,副在京师,俟后世圣人君子。

司马迁希望自己的史书能够整合中国文化和思想。这个动机再一次同孝道联系起来(对"家"的双重解读也暗示了这一点)。有一篇关于主要哲学流派的文章似乎是出自司马谈的笔下,这篇文章提出了诸子百家思想的长处和缺点。司马迁逐字逐句地将这篇文章抄写到自己的自传中,并在这一章末尾宣称,自己完全完成了父亲整合诸子百家思想的计划。

司马迁在搜集整理历史碎片的同时,也努力赋予其意义。考虑到他所受的训练和他的职业,这是很自然的。太史令负责协调历法,仔细观察和解读自然现象。我们可以设想,司马迁对自然现象的含义、变化规律和模式的探索可以延伸到他的历史研究之中。

> 仆窃不逊……网罗天下放失旧闻，略考其行事，综其终始，稽其成败兴坏之纪……凡百三十篇。亦欲以究天人之际，通古今之变，成一家之言。

对司马迁来说，赋予世界以意义并不仅仅是确定前因后果，或者重新确定历史年表；他对历史的道德含义也怀有兴趣，尤其是关于正义的问题。他深刻意识到，许多正直而富有才华的人受到不公正的对待，而当《史记》完成的时候，他自己也加入了他们的行列。他还知道，有些人最终通过写作战胜了逆境。在《太史公自序》中简单提及自己的个人悲剧之后，司马迁试图将自己的史书归入一种文脉语境之中，他列举其他十部文学作品作为例子（其中包括现存五部儒家经典中的四部）。这些作品被写出来的时候，其作者都承受着沉重的冤屈和苦难，寻求着一个将自己的观点传达给世人的途径，而世人或许终有一天会明白他们真正的价值。像这些作品一样，《史记》"叙述过去却寄希望于后世的人们"。也许，正如司马迁本人在《报任安书》中所说："所以隐忍苟活，幽于粪土之中而不辞者，恨私心有所不尽，鄙陋没世，而文采不表于后也。"在这个过程中，孔子再一次成为榜样，因为他不仅独自一人搜集整理了被轻视的周朝传统（这是司马谈曾经告诫儿子去做的），他还发现了历史中的道德意蕴，并在重重困难中通过某种方式在作品中嵌入了自己的道德评判，使自己的思想可以延续下去，直到有一天被后人解读出来。上述思想司马迁在评价《春秋》时已经阐明。

通过《史记》的《太史公自序》，我们能够清楚地看到，司马迁的创作行为（以及为了完成写作必须忍受的身体残缺）是出于一系列复杂的原因：通过写作，他可以履行自己的孝道责任，并且切实地为父亲作出牺牲；他可以博取名望，避免司马氏家族湮没无名；他可以恢复曾经失落的文化传统以及日渐衰落的家族名声；他可以赋予四分五裂、残缺不全的过去以秩序和意义；他可以效仿孔子的事业，将自己对古今的评判传达给后世，从而超越自己所经受的不公和迫害。最后，他可以将自己的苦难化作一部具有永恒价值的文学作品。

这里，基于带有总结性质的《太史公自序》，我们开启了解读《史记》的历程。然而，即使这些原因有理有据，能够为解读《史记》提供多种可能，我们对这种类型的解读还是应该抱着审慎的态度。《史记》篇幅很长（大约是修西里德斯《伯罗奔尼撒战争史》的四倍），只要特别关注一下疑似司马迁抒发自己观点的个人评论部分，就能很容易地从书页里收集到他对经济、政府或者道家思想的评判。事实上，无数中国《史记》研究正是这样做的。但实际上，这种方式有很多局限性。首先，《史记》形式零散，结局开放，难以简单地总结概括。正如柏顿·沃森的观察：凡尝试过的人都明白，想要从司马迁那些碎片化的议论中推断出连续系统的思想是不可能的。他似乎放任自己在叙事中徜徉，当某种情感向他袭来时，无论是出于同情，出于道德，还是出于谴责的原因，他都会抒发自己的感慨；而当另一种情感袭来的时候，他又会作出相反的声明。

其次，《史记》具有文学特征，加之其中的避讳、反讽、否认等因素，使得解读起来更加困难。即使是司马迁的自传（事实上作为研究《史记》开端的《太史公自序》本身就信息匮乏），也深藏在整个文本中，并具有这些文学特征。譬如，司马迁模糊地提到自己在旅行中遇到困难，我们对此应就事论事呢，还是接受沙畹（Edouard Chavannes）的说法，即他是有意将自己的人生同孔子的人生做一个类比？司马谈的临终遗言是否如史蒂芬·达兰特（Stephen Durrant）所说，“至少有一部分是司马迁自己的话”？为什么第130章讨论《春秋》时要采用司马迁和朋友壶遂对话的形式？这篇传记是否为司马迁与父亲合著，这些都为解读《史记》蒙上了一层疑云。

第三，《史记》是一个复杂的文本，正如所有伟大的作品一样，它同时具有多种功能。的确，有人可以将它看作是对中国历史的记录，或者，甚至把它当作司马迁精神世界的印记，但它远不限于此。多米尼克·拉卡布拉（Dominick LaCapra）曾经警告历史学家，不要狭隘地将历史文本当成文件记录来看，并指出“一篇文章的行文或者安排具有多重功能，包括比喻、讽刺、戏仿和其他修辞目的，因此不能仅仅将它们看作对事件的‘重现’或狭义备案，从而简单地作出解释说明。有时可以看到，文本通过某种方式批判或者暗暗扭曲了其所要‘重现’的对象”。因此，不能把《史记》看作一系列宣言式的叙述和观点，它没有这么简单。

最近，有三篇研究司马迁的论文都探究了司马迁的人生经历与他的创作之间的关系，同时令人钦佩地避免了简单解读。李惠仪（Wai-yee Li）认为，司马迁的磨难可以看作是他个人道德观的验证和表达。史蒂芬·杜兰特（Stephen Durrant）则启示我们，一方面司马迁创造性地、充满感情地书写历史，另一方面他必须从父亲和孔子那里继承协调有序的创作原则，正是这种张力关系成就了《史记》。南微莉（Vivian-Lee Nyitray）向我们揭示了作者、编者、叙事者和司马迁本人的复杂关系，以及“作者”是一个何等复合化的概念。这些研究并非解密《史记》，而是为读者阅读《史记》的多样化叙事提供了更加深刻和细微的视角。

我还想提供另一个视角，与之前的研究相比，我更侧重文字含义的表达，而非文学表现手法。我感兴趣的是，司马迁的经历如何塑造了他的历史观，以及他如何将自己的历史观写进作品之中,《史记》中是否可能存在着令西方读者感到不熟悉的强烈的表演因素呢。也许《史记》不仅展现了司马迁的历史观,也以一种强烈的文学风格展现了当时的世界,并且,通过它的存在,试图去改变那个世界。

西汉的政体发展[①]

Telly H. Koo 著　　官濛 译

（中国矿业大学　国际汉文化比较研究中心）

一、周朝的封建体系

中国的封建政体源远流长，延续了数千年，直至1912年辛亥革命[②]才得以终结。它起源于公元前，在随后的朝代中不断完善，直至今日[③]仍未彻底消失。当前的共和政体就是以封建政体为基础的改良形式，并且这种状况将一直延续下去。在中国政治机构的漫长历史中，西汉无疑是最为重要的一个时期。正是在这一阶段，周朝分权而治的封建体制与秦朝高度集权的政治创新相结合。随着西汉王朝的延续，一种新的政治构架逐步完善成型，后来各朝代的封建君主们都以此为蓝本进行改动，构建中央政府。如果说众所周知的中国的政体体系源自汉初几位伟大的皇帝，这样的论述并不为过。

中国的封建社会可以追溯到大禹的时代。大禹在涂山首次举行部落首领大会，标志着夏朝的成立。此后，封建体制根据不同时期的特点几经修缮，到了周朝中期已达到成熟完备的阶段。因为缺少可靠的相关记录，我们无从知晓封建制度开始的确凿时间。然而，想完整又清晰地厘清西汉的政治体制和结构，就一定要简要地了解几位重要的周天子统治下的封建政府。

周王是天下共主（中国历史上，周朝的统治者称为王，秦朝以后的统治者称为帝）。他有权册命诸侯，任命高层官员，颁布褒奖，巡视臣民，发放俸禄和征收赋税等；他也主持宗教典礼，国祭和诸侯大会。周天子把国土分封给他所认为的应得之人，并有权在发现不忠的情况下驱逐叛逆的诸侯离开封地。

---

① 原文出处：Koo，Telly H. The Constitutional Development of the Western Han Dynasty，Journal of the American Oriental Society，Volume40(1920年)，pp170-193.

② 译者注：原文有误，应为1911年(清宣统三年，辛亥年)。辛亥革命发生于1911年至1912年。狭义的辛亥革命，指的是自1911年10月10日武昌起义爆发，至1912年元旦孙文就职中华民国临时大总统前后这一段时间中国所发生的革命事件。

③ 译者注：此处指的是发文的1920年。

中央政府由周王、丞相或太师(统领百官,辅佐周王执政)、太傅(负责为周王提供建议)和太保(负责在周王德行有失时提出规劝)构成。以上三个官职称为三公,并各自配备副职,分别为少师、少傅和少保。以上官员密切关注国家的需要,为周王进言献策以改善民生。

其下设有六官:

(1) 天官。负责辅弼周王处理政务,管理公共支出,制定国家预算并确定税率。

(2) 地官。负责设立官学,颁布法令,抚恤穷苦无依的百姓,宣扬道德教化,任命教师教导民众。

(3) 春官。负责管理所有的宗教活动。

(4) 夏官。负责筹集战争经费,组织军队,平定叛乱并审查服役之人。

(5) 秋官,即刑狱事务部门,负责阐释法令,惩治罪犯,指导掌管刑法狱讼的官员,同时也要核查狱讼的惩治措施是否得当。① 其下设大行人和小行人,行使警察的职能,包括巡视诸侯国,监察其国内秩序是否正常,并向周王进行汇报。

(6) 冬官。负责分派民众到适宜的居住地区,为他们提供就业机会,并监管公共设施。

以上六官均直接对周王负责②,官员们定期向周王报告工作,提出解决问题的措施以征求君主的许可。总体说来,周王、三公和六官组成了周朝的中央政府。

周王自己保留一千平方里大小的土地为王畿,把其余的领土分封给诸侯们。诸侯又分公、侯、伯、子、男五等:公,获封地100平方里;侯,所获封地也是100平方里;伯,受封70平方里;子和男各获封地50平方里。其不及五等者为附庸,直接对诸侯,而不是周王负责③。另外,中央政府官员也根据不同的等级得到周王的封地。周朝疆域包括王畿在内分为九州,曾有1 773个诸侯国,其中93个位于王畿领域内④。王畿内的封地是终身的,而王畿外的封地则在诸侯家族内世代传袭。⑤

---

① 严鹤龄:《中国政体演变研究》,纽约:哥伦比亚大学出版社,1911年版,第52页;Friedrich Hirth,《中国古代史》,纽约:哥伦比亚大学出版社,1911年版,第123页。

② 关于六官的详细研究,请参见严鹤龄上述著作第44~45页。

③ 《中国政体演变研究》,第52页。

④ 《中国政体演变研究》,第43页。

⑤ 《中国政体演变研究》,第56页。

五个等级的诸侯各自拥有文武官员，大部分由周王任命。官员的具体数量视诸侯的级别而定。[①] 根据律法和惯例，各诸侯除每年要向王室缴纳贡赋表示忠诚和拥戴[②]以外，还要按照中央政府的构架设置诸侯国政府，在危难之时同周天子进行磋商，协助他平定叛乱的诸侯。一旦两诸侯国间出现矛盾，无辜的一方必须先征得周王同意才能进行反击。

所有的耕田根据其肥沃程度分为三等，按照家庭人口数量把田地隔成小块土地进行耕种[③]。耕种者有义务缴纳租税，负担徭役并在战时当兵参战，作为使用土地的回报。后来，出现了井田制。井田制把土地划分为九块大小均等的方田，每块面积为 70 亩，由一个劳动力耕种。每八家共同耕种井田中间的公田，公田的收成上缴政府。

如果周王向邻族宣战，每家须有一人参军作战。此外，除贵族、官员及跛足者外，所有年龄在 20 到 65 之间的城市居民[④]必须入伍[⑤]。

普通的国人如果品行端正，能力出众也可以入仕为官。他们首先要通过考试，被推荐给周王，才能正式就任官职。

以上整个分封体系虽然复杂，在一定时期内运转平稳并取得了相当的成效。开国君主们才能非凡，成就了生气勃勃的周朝早期的景象。和平有序的局面得以维持，诸侯们也处在周王的掌控之下。

二、分封制的式微

周朝后期的君主早已把祖先创业的艰辛抛之脑后，只顾纵情享乐，政权旁落到腐败无能的官员手中。后期的周王们也不再重视公卿们的谏言，他们身边充斥着阿谀奉承之人，择贤任用已成为一纸空文。公元前 841 年，“国人暴动”爆发，在位的周厉王（公元前 878—公元前 841 年）[⑥]被驱逐。然而，继任的昏君进一步变本加厉。周幽王（公元前 781—公元前 770 年）为了博宠妃一笑，上演了烽火戏诸侯的闹剧，最后被犬戎（和匈奴同源的北方少数民族）

---

① 《中国政体演变研究》，第 42 页。

② 《中国政体演变研究》，第 62 页。

③ 《中国政体演变研究》，第 57 页。

④ 译者注：即国人。周朝时期，国人指的是居住在城邑及附近的人。与之相对的野人，则远离城邑。

⑤ 《中国政体演变研究》，第 58 页。

⑥ 译者注：原文中标注的记录与我国权威字典认定的记录有出入，为尊重原著，译者对原文中的多处记录未作修改。

俘虏[①]。

周赧王(公元前 314—公元前 255 年)之后,诸侯和官员们实际上已经掌握了废立天子的大权,并停止缴纳贡赋。[②] 祭天原本是周天子的特权,可这时候的诸侯开始直接祭天。周天子要求各国出兵助伐,诸侯们也不再响应。不久,诸侯们不再觐见天子,一度长达三十年之久[③]。考虑到一旦遭受邻国侵犯,周朝王室也帮不了忙,各国开始自行组织军队,征收赋税,任命文武官员。

周平王(公元前 770—公元前 719 年)在位时,周王室仅仅在名义上统领天下,权力已经转移到分封的诸侯手中。西北诸国入侵少数民族戎和狄的领土以扩展疆土。在得力的军事将领如孙膑、吴起的辅助下,强大的诸侯吞并弱小的邻国,实力逐渐超过了中央政府。东部的国家因为临海建国,无法扩大面积。然而,它们在管仲等政治家的推动下大力发展制盐和冶铁业,日渐富庶。此时的周王在财政上依赖东部诸侯,在军事上则倚仗西部封国。

诸侯们自行召开诸侯大会,不再通知周王,组建和废除诸侯国联盟也不再征询他的意见。国家权力下移,历史进入"五霸七雄"的内战时期。周王几度试图重振社稷,无奈回天乏力。东周的末代国君周赧王,大胆地联手几位诸侯建立合纵联盟以破秦。然而秦国恰好以此为借口,公开与周朝为敌,凭借优势兵力大败王室军队。周赧王死后,周王朝在其亲属手中又延续了一段时间,最终由秦王终结。

分封制的致命弱点在于分权。虽然名义上人民是天子的臣民,实际上却是各地的诸侯在进行统治。每一个独立辖区的存在都意味着君主的掌控中缺失了一块领土。

三、秦朝中央集权时期

战国时代开启了漫长的无政府时期,战乱席卷各国。最终,秦王嬴政(公元前 246—公元前 209 年)倚仗强大的兵力横扫六国。中国,也在历史上首次成为一个统一的国家。嬴政看到分封制的弊端,决心实施铁腕统治。

---

① 司马迁:《史记》卷四《周本纪》,上海:商务印书馆,1916 年版,第 11 页。

② F. Hirth,《中国古代史》,第 326 页。

③ 《史记》卷四《周本纪》,第 9 页。

后人为上古时期的最高统治者追加"皇"、"帝"的尊号①。然而,秦嬴政认为他的功绩超越了所有上古的帝王,自称"皇帝",后世称之为"秦始皇"。在斟酌是否要将国家分给贵族和亲属时,时任廷尉②的李斯回答道:"周文武所封子弟同姓甚众,然后属疏远,相攻击如仇雠,诸侯更相诛伐,周天子弗能禁止。今海内赖陛下神灵一统,皆为郡县,诸子功臣以公赋税重赏赐之,甚足易制。天下无异意,则安宁之术也。"③根据李斯的建议,秦始皇把全国划分为36郡,每郡设郡守、郡尉、郡监,均由中央政府任命。收集并销毁所有武器;实施新法,废除井田制;所有才能出众的人必须迁居都城咸阳进行严密监视,以便把可能的革命扼杀在摇篮之中。

秦朝的治国方略同古代帝王相去甚远,在当时的儒生和方士看来过于激进,批评和质疑的声音不断出现。为了阻止他们抨击时政,李斯谏言道:"今诸生不师今而学古,以非当世,惑乱黔首……如此弗禁,则主势降乎上,党与成乎下,禁之便。臣请史官非秦记皆烧之;非博士官所职,天下敢有藏《诗》《书》百家语者,悉诣守、尉杂烧之;有敢偶语《诗》《书》者弃市;以古非今者族。吏见不知举者与同罪。令下三十日不烧,黥为城旦。所不去者,医药卜筮种树之书。"④

谏言随后变成了大秦王朝的律法,在全国强有力地推行开来。所有秦之前的古典文献都化为灰烬⑤。诸生被逐一审判,近四百人被活埋。幸而有个别胆识非凡的人拼死保存,儒家的经典著作才得以流传到今天。

秦始皇死前,秦王朝就已经开始瓦解。民愤难平,暴乱不断。数月之间,帝国已走到了分崩离析的境地。

秦始皇帝的中央集权政策的确有相当的可取之处。他的铁腕统治为国家大一统提供了坚实的保障。他废除旧制的税收体系,由中央政府直接控制全国的资源,成效卓著。他明智地接管了所有诸侯的军力,国家才得以从周朝以

---

① 译者注:中国最早所谓的"皇帝",是对"三皇五帝"的统称。三皇指天皇、地皇和人皇,是传说中的三个古代帝王;"帝"原指宇宙万物至高无上的主宰者,即天帝,后来许多国家混战,各自称帝,出现西帝、东帝、中帝、北帝等,使天上的"帝"来到人间,成为超越"王"的人间尊号(也有说是部落时期的黄帝、炎帝、蚩尤等)。周朝天子称"王",因为他们自认为功德不及前人先贤。然而嬴政认为自己"德兼三皇,功盖五帝",决定兼采"皇"、"帝"之号,将这两个称呼结合起来称为"皇帝",成为帝制时代最高统治者的称号。

② 译者注:廷尉是当时的最高司法长官。

③ 《史记》卷六《秦始皇本纪第六》,第5页。

④ 《史记》卷八十七《李斯列传第二十七》,第3页。

⑤ 译者注:除任博士官职者收藏的除外。

来的长年战乱中解脱出来。通过让所有士卿和郡守直接对皇帝负责，他把所有的政治资源完全集中到自己手上。秦始皇的最终目的是把国家变成自己家族的私有财产延续“万世”之久。倘若他未曾实施无休止的暴政，这梦想或许能实现一部分吧。

四、汉高祖重建大业

铁腕皇帝已逝，国家再度陷入动荡。新兴的军事将领崛起，同时幸存的封建诸侯试图复国，似乎一夜之间历史又再次回到战国时代。甚至于，此时连名义上的天子也不复存在了。与此同时，人民厌倦了战争。只要能保证生命和财产安全，他们愿意追随任何一个君主。西汉开国皇帝刘邦（公元前 206—公元前 194 年），即后来的汉高祖，正是百姓所期盼的这位皇帝。

汉高祖出身亭长，凭借过人的文韬武略，以一介平民起家，实力一路发展壮大，成为项羽逐鹿天下的唯一对手和后来西汉帝国的核心人物。凭借多年的经验，他明白倘若仅仅完全倚仗武力或者把土地分封给诸侯，不可能实现国家的大一统。然而，如果把秦始皇创立的中央集权模式和上古先王的分封制有机地结合，必定可行①。在汉高祖眼中，首要的目标就是获取民心。他允许百姓占领秦朝苑囿进行耕种，取消一定时期的赋税和徭役②，废除秦朝苛刻严法，和民众约法三章，将刑法简化为：“杀人者死，伤人及盗抵罪。余悉除去秦法”③。

汉高祖深知，与其把被征服的敌人逼到走投无路的境地，宽容大度的厚待应该更加明智。他许诺封万户侯，诱导守城的郡守约降投诚④。除死囚外，赦免释放所有囚犯⑤。凡是在战争期间因为饥饿而自卖为奴者，皆免为庶人。失去军职的无罪军士复原回家，恢复他们原有的爵位和田宅⑥。以上种种开明仁义的举措使汉高祖赢得了民众的广泛信任和支持。

同样，他也清楚要厚待为他四处征战斩获胜利的将士们。一次，他坦言自己运筹帷幄，决胜千里，不如张良；管理国家，安抚百姓，不如萧何；战无不胜，攻无不克，不如韩信⑦。刘邦给每个宣布拥戴他的将领一块封地以满足他们

① 班固：《汉书》卷一下《高帝纪 第一下》，上海：商务印书馆，1916 年版，第 2 页。

② 《汉书》卷一《高帝纪 第一上》，第 10 页。

③ 《汉书》卷一《高帝纪 第一上》，第 7 页。

④ 《汉书》卷一《高帝纪 第一上》，第 10 页。

⑤ 《汉书》卷一下《高帝纪 第一下》，第 1 页。

⑥ 《汉书》卷一下《高帝纪 第一下》，第 2 页。

⑦ 《汉书》卷一下《高帝纪 第一下》，第 3 页。

的要求，甚至还把封地授给自己的敌人①。士兵战死后由国家出资安葬，他们的家属也由国家抚恤供养。此外，有突出军功的人可以终身免除徭役②。

学者是国民的领袖，不可等闲视之。为了让他们缄口，汉高祖遵循古例，祭祀圣人，表明自己的态度。另外，先朝国君的子嗣也被封予爵位。称帝之前，贤主楚义帝被项羽谋杀，刘邦以臣礼为他发丧。在辗转征战的过程中，他也拒绝进攻鲁国，只因为孔子曾在那里讲学③。汉高祖遵照先朝国君的治国之道，坚信对于民众要推行教化而不能只是进行惩罚④，与秦始皇形成了鲜明的对比。此外，刘邦还推选德行和名望兼有的贤人来管理一方百姓。官员的选拔任用，必须遵循基本的原则：品行端正，声誉良好，并且有一定的经验。官员晋升靠的是政绩。汉高祖要求所有的郡守和其他地方行政官员⑤亲自或派代表拜访当地有德行的学者，并把他们推荐给朝廷⑥。早在马上打天下时，刘邦就许诺，给愿意追随他的士人尊贵显赫的地位⑦，享有诸多商人享受不到的特权⑧。如此以来，被秦朝离间的保守派转而支持西汉政权。

土地问题异常尖锐。汉高祖深知他决不能重蹈秦朝极度专权的旧辙，因为在多年的征战中，他清楚地认识到，如果不把土地分给天下群雄，就无从获得他们的支持⑨。刘邦所关注的问题是如何在分封领地的同时又能建立一个强有力的中央政府来保障诸侯的臣服。

周朝的错误在于把国家变成了诸多小诸侯国结成的松散联盟。以此为鉴，汉高祖决定只建立为数不多的大诸侯国。秦时已经废除了周代的五等爵制，西汉也没有兴趣再恢复这一制度，而是开创了王侯两级封建制，由皇帝来统领国王和诸侯。西汉建开之初的十年，只分封了十二位诸侯王，其中只有三位是与他并肩作战多年的的姻亲兄弟，其余九位都是他自己的兄弟⑩。有一

① 《汉书》卷一下《高帝纪 第一下》，第 4 页。

② 《汉书》卷一下《高帝纪 第一下》，第 9 页。

③ 《汉书》卷一下《高帝纪 第一下》，第 1 页。

④ 《汉书》卷一下《高帝纪 第一下》，第 2 页。

⑤ 译者注：即诸侯国国相。

⑥ 《汉书》卷一下《高帝纪 第一下》，第 8 页。

⑦ 《汉书》卷一下《高帝纪 第一下》，第 7 页。

⑧ 《汉书》卷一下《高帝纪 第一下》，第 6 页。

⑨ 《汉书》卷一下《高帝纪 第一下》，第 1 页。

⑩ 《汉书》卷三《高后纪 第三》，第 2 页。译者注：此处原文有误。汉初所封的诸侯王中，九个是汉高祖的宗室弟子，包括他的八个儿子和侄子吴王刘濞。并非文中所指的兄弟。

百多名官员被封为诸侯①。这和周朝初年的情况大相径庭。周初分封的八百诸侯中,只有五十位是周王的兄弟和亲属②。西汉的版图在不同时期包括 31 至 73 个数量不等的郡③。每个郡含 3 到 51 个乡不等。在西汉历史上,所有的封赏都是按户数论数,每个郡的户数在 1 万到 46 万户之间。根据估算,郡与郡之间的人口数量差别相当明显,少的约 3 万人,多的达到 259 万人。不过这些数据并不十分可靠,因为中国至今还不曾出现过精确的人口普查。然而令人欣慰的是,这些数据还是为我们进行进一步的估算提供了相当不错的基础。

为了维系中央政府的权力和财力,刘邦给自己留出相当大的面积作为辖地。高祖登基之初,中央政府管辖 15 郡,而当时所有的大诸侯国的封地加在一起,也不过数量相当。他还给自己的公主分封食邑,尽管她们没有权力管理。此外,他还任命中尉和卫尉④直接对皇帝负责,管理京畿地区。⑤ 西汉国都大约是周朝都城面积的三倍。

汉高祖大举分封自己的兄弟⑥,把他们安插在全国各个战略要塞。如此一来,既满足了兄弟们封王的要求,又能降低叛乱的危险,一举两得。刘邦以为,亲族关系能够保证忠诚,却忽略了诸侯坐大后可能威胁皇权的事实。外姓王要首先被赐予刘姓后才得以封王。汉高祖皇帝的九个儿子和兄弟被封为王。⑦ 后来,功勋显赫的前朝诸侯和外姓大臣也得到了"王"的封号。但是到汉文帝(公元前 179—公元前 156 年)继位前,外姓王无一例外全部被废黜⑧。很显然,刘邦的直系和近亲亲属手中牢牢把握着西汉的大半壁江山。

除了个别的改动,汉高祖完整地保留了秦朝行政体系。如下文所述,西汉大部分官职都源于秦朝,甚至连名称也保留了下来。在特定的时期,负责加强中央政府和监督王侯的官员数量有所增加。高祖及其继任者极其重视"御史大夫"的职能,总是差遣这些官员忙碌不休。

---

① 《汉书》卷一四《诸侯王表 第二》,第 1 页。

② 《汉书》卷一四《诸侯王表 第二》,第 1 页。

③ 《汉书》卷一下《高帝纪 第一下》,第 4 页。

④ 译者注:中尉和卫尉都直接统领军队。卫尉率领卫士,驻守宫廷;中尉则领导屯兵负责国都市里的守卫。

⑤ 《汉书》卷一七《景武昭宣元成功臣表 第五》。

⑥ 译者注:此处原文有误。一开始主要为了拉拢有实力的对手,之前分封的王为七个功臣和卢绾。后来,汉高祖才又分封自己的兄弟子侄为诸侯王。

⑦ 译者注:原文有误,应为汉高祖的八个儿子和侄子刘濞。

⑧ 《汉书》卷一三《异姓诸侯王表 第一》,第 1 页。

随着时间的推移，许多诸侯王因无嗣而除国，也有的诸侯王因为子孙不肖而失去封国①。中央政府取消这些封地，改为直接管辖。西汉的疆域后来得到统一和扩张，汉武帝(公元前140—公元前86年)功不可没。他把新扩张的国土分封给朝中大将，同时又举倾国之力将新征服的地区纳入皇帝的管辖之下。

汉高祖及其继任者为了巩固中央政府的权力采取了诸多举措，其中最后实施的，可能也是最重要的一项就是皇帝亲掌兵权。上文已经提到周幽王点燃烽火召集诸侯出兵求救的故事。它清楚地表明周天子对诸侯军事支持的依赖。西汉皇帝引以为鉴，把所有军权交付给几位由中央政府任命的将军。汉高祖的遗孀吕后未能颠覆刘姓政权，靠的是这一制度。平定七国之乱(公元前154年)，靠的同样还是这项制度。事实上，若不是因为皇帝手中控制兵权，将领们又一直对皇帝忠心耿耿，西汉的灭亡很可能会提前许多年。② 周朝因热爱和平，国力遭到削弱。而因为匈奴持续不断地入侵，汉朝皇帝有了充分的理由建立强大的国家军队，从而应对各种危机。

总之，高祖将周朝的分封制和秦朝高度集权的中央政府相结合。为了满足民众回归周朝旧制的强烈愿望，也为了安抚为他打天下立下汗马功劳的功臣，他不得不分享手中的胜利果实。然而他决不僵化地因循守旧。虽然恢复了分封制，但他严格限制诸侯国的数量，直辖国都附近的大片地区，保证王侯大多选自他的家族，保留并增加秦时官职以保证强势的中央政权，并将军权交到中央政府的将军手中。

五、封建政府

如上文所述，西汉的分封制包括诸侯王和列侯两级头衔，一直遵循只有皇帝的兄弟和子侄才能封王的惯例，只有个别功勋显赫的外姓人和后来西部游牧民族匈奴投诚的首领成为例外。③ 西汉王朝还保留一个传统，即在太庙中留存官员的政绩记录。除有特例，官员们的子孙不再入朝为官或者得到封地。特别是在七国之乱后，西汉皇帝极为谨慎，坚决杜绝不必要的分封。

七国之乱爆发前，诸侯国政府就是微型的中央政府。其文武官员均对应中央政府的相应职位，只是官职头衔略有区别。由此可以看出，汉高祖曾允诺

① 《汉书》卷四一《樊郦滕灌傅靳周传 第十一》。

② 《汉书》卷一下《高帝纪 第一下》，第10页。

③ 《汉书》卷一七《景武昭宣元成功臣表 第五》。

他的子孙有权管理自己的封地。① 和皇帝的长子继承皇位一样，所有的王国也遵循长子继承制世袭，但是后来，这一制度遭到废弃。除了太傅、丞相和御史大夫由皇帝任命，②各王侯可以自行任命官员，征收赋税。③

中央政府和诸侯国政府间的联系较为松散。诸侯国的义务仅在于：每年上缴贡赋，每五年觐见皇帝一次，④参加皇帝召集的会议以及派代表来皇宫参加祭祖典礼。⑤ 皇帝会赠予年事已高的诸侯一根拐杖，免去他入宫觐见的必要。⑥ 皇帝还有权在饥荒时期调整诸侯国租税。除了以上限制外，诸侯在其领地内像皇帝一样行使权力。

六、诸侯国权力膨胀导致七国之乱

虽然有汉高祖设下的种种制衡手段，各诸侯国还是逐步发展强大起来。由于秦朝末年长期战乱，很多大城市都荒废了。汉文帝在位期间，所有逃离的百姓都重返家园，移民数量激增。有些诸侯国的人口确实增长了一倍。初立国时，没有一国人口超过一万六千户，而后来大国的人口激增至三百零四万户。⑦

随着人口的不断增加和一些诸侯国内自然资源的开发，工业突飞猛进地发展起来，诸侯国的财力也迅速增强。比如吴国(位于今江苏省境内)利用临海的优势发展制盐业和铸币业，积累了大量财富，甚至免除了百姓的租税。⑧可以想见，诸侯国富强之后，就不会对中央政府一如既往地保持尊重了。

战国后期，四君子⑨延揽食客保证了国家的强盛。他们为大量门客提供食宿资助，作为回报，一旦出现紧急情况，门客们尽其所能地帮助他们的主人。这种情况在西汉初年的几个大国中也很普遍，这也是诸侯国地位提高的原因之一。⑩

导致诸侯坐大的另一个原因在于军事实力的扩张。吕后(汉高祖的皇后)

---

① 《汉书》卷五一《贾邹枚路传 第二十一》，第 4 页。

② 《汉书》卷五八《公孙弘卜式儿宽传 第二十八》，第 4 页。

③ 《汉书》卷一下《高帝纪 第一下》，第 9 页；卷二十四，第 4 页。

④ 《汉书》卷五《景帝纪 第五》。

⑤ 《汉书》卷五《景帝纪 第五》，第 1 页。

⑥ 《汉书》卷四四《淮南衡山济北王传 第十四》，第 4 页。

⑦ 《汉书》卷一六《高惠高后文功臣表第四》。

⑧ 《汉书》卷三五《荆燕吴传 第五》，第 2 页。

⑨ 战国时期四位有名的公子，以广招门客，礼贤下士而闻名。他们分别是信陵君魏无忌，春申君黄歇，孟尝君田文，平原君赵胜，时称“战国四君子”，亦称“战国四公子”。

⑩ 《汉书》卷四四《淮南衡山济北王传 第十四》。

曾试图杀光刘姓诸侯，以自己的兄弟取代他们，导致高祖的几个儿子被处死或被逼自尽。[①] 此事为幸存的刘姓诸侯扩充军力提供了托词，也为日后的反叛埋下了伏笔。

此后，王侯们的专注点从保持对中央政府的忠诚转向发展自己封地的实力。汉高祖开国不到百年，诸侯们已经远远摆脱了中央政府的控制，国家似乎就要回到战国群雄并起的局面了。他们已经积蓄了足够的力量，准备挑战中央政府，只等候时机的到来。

然而皇帝们也已经敏锐地感知到危险的来临。他们明白如果一味听任事态发展，诸侯国无论是在财政还是实力方面，毫无疑问将会超过皇室。为了防范危机，皇帝们采取了遏制诸侯的措施，由两位杰出的政治家贾谊和晁错担纲实施。他们先后向汉文帝和汉景帝（公元前 156—公元前 140 年）上疏建议削除部分诸侯封地，改由中央政府直辖。理由是中央政府越强大，就越有实力应对叛乱。[②] 令人惋惜的是，贾谊的建议在当时并没有得到重视，而诸侯们接着挑起七国之乱要求诛杀晁错。叛乱最终在吴国爆发。吴王担心中央政府变得过于强大，劝诱其他的王侯一同起事。后来，一方面由于中央军实力占优势，另一方面也是因为叛国之间未能紧密合作，七国之乱得到平定。

七、中央集权时期

平定七国之乱后，汉景帝立即着手削减诸侯的自治权力。首先，剥夺诸侯对封国的完全控制。如上文所述，除了每年上缴名义上的贡赋外，诸侯国实际上就是独立的政权。现在，中央政府命令诸侯们不再管理自己的封地。[③] 他们仍可以抽取租税，但必须放弃其政治权力。诸侯国内文武官员现在均由皇帝任命并对他负责。[④] 王国中官员的数量大幅削减，以防范密谋和共谋。[⑤] 结果，一些诸侯王穷困潦倒到只能坐牛车的境地。[⑥] 诸侯们失去了政治影响力，变成对中央政府无害的食租者。

其次，实施从汉朝初年就开始酝酿的推恩令，允许诸侯把封地分给子嗣。中央政府告知王侯，他们逝世后由长子继承王位和较大份额的藩地，其他的儿

① 《汉书》卷三八《高五王传 第八》。

② 《汉书》卷四八《贾谊传 第十八》，第 5 页。

③ 《汉书》卷一九《百官公卿表 第七》，第 7 页。

④ 《汉书》卷三八《萧何曹参传 第九》。

⑤ 《汉书》卷一九《百官公卿表 第七》，第 7 页；卷一四《诸侯王表 第二》，第 2 页。

⑥ 《汉书》卷三八《萧何曹参传 第九》。

子分得王国的部分土地，封为列侯。[①] 不久以后，最大的诸侯国齐国分裂为七个部分，梁国一分为五，淮南国一分为三。[②] 汉武帝在位期间，一度富有广袤的诸侯国势力逐渐衰微。随着诸侯国数量成倍增加，叛乱的威胁渐渐消退，国家统一成为时代的主旋律。

汉景帝及其继任者不遗余力地限制和缩小诸侯国的疆域。[③] 汉武帝时的大国不过十城，侯的封地不过四五十平方里。这么大小的封地，收来的租税刚够支付贡赋、皇室祭祀费用的份额和主人的日常开销。[④] 诸侯王不得拥有超过 300 亩土地和 200 名仆人。[⑤] 一旦违反，予以没收。

而且，中央政府开始利用一切机会或整体或部分地撤销诸侯王的封地。有时是因为诸侯死后无嗣，有时是因为诸侯被皇帝召见却未能觐见，有时是因为忘记送钱支付每年皇家祭祀的费用。[⑥] 结果，皇室的领地由汉初的 50 郡增加到景帝时期的 80 余郡。[⑦] 此外，山川和河流一度曾是诸侯国赖以发展和富强的基础。整个削藩方案中最为重要的就是将山川和河流全部收归国有。[⑧]

另一个去除封地隐患的手段就是迁调诸侯王至新的封地，这一手法和清朝末年调任总督的思路如出一辙。[⑨] 诸侯们在原有的封地停职，然后通常要被迁至边疆地区，类似于变相流放。[⑩]

防范叛乱的终极措施莫过于无休止的审查。御史大夫的职责是视察诸侯国并向皇帝报告他们了解到的情况。他们关注的范围包括：大国不侵犯小国的边界，国家的律令得以执行，未征收额外的租税，刑狱公正以及没有偏袒徇私和奢侈铺张的行为。[⑪]

总之，诸侯王们由半独立的统治者变为食租者，他们只不过在皇帝的监督下有权收取租税而已。皇帝通过种种责任和义务置诸侯王于严密的掌控之

---

① 《史记》卷十七《汉兴以来诸侯王年表第五》。

② 《史记》卷十七《汉兴以来诸侯王年表第五》。译者注：齐国一分为七，即齐、城阳、济阳、济南、菑川、胶西、胶东七国；赵国一分为六，即赵、河间、广川、中山、常山、清河六国；梁国分为五，即梁、济阴、济川、济东、山阳五国；淮南国一分为三，即淮南、庐江、衡山三国。

③ 《汉书》卷四四《淮南衡山济北王传 第十四》，第 4 页。

④ 《汉书》卷四四《淮南衡山济北王传 第十四》，第 14 页；卷一四《诸侯王表 第二》，第 2 页。

⑤ 《史记》卷十七《汉兴以来诸侯王年表第五》。

⑥ 《汉书》卷五三《景十三王传 第二十三》，第 3 页；卷六《武帝纪 第六》，第 9 页。

⑦ 《史记》卷十七《汉兴以来诸侯王年表第五》。

⑧ 《史记》卷十七《汉兴以来诸侯王年表第五》。

⑨ 《汉书》卷四八《贾谊传 第十八》，第 12 页。

⑩ 《汉书》卷一一《哀帝纪 第十一》，第 2 页。

⑪ 《汉书》卷一九《百官公卿表 第七》，第 7 页。

中。除此以外，诸侯王们还必须参加皇家祭祀和出席皇帝定期召开的会议。①

八、中央政府②

和所有的君主专制政体一样，汉朝的皇帝从理论上来说是万能的。他是执政人、律法制定者和最高司法官。在和平时期，他管理税率，考查士人，任命官员。在战争期间，他又是三军的统帅。

理论上，他拥有以上种种权力。然而，通常的情况是，皇帝并不亲自执行所有这些权力。丞相通常是实际的统治者。秦始皇首次设立该官职（丞相，后改称相国，都有“辅助统治”的含义），而后汉朝承袭。有的皇帝设置左右两位丞相，但是右丞相的职责却一直没有得到明确。皇帝参考丞相的意见任免、惩治诸侯和官员，制定、废除律法，并决定是否维持和平或宣战。③ 所有的上疏、推荐、弹劾和报告都通过丞相之手送达皇帝。④ 丞相配有两名副官。

太傅、太师和太保并列三公，为周朝中央政府的最高官员。秦朝废除此官制，到了汉代又得以恢复。不过此时三公的职能仅限于为皇帝提供建议和忠告。

太尉（大司马）负责统领军队事务，⑤下设四位将军——左将军、右将军、前将军和后将军，后来将军的数量在不同时期有所增加。他们统领国都的两支常备军，也在外敌入侵时指挥国家部队。

和丞相、将军一起掌控朝中最高权力的另一个官职是御史大夫（后来改称大司空）。他位居九卿之上，监察文武百官，下设两位副职：御史中丞负责管理皇家图册典籍；御史丞负责巡视各郡郡守。其下另设 15 名侍御史，接受地方官员奏事，举劾非法。

西汉的决策层在历史上首次出现对应现代政府部门中农业部长的职位，即大司农⑥。农业是当时中国的支柱产业，国家收入大多来源于此。大司农派遣官员到田间征收赋敛，给政府官员分发俸禄。此外，所有来自山川、海洋、池塘和沼泽的税收用于支付皇室的花销用度。⑦

---

① 《汉书》卷六《武帝纪 第六》，第 11～15 页。

② 查看西汉官职完整列表，请参阅 Edouard Chavannes 所著 Les mémoires historiques，五卷本，巴黎，1897 年版；第 5 卷，附录 1。

③ 《汉书》卷五《景帝纪 第五》，第 4 页。

④ 《汉书》卷一九《百官公卿表 第七》，第 2 页。

⑤ 大司马的职位对应秦朝时“太尉”。

⑥ 译者注：此处原文有误，大司农一职应为秦时首设，并非文中所说的西汉。

⑦ 西汉时期分为赋和税，两个税种。赋用来支付国家军队的费用，而税用于支付国家公共开支。

京师有三位军官负责守卫①,率领麾下军士维持皇畿的安全和秩序。

还另有一官职②负责管理太庙、皇家陵寝和典礼仪式。

秦朝设最高司法官"廷尉"(意为公正),汉朝保留了该职位。③ 廷尉府直属皇帝,廷尉也由皇帝直接任命。后来,廷尉府改名为大理院,民国初年仍在沿用。汉高祖七年,每个乡设立地方法院。一桩案件,如果在地方法庭无法审定则提交郡守。如果郡守也无法裁断,则交由廷尉府审理。当事人最终可以向皇帝提出上诉。

殿内最高级官员④,其职责包括向皇帝汇报朝中诸官员的品行。其下设五曹,保卫并服务皇帝及其家族,本文不再赘述。此外,还另有官员管理各处宫殿,打理皇家财务收支。

九、地方政府

汉朝疆域划分为不同的诸侯国,国下设郡,郡下设乡。如上文所述,诸侯国所含郡数从 3 到 15 不等,每郡设 3 到 51 不等。据估算,截至西汉灭亡前,京畿地区有 57 县,人口达 250 万。⑤ 京畿之外的国土划分为 20 国,设 80 郡,1 501 县,人口约六千万。⑥

西汉完整地继承了秦朝的郡县制,设文官郡守和武官郡尉为一郡之长官,县长或县令为县之长官。县约十平方里大小⑦,下设数量不等的乡。每乡设三位官员,统称"三老"。⑧ 一位负责为民众提供宗教和教育保障,或者,更确切地说,是在生活方式上对民众进行教化和引导。⑨ 一位官员负责解决民间

① 译者注:分别为郎中令、卫尉和中卫。其中,郎中令在武帝时改为光禄勋,主要掌管宫廷侍卫;卫尉统领卫士,亦称南军;中卫统领屯兵亦称北军。

② 译者注:即太常。

③ 《史记》卷二十三《礼书第一》,第 8 页。

④ 译者注:即尚书令

⑤ 《史记》卷二十八《封禅书第六》,第 5 页。

⑥ 《史记》卷二十八《封禅书第六》。

⑦ 译者注:此处原文有误。《汉书》卷一九《百官公卿表》记载:"大率十里一亭,亭有长;十亭一乡……",应为:亭的大小约十平方里,十亭为一乡。

⑧ 译者注:此处原文有误。《汉书》卷一九《百官公卿表》记载:"乡有三老、有秩、啬夫、游徼。三老掌教化;啬夫职听讼,收赋税;游徼徼循禁贼盗。县大率方百里,其民稠则减,稀则旷,乡、亭亦如之。皆秦制也。"三老由有威望的老者担任,他和有秩、啬夫、游徼一起管理地方事务。每乡的三老只限任一人,县三老也限任一人,而且必须从乡三老中挑选。

⑨ 译者注:即三老。

的诉讼纷争和收缴赋税。[①] 另一位负责维持治安。[②] 最小的辖区单位是亭，其长官（亭长）没有明确的职责。[③] 上至丞相，下至最底层的官员，据估计西汉时期的官员数量不少于13万。

十、西汉行政体系对后世的影响

西汉是公认的中国历史上最辉煌的时期，不仅仅是由于汉武帝大手笔的征伐和该朝代涌现出的众多杰出的统治者，更是因为西汉的行政体系对后世影响深远，延续至今。

（1）西汉对后世最突出最深远的影响就是尊崇士儒。为了招纳官员维持精密的行政系统，政府举办考试以甄选人才。要顺利通过考试，应试者必须精通经典著作。皇帝多次颁发法令，命令官员推荐有学识之人入仕。此后，人们把掌握经典典籍视为跻身仕途的唯一途径。汉平帝（公元1—6年）在位期间，恢复了周朝的学校体制，学者们的服饰和礼仪均不同于一般百姓。后来又设“五经博士”一职，有从政意愿的士人必须通读五部经典著作。[④] 在秦朝几乎失传的儒学，到了汉朝空前地繁盛。从此西汉开启了尊崇士儒的传统，后世激烈的考试体系也发轫于此。也正是在这学者备受尊荣的传统影响之下，士儒们更加迫切地希望能够入仕为官，对社会上的实用问题渐渐失去了兴趣。

（2）随着时间的推移，西汉官制在很大程度上引起了中国行政体系的腐败，即卖官鬻爵。这一现象起源于汉武帝后期。由于长期征战和连年饥荒，国家财政到了崩溃的边缘。为了筹措资金，政府设立一些爵位和小官职卖给富人。然而，后来饥荒结束后，这一措施仍然施行，并逐渐成为国家收入的稳定来源。富裕阶层开始谋求政治地位作为获得经济利益的手段。腐败从那时起根深蒂固地发端。直至清朝，官员们还毫无羞耻地把职位视为谋取私利的渠道。钱可以买权，权又可以生钱。

（3）西汉初年，民众有权铸币、冶铁和制盐。可是后来国家货币泛滥，钱币开始贬值。盐商铁商富甲一方，就连政府财政吃紧时也要向他们伸手求援。为了改变这种状况，铸币、制盐和冶铁行业均被收归国有，以增加政府财政收入。

（4）几任帝王推动的刑法制度改革也是西汉时期的显著特征之一。汉高

① 译者注：此处原文有误，有秩和啬夫共同负责解决民间的诉讼纷争和收缴赋税。

② 译者注：即游徼。

③ 七国之乱后，这些所有的官员均由皇帝任命。

④ 译者注：此处原文有误。只要能够通读五经中的一部，即可出任五经博士一职。

祖下令，凡七十岁以上，十岁以下的罪犯不必为其罪行承担责任。[①] 同样也是在高祖时期，死刑犯可以缴纳6万钱赎罪，并免除了“诛三族”的惩罚。[②] 无论是在理念还是实践层面，西汉统治者都长期践行了高祖的信条，坚持对百姓要实施教化，不可一味惩戒。

(5) 西汉皇帝赡养老人，扶助贫弱，不仅显示了他们慷慨仁慈之心，也为许多慈善机构的创始阶段提供了物质上的帮助。其中有些机构一直到今天还在发挥作用。其中，汉文帝是第一位规定要照顾寡妇、鳏夫、孤儿和穷人的君主。郡守要派官员探望无依无靠的百姓，这是他的职责之一。八十岁以上的老人每月可以领取十蒲式耳(美制1蒲式耳合35.24升)的米和一定量的酒和肉。九十岁以上的老人在此基础上还另外领取200英尺(1英尺合0.304 8米)的丝绸和40盎司(1盎司合28.349 5克)的棉花。[③] 汉文帝在位期间这些福利得到了长期贯彻执行。贫苦百姓还时常得以免除赋税和劳役。在和平时期，皇帝常常命令郡守安排官员专门调查贫苦百姓的生活状况，并且提供帮扶救助的手段。这些举措也鼓励了私人慈善机构的产生。西汉政府救济贫弱的许多传统和惯例一直沿用至今。

(6) 史料中没有关于西汉税收体系的精确记载，但是从各处零散的记录中，我们可以得出可靠的结论：政府向商人征税，而且最大宗的国家收入来自土地赋税。汉武帝时，人头税为每年63钱，而后世的数据就无从知晓了。[④] 30岁以上的未婚女子每年上缴60钱。[⑤] 另外，贞妇、孝子、老人、无父母的孤儿和有德行的善人通常可以享有免税或租税减半的待遇。[⑥] 新皇帝登基，给百姓分发酒和丝绸，也成为西汉的惯例。西汉期间是否执行了类似秦始皇时期的强制兵役制，我们不得而知。但是可以确定，汉初时，所有罪行较轻的犯人要强制入伍保卫国家。[⑦]

(7) 女人也拥有同样的权利，享有皇帝分发的牛和酒。偶尔，贞洁的女性死后会得到皇帝的表彰。汉朝也首开为女性授予封地和爵位的先例。前朝历

① 《汉书》卷一下《高帝纪 第一下》，第1页。

② 在此之前，一旦犯人被判决犯下重罪，不仅本人要被处决，其父族、母族和妻族的亲属也要一并被处决。

③ 《汉书》卷四《文帝纪 第四》。

④ 《汉书》卷二《惠帝纪 第二》，第7页。

⑤ 《汉书》卷一上《高帝纪 第一上》。

⑥ 《汉书》上《高帝纪 第一上》。

⑦ 《汉书》卷二《惠帝纪 第二》，第8页。

史上出现过女性通过操纵皇帝进行统治的情况，但是汉高祖的皇后吕后的确成为真正的统治者。她试图杀尽高祖所有的儿子，把国家的权力转移到吕氏家族。虽然最终未能成功，却为后世留下可以效仿的先例，屡次陷国家于危险的境地。

（8）西汉时期的皇帝往往不是唯一的统治者。不同于周王分权给诸侯，汉朝皇帝则视丞相和公卿为臂膀。他们当中的许多人物为汉朝的繁盛和发展做出了巨大的贡献。后来，皇权旁落，宠臣弄权，汉室走向衰亡。从那时起，直至1912年辛亥革命①，政府或在皇后与外戚的掌控中，或处于丞相的操纵下，两阵营之间的斗争往往使国家陷入混乱之中。

综上所述，西汉行政体系和历史传统无论是在积极的方面，还是在消极的方面都对后世产生了巨大的影响。整体而言，西汉是中国历史的定型关键时期中最辉煌的一个阶段。它成功地组建中央政府，成为后世效仿的对象。它复兴儒家经典，根据学识从士人中选拔官员。民众和中央政府关系紧密，和周朝形成了鲜明的对比。西汉的皇帝比先朝前任们都更迫切地了解百姓，关注他们的需求和问题。另一方面，百姓们也比以往各朝代都更清楚他们对统治者的义务。作为一个朝代，西汉对巩固和全面发展中国的国家政权做出了不可磨灭的贡献。

① 译者注：原文有误，应为1911年辛亥革命。

公元前 206 年到公元 25 年西汉时期中国的奴隶制[①]

韦慕庭 著　刘彩艳 译

（中国矿业大学　国际汉文化比较研究中心）

前言

没有关于奴隶制的知识，很难了解希腊、罗马和我们国家（译者注：指美国）1860 年以前的经济史。中国虽有奴隶制度，但却从未被西方史学家详细描述。注意到古代中国与古罗马和古希腊时期有很多相似之处，近来许多现代中国学者对此倾注了极大的关注，他们的研究掀起了奴隶制在历史各时期重要性的激烈争论。奴隶制在古代中国有多么重要？如果没有奴隶制及其作用的清晰描述，是不是该国家，或其各时期社会和经济发展的历史也难以理解呢？

对中国的奴隶制度可以进行广泛的研究，也可详细的研究。前者力图描绘从荷马时代到十九世纪中期以来更长时段的奴隶制度。一百多年前，毕欧(Edouard Biot)的《中国奴隶及仆人的生活状况》(*Mémoire sur la condition des esclaves et des serviteurs gage en chine*）就采用了广泛研究法。Toni Pippon 在 1936 年出版的《中国奴隶制研究》(*Beitrag zum Chinesischen Sklaven-system*）一书中也用了此方法。本研究采用详细研究法，致力于研究奴隶制度的第一阶段。对于这一阶段，中国原有的历史文献使我们能在历史和经济背景下对奴隶制进行详细的研究。中国的奴隶制度并非起源于西汉时期（公元前 206 年—25 年），却是在这一时期迅速发展。在此时期，可能奴隶的数量占总人口的比例是最高的；并且基于历史文献，可以认为这个时期是奴隶制度在中国经济中占据重要位置的第一个时期。

---

① 文节译自美国历史学家、汉学家韦慕庭（Clarence Martin Wilbur）的著作《公元前 206 年到 25 年西汉时期中国的奴隶制》，（Slavery in China During the Former Han Dynasty 206 B. C. ---A. D. 25），Anthropological Series Field Museum of Natural History，volume 34，January 15，1943。本文节译了原著的前言、第一部分第一章和第十一章的内容。

对于中国奴隶制度的研究分成两部分。

第一部分探求两个一般性问题的答案。西汉时期中国奴隶制度的本质是什么,在汉代社会和经济中奴隶的地位和作用是什么？由于这些问题和中国社会发展的一个特殊时代相关,必须从这一时代自身展开的历史、社会和整体经济制度的角度描述。成功取得答案与否取决于所获资料的充分性、对资料的使用方法、对“奴隶”这一术语界定的精确度和我们所用术语与中文文献中术语的认同程度。第一个问题需要描述性的答案,分析奴隶的来源、取得、交易、承袭和解放等,在理论上可称为奴隶的“生命周期”。西汉奴隶的地位通过其日常和法律地位来说明。奴隶的地位在很大程度上取决于拥有他们的主人,拥有奴隶的目的和奴隶占总人口的比例。当我们知道什么人拥有奴隶时,就有可能追寻他们拥有奴隶的原因,即奴隶发挥什么样的作用:他们是作为财富的创造者,即劳力,对主人或国家很重要,还是他们在其他方面更重要。

对前两个主要问题的回答引出第三个问题。在西汉时期,从整体来看,奴隶制度在中国占什么位置,发挥什么作用？但是把跨越 225 年历史的中国作为“整体”来讨论是否合适呢？奴隶制度有哪些严格的历史变化的证据呢？对这些疑问的回答有助于解决西汉时期是不是“奴隶制社会”,是不是“奴隶制经济”体制这个争论。

第二部分是最初的准备工作。翻译和注释西汉时期或此后不久的大约 140 篇和奴隶相关的历史文献。所有基础文献放在同一章节里,保留其客观的有效性(除去翻译中的人为因素),因此,任何研究者不需参照第一部分的解释即可使用这些文献。这些文献成为本书的基础,也是本书整体的一部分,可以不时地通过编号来参阅,以证实所有叙述和结论。特别是许多文献展现了皇宫或贵族家庭引人入胜的生活细节,汉代的政治制度以及政治家、将军或皇室姻亲们的起起落落。对一般读者,我推荐第 14 号文献,它动人地描述了一个年轻奴隶和他意外成为皇后的姐姐团聚的场景;第 27 号文献讲述了一个家伎怎样吸引了汉武帝并最终成为他的皇后;第 37 号文献详细揭露了皇室家庭的嫉妒和阴谋;第 55 号文献记载了皇帝的一次调查任务,证实了一位乡村老妇是汉宣帝的外祖母;第 64 号文献详述了一位病态妒忌的皇后骇人听闻的故事;第 75 号文献是关于一个侦探的机密报告,他受命去监视一位被废黜的、怀疑有政变阴谋的人。还有很多其他有趣的文章,或许其中揭露最深刻的是 107 号文献,关于一位目击者讲述的一位皇妃的阴谋诡计。她胁迫软弱的汉成帝屈从于她,害死了皇子们,无后而死;更为悲惨的是,他死后祖先留下的基业没有直系继承。

在此书的写作过程中，许多人和机构给予了帮助。首先我要表达对我父母(Hollis Adelbert Wilbur and Mary Matteson Wibur)的感激。

哥伦比亚的 William Linn Watermann 教授本身是古代奴隶制度的学术权威，他给了此次研究最初的灵感，并且他对研究持久的兴趣和批判性建议极具启发性。哥伦比亚大学中日系主任傅路德(Luther Carrington Goodrich)博士为研究给予了不懈的鼓励，阅读了全部原稿，提出了大量修改意见。莱顿大学汉学院主任、哥伦比亚大学汉语客座教授，戴闻达(Jan Julius Lodewijk Duyvendak)教授细致入微地通读了翻译稿，改正了错误并对翻译的措辞给了很多恰当的建议。两位同在一系的老朋友，皮克(Cyrus Henderson Peake)博士和严耕望先生也阅读了原稿并提出了大量有见地的建议。

在几年的大量通信中，杜克大学哲学教授，《西汉历史》中《帝国年鉴》的翻译者，德效骞(Homer H. Dubs)博士提供了一些解答让人头疼的关于古代中国问题的线索。他一丝不苟地阅读了大部分原稿，提出了无数修改建议，以他丰富的知识和笔记，提供了大量补充信息。同样，在超过两年多的时间里，芝加哥大学一位颇有天赋的研究生虎矫如先生和我一起翻译和分析了文献。

向哈佛大学的嘉德纳(Charles Sindney Gardner)博士、芝加哥大学的顾立雅(Herrlee Glessner Creel)博士、国会图书馆东方部的主任恒慕义(A. W. Hummel)博士、弗里尔艺术画廊的主教 Carl Whiting 夫妇表达感激之情真的令我很愉快。费正清夫人欣然复原了插图 2 的摹拓，细致而精确。菲尔德博物馆的考古学助理游佑生先生绘制了地图，并极大地提高了 16 世纪奴隶合同复制件的可读性，合同再现于第 83 号文献。Rose Harris 小姐和 Anna Pfeiffer 夫人承担了乏味的打字工作，她们不厌其烦地一次次对几个修订版的引文修正。还有我的妻子，语言已无法表达她对我帮助的程度和我对她的感激，而她却不愿我在此提及她。

通过菲尔德博物馆的 Emily M. Wilcoxson 夫人的协调，我可以自由地在国会图书馆东方部中国—日本馆、哥伦比亚大学远东图书馆、芝加哥大学图书馆和哈佛燕京学社借阅书籍。此书开始的一些准备工作是我在美国社会科学研究理事会做研究员时做的，在此感激它给予我的帮助。通过在芝加哥的美国中华之友协会(the American Friends of China)的愉快安排，使我能够继续和 Charles Hu 先生一起更长时间地工作。我非常感激美国学术团体理事会给我提供本书第二部分的电子版中国文献。理事会的总干事格雷夫斯(Mortimer Graves)先生在技术细节上给予了我很大的帮助。耶鲁大学的金守拙(George A. Kennedy)博士指导了汉字的铅字印刷。繁体字频频出现，使工作难度加倍。

最后，要感谢的是菲尔德自然历史博物馆的主管 Colonel Clifford C. Gregg 主任，他允许我去年在博物馆的大部分时间和之前的部分时间致力于这个研究。人类学馆的主要负责人 Paul S. Martin 博士在日常工作中经常鼓励我，让我有更多连续的时间做研究和写作。科学出版社的副编辑 Lillian Ross 小姐极大地完善了本书，使它通过出版社的装帧。

汉代历史和社会

从青藏高原猛冲而下，黄河向北呈弧状环绕鄂尔多斯高原，向南奔入陕西和山西，最后向东穿过黄土覆盖的群山，缓缓流入丰沃的华北平原，汇入大海。黄河较低的流域及其支流流域即渭河，是古代中国历史上的竞技场。以西藏高原作为屏障，向北是沙漠，向南是丛林，中国屹立于欧亚大陆的最东端，她的历史就是东亚历史的核心。蒙古沙漠和大草原形成了中国集约型农业经济向北扩展的界限。但是向南没有任何天然的屏障，中国人一个世纪又一个世纪地把他们的文化从黄河流域向南推进，起初到达长江流域，继而逐渐向南到达沿海。

向南的扩张仅仅始于汉代初期。西汉帝国的政治中心位于西北部，这里有富饶的渭河河谷，那时，大部分时期泾河都为主要的经济基础服务。拥有强大的自然防御，关隘里人口稠密，农业土地和牧场资源丰富。首都长安位于可灌溉土地的中心位置，群山环绕，从渭河南岸警戒地注视着向东的战略关口。西汉建立前几十年，关口之外的区域曾是一些独立的封建王国。

封建主义的衰落和帝国的开始

历史往往直入主题。汉代崛起于秦帝国的废墟之上，秦帝国最初仅是封建制中国划分出的小国之一。在汉帝国开始前两个世纪，中国社会经历了变革。公元前400年后不久，封建政府开始呈现地区性差异，预示着帝国的建立。修建长长的城墙是这种地方主义的一个现象，显然是试图界定以封建方式统治最大范围的“永久性”。不仅仅中国和北部逐渐出现的大草原部落之间有城墙，而且各个大国如魏国和秦国、齐国和楚国、楚国和黄河中部河谷更小国家之间也有内部屏障。在大国内部，发展起一种削减臣属小国权力而增加中央大国权力的行政管理体系。秦国统治了中国的西北部，齐国统领了东部的一些小国，而楚国控制了黄河和长江流域之间大部分的南部地区和沿海向北到山东地区。北方曾经强大的晋国被瓜分为赵国、魏国和韩国，面临着被秦国从西面席卷攻击的危险。战技和战略目标一直在改变。骑兵箭手、训练有素的步兵和弓弩手逐渐取代装备落后的、奴隶围绕的、笨重的二轮战车，战争的目标不再是维护在诸侯国中的领导地位，而是摧毁被打败的王室家族，并将其吞并。秦国是这场反封建战争的领导者，逐渐成功地巩固了东、西、南毗邻地区，成为不断扩大的帝国。

除了秦国的优势外，也归因于秦王对商鞅能力的信任，在秦国的内部改革中采用了他的土地使用权的改革措施。在封建的中国，土地所有权几乎具有宗教性质，只有贵族才能有偿使用或占有。事实上，农民是农奴，部分为占有土地的封建领主劳动，部分为自己劳动。商鞅在传统中国历史上被认为是各方面改革的始祖，主张平民拥有土地，因此打破了封建主义根基，促使贵族向最高统治者绝对臣服。通过引入以实物直接征税收的办法，秦国真正地使农奴转变成自由农民，他们不再为封建主做规定的大量劳动，而只是向国家或封建地主交税。为了维护国家管理和实施法律，按五至十个家庭编为一组什伍，每户家庭分别对其他家庭的行为负责。直接赋税制度、加强农业的重要性、鼓励移民和商鞅增加粮食产量的措施等都支撑了仅为国家服务的大规模专业军队。

秦国残忍地利用和鼓励军队屠杀被打败的敌人，依据在战场上所取得的敌人人头数量奖励士兵。同时，秦国逐渐削弱了封建大地主家庭，形立了一种新的、名誉上的包含士兵和富人的上层贵族。当抢掠旧贵族后，或取得新征服的领土时，秦国就会建立由秦王直接任命官员的郡或县。

公元前 4 到公元前 3 世纪期间，其他国家也正在进行政治、经济和社会变革。一批像商鞅一样的“辩士”，在各国朝廷间游历，游说他们的治国和战争权术。秦国似乎由于比其他对手们先一步开始了更彻底的经济变革而占优势，使其可能比除楚国之外的其他国家更多产。由于控制着通往敌国的关口和流入敌国河流的上游地区，战争中，秦国在南方和东方具有几乎无法攻取的天然防御工事。

秦始皇统一中国后的统治时期是汉代建立前最后两个世纪发展的顶峰。从下述的征服和兼并年代表可以看出，秦帝王以惊人的速度征服吞并了对手们，时间如下：公元前 230 年，韩国；公元前 228 年，赵国；公元前 225 年，魏国；公元前 223 年，楚国；公元前 222 年，燕国；公元前 221 年，齐国；之后整个中国被征服。秦始皇主要采取了杰出大臣李斯的建议，摧毁了所到之处的封建制度，建立了在中国持续了两千年的帝国制度。他进一步鼓励土地私有化，并采用了统一货币制度。他尝试实施更为详细和严酷的刑法，强调用法治代替封建道德。他统一了文字，并试图清除当时传播的反对他改革的学者们所用的古代历史文献。在行政制度上，秦始皇设立了郡县制度，并把全国划分为 36 个郡，为今天的省和县制度打下基础。

汉　代

第一阶段：建立、合并和恢复

第一代帝王统治了他的帝国仅仅 12 年。公元前 210 年，秦始皇驾崩后，帝国瓦解。河南南部地区，叛乱涌起，很快波及整个中国东部。起初只是各地区军队和竞争对手们之间的混战，其中一些是旧贵族势力，其他人仅是为使反叛具有合法性，以支持不同王室子孙为名而反叛的平民。从这方面来看，叛乱是封建制度的再复辟。但这也是自发的大众运动。叛乱的发展，证明贵族阶层是无能的，而平民大众们打开了一条通往领袖之路。公元前 207 年末，秦国国都被攻陷标志着楚国将军后裔项羽和曾为乡官、后成为土匪和反叛领袖的刘季之间激烈斗争的开始。这场战斗一直持续到公元前 202 年，刘季最终消灭了对手，吞并了项羽的军队，被其贵族和追随者拥立为皇帝。自此，汉代开始。历史上称刘季为汉高祖，即“显赫的创建者”，或是称他死后的名号高皇帝；从官方来讲，汉代始于公元前 206 年，秦国灭亡后的第一年。

经历了七年的叛乱和内战，各个敌对军队已经穿越或再穿越中国北部，招募军队，包围城镇，烧毁掠夺粮仓，展开激战。他们破坏了农业和商业，引起残酷的饥荒，使一些地区的人口减少了一半。为此，汉高帝面临巨大难题，他要整治帝国，遣散和犒劳军队，使国家恢复生产，成为和平的基础。尽管他是军队卓越的领导者和精明的政治家，但在治理国家方面却毫无经验。幸运的是，他拥有出色的谋士。他首先宣布陕西为他所有，并在那里建都。把其他地区作为王国或诸侯封地奖励给他最好的将军们和一些投降的原项羽部下。这一政策很快招致祸乱，汉高祖不得不在他统治时期镇压非刘姓的七国叛乱。高祖去世时，他的九个儿子或亲属占据了这些小国，而他的同乡几乎垄断了朝廷里重要的职位。

因此，由于独立贵族们实际控制着一些重要地区的政治，整个汉代早期见证了地方主义的恢复，但不是返回周朝的封建制度。社会机构和经济发展，尤其是土地所有制不允许那样。像秦代统治者一样，在诸侯王统治之外的地区，汉高祖设立郡或县。此外，新贵族不是旧贵族的遗留，完全由高祖的家族和追随者组成，有些人从卑微的地位升起。接下来的世纪里，整个国家包括从贵族那里掠夺而来的封建领地都交予中央政府管理。

对汉高祖皇室而言，最重要的威胁来自吕后。吕氏是强悍而有谋略的女人，对高祖的历次征战帮助相当大。她成功地使她的儿子成为皇位继承人，尽管他既不是长子也不是皇帝最喜欢的儿子。惠帝在位的七年中，吕氏严密控制惠帝；惠帝去世后，她指命一个孩子继位，她作为摄政王。这个孩子死后，她又指派了一个孩子，断言是惠帝的儿子，事实上是她自己家族的孩子。一些吕氏家族的成员曾协助高祖征战，并受赏封地。吕后摄政期间，把吕氏家族的其他人封为贵族，甚至封一些人为王；让她的一个侄子掌管政府文官，另一个指挥军队。公元前 180 年，吕氏去世后六周，其窃取帝位的阴谋即被揭穿，高祖的亲属和追随者在军队的帮助下，铲除了整个吕氏家族。然而，外戚家族可能会篡夺帝位的恐惧此后一直困扰着历代统治者。

惠帝没有儿子存活。因此，刘氏家族选择了高祖在世的年龄最大的儿子继位，正式封为汉文帝。他的统治是中国长久以来的典范。他的继任者，汉景帝统治时期，汉代统治出现了第二次威胁：公元前 154 年的七国之乱，是一场中央和刘姓诸侯国地方权力之间权力的争夺。汉文帝和汉景帝都在适当的时机有序地限定了皇室侯王的权力。因此，公元前 164 年，齐国国王死后因无子继承，汉文帝把齐国分成七部分，齐王兄弟每人分得一部分，自然，这个地区的重要性就削弱了。汉景帝削减了赵国、楚国和胶西国的范围，并打算缩减最富有和强大的吴国的范围。但是吴王反抗，很快赵王、楚王和前齐划分出的四个部分加入反抗。帝国军队镇压了造反，但是很多人因此丧命，包括反叛的七人，他们的王国被废除，并入其他的郡。此后，帝国向每个王国指派一名王国丞相实际管理封地，并在诸侯王死后把封地分给他的儿子们，有条不紊地削减了诸侯王的权力，最终解决了汉代地方政权对抗君权的问题。

汉代最初的七十年是人们休养生息和恢复生产的时期，仅有高祖统治时的叛乱、七国之乱和与匈奴零星战争的破坏。秦代最苛刻的法律被取消。吕后进行了完善的管理，汉文帝长久而节俭的统治对平民百姓来说是黄金时期。公元前 195 年，农产品的基本税收从秦代的什一税减为十五税一，公元前 167 年完全取消，公元前 156 年恢复到原来税收的一半。汉文帝督促减轻人民的徭役，他颁布的法令和贾谊、晁错这些大政治家的上疏表明他对农民真正的关心。水利灌溉的发展使产量增加，而公元前 163 年的一份布告表明人均耕地数量比以往大大增加，也表明还没有出现后来的人口拥挤问题。和平与重建带来了普遍的繁荣和政府税收的不断增长。司马迁用热情洋溢的语言描绘了第一个六十年的和平时期后的经济状况，国库和粮仓因为未用完的收入而塞满仓。

第二阶段：扩张和耗减

汉武帝漫长的统治时期(公元前 141—公元前 87)不仅是对外战争和领土扩张时期，也是经济耗减和对政府财政极大的考验时期。尽管汉代地图显示汉武帝对外战争后几乎中国南部，甚至安南[①]北部地区都在中国控制之下，但这是假象。公元前 135—公元前 110 年，汉帝国军队确实以高昂的代价和巧妙的战争攻克了主要的沿海州郡，甚至云南的部分地区。然而这些战争并不是核心目的，中国并没有准备好把南方并入其经济体系。政府能否在那里征得足够的税收以维持驻扎在所占领几个城镇的官员，令人怀疑。中国军队也攻下了朝鲜北部的边疆地区，而这些地区的殖民地对于汉帝国的框架和内部经济不具有任何意义。南方和东北地区是边界地区，汉武帝统治时的主要任务是对北部和西北部的匈奴作战。

当时的中国把匈奴人描述为生活在蒙古大草原的游牧民族，从满洲里向西直到西域[②]。他们的主要经济就是围绕着牛、羊、马和骆驼，并寻找使他们季节性迁徙的新鲜牧场。在秦代，他们的不同部落首次结合成联盟，每个部落有他们传统的牧场，所有部落承认一个领主的统治，即单于。或许他们的人口总数仅几百万，然而他们却是强悍的敌人，强大的亚洲之弓的主人，熟练的骑手，具有很强的移动性。

自汉代建立以来，经常遭到行动迅捷的匈奴骑兵的突然袭击，深入到边境郡县，抢劫、屠杀和绑架。文帝在位时期，一群袭击者事实上已深入到国都边境。“尚武皇帝”的第一战至少具有部分惩罚性，虽不完全清楚，但肯定还有其他原因。拉铁摩尔[③]曾引证过这种冲突的原因，他强调广袤的边缘地带支撑着拥有汉族文化和匈奴文化混合体的民族，他们采取既非精耕农业，也非完全游牧的经济模式。把这个边界地区掌控于中国的政治势力范围之内和对边界地区影响的需要，使中国陷入对大草原和沙漠地区的大规模高代价的战争。

早期成功的战争把汉武帝卷入对匈奴一次又一次更大规模的战役。很多从前线归来的将军擅长于边疆战斗。汉帝国军队常常是五万到十万的骑兵队，紧随更大规模的步兵队伍和辎重纵队。装备和供给这样的军队花费了政

① 译者注：越南旧称

② 译者注：原文用的是 Chinese Turkestan 一词，是某些外国人沿用的殖民主义者对我国新疆维吾尔自治区的称呼。此处译为“西域”。

③ 译者注：出自 Lattomore, Owen. Inner Asian frontiers of China.（《中国的亚洲内陆边疆》）American Geographical Society, Research Series, No. 21, New York, 1940。

府巨额资金，更不要说用于运输粮食和部队给养的强迫劳力的隐形花费。对获胜部队的奖励上升到几千万钱，政府还要供养投降的匈奴吃穿，直到他们能在新的殖民地安顿下来，有次曾达到四万人。

汉帝国军队从匈奴手里夺回了现在的绥远(Suiyuan)南部、甘肃东部、宁夏、黄河向北拐弯的大部分临近地区和甘肃通往西域的长廊。这些领土尽管在农业上不重要，但成为汉帝国战略的一部分，据说由政府出资，七十万人移居到这里，和投降的匈奴联姻共处。公元前129到公元前119年间，中国在东部、西部和中部打败了单于，但直到公元前59年，冲突还会偶尔爆发。通过控制甘肃的长廊，汉朝军队可以深入到塔里木盆地，征服了那个绿洲上的各个小国，使他们附属于汉朝。

战事耗尽了“尚武皇帝”即位时丰裕的国库。他的谋士们对补充金库大有计谋。尝试的方法之一是根据捐献战争资金的多少，从170 000到370 000钱，设立十一个等级的新贵族，捐助金额越高，获得等级越高。中央政府从旧贵族那里索取了大量的捐赠，并对商人和投机者征收财产税。没有报告财产总数的人被没收全部财富，其中一半奖励给告密者以资鼓励。通过这种手段，大量人口陷入贫困，政府获得了巨额现金，但同时面临暂时不可解决的诸如土地、房屋和奴隶问题。几条附加的法令条款及不标准的法律使当时的货币贬值，此后因铸造假币猖狂，中央政府设立了专门的铸币机构。然而，使国家获得最大收入的或许是国家垄断的生活必需品盐和铁，继秦代之后，公元前119年，汉代再次设立盐铁官营机构。

汉武帝统治时期也是集中开挖运河的时期，其首要目的是改善没有水路运输地区税收粮食的运输。第二个目的是增加那些地区的产量，中央政府可以在经济上取得所收获粮食三十分之一的收入；虽然这一目的变得逐渐重要，但日益增加的开支抵消了更好的交通设施带来的收入。运河挖掘最大的项目自然是在陕西及其周边地区，政府可以直接从这些地区获得利益。例如，从渭河南面的西安挖沟渠连接黄河，在那时不仅可以极大地减少从河南、山西和更远的东部地区通过渭河运输粮食的时间和困难，而且灌溉了首都附近上万英亩田地。为了增加生产，还开挖了其他沟渠。此外，对黄河下游盆地粮食运输的整治，使那个地区的产量增加了四倍。直到中国东部地区对首都产生了直接的重要性，汉武帝才解决了二十年来黄河下游地区的洪水控制难题。

随着对外战争节奏的放缓，各种各样的财政计划和不断增加的粮食税收收入再次装满国库。因此，在汉武帝漫长统治的最后几年，中国的政治边界已大致确定。中央政府牢固地控制了长江和长城之间的领土，并军事上占领了一些不久即并入中国社会和经济模式的地区，但人们在经济上几近枯竭。

第三阶段：经济逐渐衰退

从公元前 87 年开始的百年，涵盖了汉昭帝、汉宣帝、汉元帝、汉成帝、汉哀帝和汉平帝统治的时期，不容易概括。第二阶段的恢复期，是伴随着零星的对外战争、上层集团变得极度奢靡、平民大众越来越贫困、统治者及官僚贪污腐败和农民起义阵痛的时期。年轻的汉昭帝由明智的大臣扶持，注意到平民大众的苦难，试图减轻他们的痛苦；在他统治期间，整个国家开始从以前的战争中恢复。在民间长大的汉宣帝统治开明，或许他统治的时期是汉代的顶峰，也是外交极度成功、经济普遍稳定的时期。其子汉元帝在位初期，经济失去平衡；汉元帝和一些大臣试着遏止不断增长的政府开支，减少税收供养的官僚机构，减轻人民的负担。

但是由于土地和人口的根本失调，经济体制无法解决问题。人口的稳定增长，使土地开始紧张。开垦、灌溉土地，国家开放土地给贫民耕种，向新开发的边疆逐渐移民，改进农耕技术等措施所带来的收获都被人口增长抵消。理论上，中国农民向南有无限疆土；但事实上，这些地区需要巨大的排水工程，但并没有关于政府在淮河流域以南的水利工程记载。农耕技术远低于后来的技术。显然，铁制工具和牲畜耕地没有广泛应用。公元前 90 年，政府尝试通过教授地方官员和出色的农民轮种作物，给他们提供分别用来耕地、种地和收割的简单工具等方法以提高产量。除了首都附近和北部政府监督的农业聚集区之外，这些知识在其他地区显然传播很慢。此外，部分主要的灌溉良好的土地逐渐流转到了贵族、官员、商人和上层人手里，他们把土地作为投资，租给佃农，而地主因为农产品税低获得巨大收益。普通的“农民”，比汉初期他们祖先耕种的土地少，或把收获的农作物的一半上交给居住在城里的地主，而仅有一小部分用来应对中国北部的饥荒。接连的干旱和突发的洪水导致大批难民成群结队地沿路在未遭受灾荒的地区寻找食物和工作。与此同时，税收供养的官僚数量大增，贵族、高官和商人攀比奢华。

这种差别并不是近十年的事情，而是一种趋势，汉武帝时的大臣有所察觉，随着朝代的衰落，变得越来越鲜明。汉成帝微弱的统治时期，有四次由几十名暴徒发起的人民起义在被镇压前迅速发展到危险的程度，这是灾难风暴的信号。几名有远见的大臣试图说服成帝和哀帝实施禁止奢靡的法律和打破土地财产制。只有严苛的措施才能有效解决问题，而成帝仅想依靠对官员们劝告解决；为哀帝起草的法令由于他的外戚和宠臣董贤反对没有立法。汉代已达到官员和大地主不可分割的阶段，那些掌管朝政并从中受益的官员反对任何触及他们财富根基的改革。

董贤仅是皇帝宠臣和外戚核心集团的一个，他们在一个最不稳定政权统治期间力求积聚家庭财富。在哀帝短暂的统治期间，董贤从一个小小的朝廷随从被高封为列候、掌管军队的大司马。宠爱董贤的皇帝驾崩后，董贤被迫自杀，他的财产被没收后卖了四十亿三千万钱。在五年时间里，他通过朝廷的赏赐、收受贿赂、特权收入及投资和土地收益聚敛了巨额财富。

第四阶段:最后的改革和垮台

威胁朝廷的外戚始于吕后家族，结束于王莽。王莽父亲的同父异母妹妹是元帝的皇后，成帝的母亲。在成帝统治期间，王氏家族达到很高的政治地位，但哀帝统治时丧失权势。公元前 1 年，哀帝去世后，没有继承人，王太后再次树立了王氏家族的权威，并召回最有能力的王莽主持朝政。王莽通过手腕，使其权力不断增大，起初为“摄皇帝”，之后是“真皇帝”，直到他足够强大后于公元 9 年篡取了王位。

或许王莽是中国历史上最有争议的人物，一些现代史学家认为他是一位有远见的改革者，而传统观点却指责他是贪求个人权力的政治流氓。没有一个人像王莽一样被刻画得如此高尚或如此卑鄙，不一而足。毫无疑问，他暂时倾覆了皇室，犯下了巨大的政治罪行。他的“改革”失败，统治被人民起义推翻。而他最大的不幸，是他使刘氏后裔成为汉代的延续，影响了历史对他的评价。尽管他的传记作者引用了对他褒贬兼有的档案材料，其中混杂的刻薄批判，无意中使我们的判断带有偏见。撰写王莽推翻的朝代和后续朝代的历史，即使作者想对王莽作出有利的评价，也不可能做到。然而，对王莽所犯的政治错误必须给予评判，不是从那些推翻他的人的角度，而是从由他推翻的最后一个被夺权的软弱统治者的角度。同样，对王莽的“改革”，也不能像现在这样，以多么明智或愚蠢、多么人道或贪得无厌进行公正地评判。他们必须以当时的经济和社会状况为背景来评判。他既没有创造也没有成功改变这些状况，尽管他的一些改革暂时触及了问题的根源。只有他垮台时的大屠杀极大地减少了人口，打破了土地所有制，减轻了经济不平衡，使汉王室有了接下来两个世纪的延续。

当王莽在公元 9 年篡夺皇位时，他发布了一条引人注目的帝令(参见原著二部分第 122 条)。前言部分解释了他着手改革的原因。王莽描述了秦朝使土地和权力集中于同样的人手里的可能，即一方面通过对农民苛以重税，另一方面通过废除古代的土地共有制度。不仅对财富的贪婪起源于此，而且强者吞并穷人的土地达到了如此的地步，以至于使得穷人“毫无立锥之地”。同时，他也描述了奴隶制的罪恶，并引用史书来证明在古代只有官府拥有奴隶，并且这些奴隶是罪犯。即使汉室已经把农产品税减到了秦代什一税的三分之一，他提醒人们注意汉代向老弱者征收的徭役和超额人头税。最糟糕的是“高利贷式”地租，虽然农产品税仅仅是三十分之一，但佃农缴纳一半收获的粮食作为租金。他提议的改革是这样的：所有的土地国有化，此后称为“王田”；私人奴隶被称为“私属”。土地和奴隶都不能买卖。与此同时，公平地分配土地。每个家庭男丁少于 8 人，但拥有超过 900 亩[①]土地，要把超出的土地分给他们的族人和邻居。相反，没有土地的家庭根据规定会得到土地。任何反抗法令的人将会被放逐到边疆地区。

这是基本的改革，但并不是全新的，因为改革中的一些措施在汉武帝和汉哀帝在位时期已公开由儒家学者们提出过。在自由拥有和买卖土地久已合法的时代，通过行政法令提出如此彻底的改革肯定不会得到执行。在任何地方使它产生效果都需要一场血腥的革命。上自贵族高官，下至普通百姓，无可胜数的人因拒绝遵从法令而受到惩罚，改革计划最后无终而果。三年后，王莽被说服废除了法令。

在这次改革失败的阴影下，其他的改革措施也仅是修修补补。货币的更换和贬值虽增加了国库但引起了极大的困苦。“六筦”包括一些运行良好的垄断专卖和新型税收。“筦”也试图通过新的手段稳定生活必需品的价格，并使贫穷的人能无息或以低利息获得贷款。这些法令的初衷是为了增加收益，但一些法令也确实让贫穷的人得到了好处。即使诋毁王莽的人也承认王莽不知疲倦地工作，但是他不可能实施他宏大的计划，并且他的计划不断地被官员们歪曲。每项新法令都会树立一批新的敌人。昂贵的战争和饥荒最终助长了王莽进入公众视野之前久已萌发的叛乱的种子，引发了叛乱。

18 年，山东的赤眉起义首先发起反叛活动。不久，觊觎王位的两位刘姓王室成员组织了局部叛乱起义。叛乱依循传统模式，叛乱中，中国分裂成不同地区的政权和中央政权，最终，各个地区政权互相对抗。到 22 年，王莽失去了整个中国东部和南部。一支反叛军队最终占领了陕西，包围了都城，王莽于 23 年被杀。

其中一个参加反叛的王位觊觎者，之前曾被立为皇帝，定都洛阳，第二年迁都长安。他在位的两年，政府处于混乱状态。赤眉军摧毁了中国的东部，几个叛军首领在其他地方称帝。之后，赤眉军已然成为最邪恶的掠夺者，占领长

① 译者注：原文此处为 102 acres(英亩)，1 英亩＝ 6.07 亩。

安，俘虏了第一个王位觊觎者。他们掠夺烧毁了故都，使其无法修复。据说都城燃烧了三天三夜。很难理解会有皇家档案保存下来，然而，据说有几百车的书籍之后被运送到了新都洛阳。在所有的对手中，最终的胜利者是刘秀。他因人道主义的统治和辉煌的胜利，死后被尊称为“光武帝”。尽管他在25年登上王位，但他后来几年还要和赤眉军及国内敌对政权作战。直到36年攻克了四川，他才真正统治了整个中国，一个已经遭受了将近二十年残酷内战的国家。

公元2年的人口调查列出的人口数量是59 594 978，这是王莽去世前二十年。东汉最初的人口调查，报告人数量是21 007 820，这是57年，大约王莽去世后的三十五年，已经历了二十年的国内和平时期。到140年，东汉的人口统计数字上升到了49 000 000多，但从未达到过西汉的总人数。而中国的人口统计数字在细节上总是不精确，公元2年到57年半个世纪人口数量的急剧下滑，有力地证明了依附榨取穷人的方式如果没有治愈中国古老农耕经济的弊病，也遏制了一时的热度。

人口的分布和都市化

西汉时期中国政府和社会结构是什么样的？人们以什么样的方式生活？人口调查显示，不足六亿的人口分布和现代大不相同。因人口密度大，在地图上黄河流域明显加黑。一大团黑色星团集中在洛阳和开封，覆盖住河南东部、河北南部和山东西部。这个区域以西，首都附近，接近现在的西安，泾河和渭河灌溉的区域，也人口稠密。黑色星团东北和东南方向人口呈扇状分布于北部沿海平原。长江以南和中国北部及西部边疆地区几乎是无人真空地带。

大多数雇农聚居在盛产小麦、高粱和小米的小村庄。这些小村庄位于陕西的洛河、泾河和渭河流域以及河南到山东的黄河流域，北与山西和河北南部接壤，南与江苏和安徽北部接壤。由于汉代历史主要关注宗主国的上层阶级和相关行政中心的位置，因此显示出一定程度的都市化，但可能尚不存在。由于较低的手工业发展水平和主要的农业经济，大多“城市”仅仅是城墙围起的城镇，是行政管理、谷物储存、卫戍部队、服务业、手工业和市场贸易的集中地，大致不会超过一万或二万居民。

还有一些重要的城市。前朝齐国首都临淄是山东生产丝绸的中心，丝绸生产商和贸易商来来往往。北京附近的燕，是北方的商业中心。现在河北省的邯郸市，曾是赵国的都城。宛都，位于现在河南南阳附近，曾是冶铁中心。曾是郡府的巴蜀，对应着四川的重庆和成都，是西南贸易的聚集地。洛阳作为古老的文化中心，仍具有一定的重要性。所有道路像扇骨一样通向首都地区，这里约有两百五十万人口。首都地区不是一个城市，而是由57个城镇组成的集合群，每个城镇有其附属的农耕范围，形成三个郡。长安城拥有不到二十五万人口，其他的西汉大都市(包括附近的农耕区域)，据推测不会超过三十多万人口。

地方和中央行政

在地理分布上，政府的基本组成单元是县，由耕地、村庄和城镇构成，从城墙围绕的“城市”到县的边界步行极少会超过两天的路程。县是汉帝国最低的行政范围，但也是中国人家族结构最大的范围。由县令及其下属通过地方管理者对接，典型的是通过三老。小村庄往往由单一的族氏或几个家族组成，各自有其族长或家族长者。依据十进制规划，或许理论大于实际，十个村子组成一个公社，或称为亭，有一位亭长负责行政管理和军事，十个亭组成一个乡。汉朝第一位皇帝，曾是一位亭长，采用了三老制。有教养、“能领导民众，做善事”的老者被选出，每个乡一人。在乡三老中，一人会被推举作为县令下属的县三老。

道或边界地区，和县在功能上有些对等，但在本质上更倾向于军事管理。这些地区最初由蛮夷居住。许多县是分封给列侯的侯国或贵族女子的汤沐邑，但是这些地方显然并不由贵族们直接管理。

县、道、侯国和封地组成郡或诸侯国，尽管在地域上更小，人口要少得多，但在功能上大体对应中国现在的省。每个郡有一位负责行政管理的文官和一位负责军事的武官。汉代初期，诸侯国实际上独立于中央政权。然而，随着汉代的发展，刘氏亲王们逐渐被剥夺政治权利，他们的管理机构由中央任命的大臣负责，在功能和权力上和郡守接近。到汉末，一些郡和王国松散地联系在一起，形成了13个刺史部，或州，但这不是行政划分，因为这些州部有刺史负责向中央汇报官员们的管理和活动。《汉书》中的《地理志》记载了汉平帝统治时期各郡和王国的人口数，并列出了所有组成部分的名字。到西汉末年，共有103个郡和王国，其中郡83个，王国20个。它们由1 314个县和侯国、32个道及241个侯爵领地组成。

帝国政府机构集中于皇帝所在的首都长安地区。有负责行政管理的大臣(丞相)、负责军事的大将军和太尉，负责督查大臣的御史大夫和其他高级官员。负责管理财政、司法、贵族、官员及外交事务、农业、商业、公有土地的部门也集中于此。这里也有和皇室直接相关的管理部门，和政府管理部门不同。

这些部门的官员管理皇室金库、皇宫，祭祖仪式和照顾皇室成员的需求等事务。首都地区是特殊的管理区，由郡、县组织管理，有中央政府的官员和机构。至汉哀帝时期，从佐史到丞相，官僚机构有大约130 285名官员。

等级制度

平民

汉代也和现代中国一样，“大家庭”模式是社会的基本组成单位，而不是个人或婚姻构成的单个家庭。从皇帝到社会的最底层都是如此。

正如当代作家所指出，西汉时期的社会结构已经很复杂，但阶级体系却相当简单。大多数民众被称为“平民”（庶人），或“民”，以区分两个更高的阶层，官员和贵族，和两个更低的阶层，罪人和奴隶。

平民包括所有的农民、工匠、店主和商人等。他们是被统治者，通过交税、劳役和手工业支撑政府，增加上层阶级的财富。在西汉统治的二百二十多年间，平民的税赋有很大差异。税赋也依职业和居住地区而定，如是否住在边疆、侯爵封地或首都附近等。西汉大部分时期成年平民每年向政府缴纳人头税120钱，缴纳供帝王家庭成员使用的税63钱，儿童则每年分别缴纳20钱和3钱。诸侯王国每年向君主缴纳200钱税款，但免除人头税和儿童税。农民们缴纳三十分之一的收获物；商人缴纳双倍人头税、市场重税和评估的资产税；手工业者缴纳收入税。此外，平民还应服四种强迫劳动或称劳役。每年一个月为县政修建道路、运河、堤防、建筑和墓塚的劳役是最主要的。兵役、戍边和在都城的劳役通常可出钱请人永久代服。这些税赋和劳役是很沉重的负担，为政府提供了比正常要求高得多的税收。这使皇帝有可能时不时地免除一或两项赋税，给鳏寡老人和穷困者发放礼物，以赢得人民的感激，显示他的宽宏大量。这种手段仅是缓和的办法，深谋远虑的政治家常常上书请求减轻人民负担。

当然，在广义的平民中，也分不同经济和职业的群体。其中，商人和乡绅是最有地位的。由于中国特殊的细胞状地缘政治经济结构，每个地方或县包括由城墙围起的城和其周围环绕的附属农耕地带。每个县经济自给自足，生产贸易中心每天所需的大多数商品。中国北方的统一，消除了大多贸易壁垒，铸币使用的增加，使汉代出现了某些生活必需品在地区间的贸易，这些商品并非各地都能出产，尤其是盐和铁；还出现了丝绸、皮毛、铜、金、玉、珍珠、漆器、竹器、珍奇食品、香料和中草药等奢侈品的贸易。除了商业外，汉代的许多财富来自采矿、冶炼、谷物交易和放贷。

在编年史中，政治家对法律上处罚和剥夺商人权利及其事实的谴责，是商业发展最主要的证明。通常的经济观念把商人看作农民的敌人，商业贸易是农业生产天生的对手。人民普遍认为农业是国家的根基或主干，而制造业和商业贸易是国家经济的末端。强调农业能维持国家基本的经济，而商业贸易会使人们离开作为根基的农业。商人利用农民，以低价骗购他们的农产品，再把加工后的商品以高价卖给农民，他们在城镇过着奢侈的生活，而农民却遭受着贫困和土地匮乏。在汉代，货币经济尽管不是很发达，显然已经干扰了农业经济；很多商人从事谷物贸易，这个事实和前述观念是一致的。商人们在好年景买卖农民们多余的谷物，在欠收的年景预付农民种子和食物。正如汉代许多谏言者所言，地方商人是有组织的，老于事故且经验丰富，熟知各地庄稼生长状况和价格，比农民占有很大优势，没有理由不怀疑他们对农业经济的破坏作用。政府通过立法控制商人，同时通过法令和经常性的豁免税收鼓励农民阶级，因为政府的财政结构主要依赖对农产品的税收。此外，拥有土地的乡绅阶层是政策的制定者，贵族获得农民所缴税的大部分。因此，任何有碍于农民缴税的可能都会危及政府和统治阶级的利益。为此，商人就被征以重税，原则上无权出任官员尤其是禁止投资农耕土地。政府通过垄断盐和铁的贸易、实行稳定粮食价格、向农民借用粮种和食物的方法打击商业利益。禁止商人拥有农耕土地虽然从未绝对有效，但对商人也是严重的打击，因为他们没有其他重要的投资方式。

土地是拥有的财富。土地可以带来生活保障、影响力和来自佃户的稳定收入，佃农收获的一半要上缴，看来是很过分的。和乡绅的收入相比，农产品税对他们来说是轻的。穷困农民繁重的税金，对富人仅是微不足道的事情，任何能以金代劳的人都可免于劳役。乡绅和地方官员自然而然地联合在一起。有些官员来自乡绅，当被派往各地上任时，他们发现地方地主和他们一样。汉代社会结构最主要且最活跃的分层不是自由人和奴隶或贵族和平民之间的分化，一方面是地主、官员和贵族之间的，另一方面是小农场主、佃农和苦役之间的分化。

官僚机构

大多数政府职位要求掌握相当好的书面语知识，较好些的文官职位还要求能熟练地引经据典。学习书面语和古典著作需要空闲时间和生活保障，只有地主阶层能够做到。有几种方法可以通向低级和中级官职。除了商人以外的富人可通过购买荣誉头衔，使其有资格被选为官员。高级官员有举荐官员候选人的特权，他们自然会推荐自己的亲属或同乡。有学识和具备特殊才能的人可以通过高明的手段向政府举荐自己，或经过郡守或县令推荐。政府经常会探寻地方杰出人物、学生、善于预测的术士、军事谋略人才和边疆战士及能够捕捉威胁皇位阴谋的忠诚属下。最高的官职必须是具备以下两点的人，即管理才能特别显著者，这意味着长时间缓慢的升迁，或和皇室有姻亲关系的人。

重要官员的薪水丰厚。最高级别的官员每月收入 9 000 钱和 72 斛(40 蒲式耳)谷物。从这个等级的官员往下，其他官员的收入分 16 个等级逐级递减，直到低级文员，他们每月仅收入 8 斛(4.5 蒲式耳)谷物。除了薪水，高级官员及其家人还有其他的特权收入和灰色收入的机会：他们有权给亲属介绍官职和免除一些赋税。一些官员的家属还可免除因为官员犯罪而被牵连，其他人可以直接向皇帝请求宽恕和恩惠，否则就留给帝王家族做奴仆。

贵族

贵族阶层包括有头衔的 18 个级别和几种授予封地的贵族。第一类贵族包括平民到官员阶级。较低的荣誉头衔可随意授予官员和有功的平民，所有人都可购买。皇帝登基、任命皇位继承人、选拔皇后和一些有吉兆的情形等皇帝经常下令宣布赏赐这个等级的荣誉给家族族长或长子。对应这个级别荣誉的主要好处是可免除死刑；具有其他更高十个等级荣誉的人可免除税负和劳役，并偶尔获得皇帝的金钱赏赐。尽管这个名义的贵族看起来包括所有人，但可能只包括贵族疏远的宗室、学士、乡绅、地方名士、低级官员和一些有财力的人。换言之，即皇帝周围的中上阶级和授予封地的贵族。

有封地的贵族来自三种途径：和皇室有同一血统的人、特别勇敢的武士、高级官员或是皇帝配偶的亲属或受皇帝恩宠者。通常，皇帝的一个儿子会被选作皇位继承人，其他的儿子被封为王。王是贵族中的最高级别，他们住在远离首都的封地内，并且在汉初，他们是真正的统治者，拥有王宫、税收、独立的军队和行政官员。汉武帝彻底改革后，他们不再有统治权，仅获得封地的税收收入；但他们因仍然拥有能够带来丰厚收入的皇室土地，非常富有。

汉初，封王死后，一个儿子会继承王位，其他儿子会获得各自的侯爵领地。汉文帝首创把所封王国土地分封给不同继承人(兄弟们)，每个人都会成为诸侯王。后来，诸侯王的头衔只授予其中一个儿子，其他人仅获得诸侯国分割的土地。任命的“王子侯是诸侯王的儿子”和诸侯王相似。只有一个列侯继承王位；其他人仍出现在皇帝家族的族谱中，拥有特权，但要通过经营土地或买卖自己谋生。封王和侯爵都是国王的儿子，都是刘姓。皇帝的女儿称为公主，在首都附近有受封的土地，其头衔不世袭。公主通常嫁给非刘姓诸侯，他们的女儿可嫁给皇帝。

第二种授予封地的贵族来自在国内外战争中表现杰出的将军,他们镇压过反叛或曾揭发威胁皇位的谋反;以及投汉的敌军首领。汉朝刚建立时,高祖和他的追随者们曾庄严发誓除了刘姓帝王家族的人,其他人不得称王,且只有勇猛之士才可授予侯位封地。西汉初期的侯位授予了那些曾帮助高祖打天下的人外,整个汉朝所封侯位中,一大部分是授予军人,而不是封给诸侯王的儿子和外戚。受封的列侯去世后,侯王封号通常由长子继承,以使贵族血统延续,尽管封地会因继承税缩小。

起初,把皇帝的男性亲属分封到远离首都的体制似乎能使重要的地区忠于汉室,补偿他们不能继承皇位的失意,并阻止他们对朝廷的阴谋。诸侯王和他们的子孙被剥夺行政权后,最终结果是皇帝的血亲——他的叔父、兄弟、堂兄、侄子外甥,没有了任何统治权。刘氏家族的男性没有资格出任朝廷中大多数高官职位,这些职位归于和皇帝有姻亲关系的男性亲属。构成第三种侯王封地的主要是皇室配偶家庭的男性亲属。这种现象是汉代社会结构最有趣的现象之一,且对汉代的发展影响深远。

外戚

不同外戚家族获得权势的方式不同,但都属于固定模式。皇帝和太子的后宫有许多高品级的妃嫔和无数地位低微的婢女。女子们由其强大的家族推进后宫,但少数是从各地选美而来。一些女子在皇帝出游路上被注意并招幸。各姓氏的嫔妃生了孩子,尤其是儿子后,她们的男性亲属就会受封朝廷职位。皇帝的一个儿子必会选作皇位继承人,可能是长子、最聪明的儿子、皇帝最喜爱的儿子或是最有权势的嫔妃所生的儿子。当一个男孩被选为皇位继承人后,他的母亲几乎自然而然成为皇后,她的家族就开始爬向权力的顶峰。

第一步通常是任命她的父亲,继而她的兄弟被授予侯爵身份,经常是关内封地,虽然级别较低,但是封地临近首都。皇后的近亲属逐渐获得重要官职并成功地把同族人安排进官府。皇帝其他嫔妃所生儿子长大后会被分封到其他诸侯国,意味着他们的母系亲属失去了进入朝廷的主要途径。然而并非每个被选出的太子都会事实上成为皇帝,在一些情况下,会选出新的皇位继承人,废黜先前选出的皇子。有五位皇帝死后无子,因此就要从旁系后裔中选出,这给外戚家族留下了实施阴谋诡计的机会。

皇帝驾崩后,太子登基,他的母亲升为皇太后。新皇帝的外祖父、舅舅和表兄们会被授予最高级别的封地和官府高职。如果新皇帝年幼,他的母亲和舅舅们会支配他,并通过他操控朝政。如果新皇帝已成年,有几个嫔妃和儿子，那么新的皇位继承人的竞争再次开始。和皇太后相关的几个外戚家族、准皇后和太子夫人，同时掌控重要职位，企图维持她们各自的影响力。皇后们通常比配偶年轻很多，甚至有些比她们的儿子长寿，使其可以帮助维护家族势力。如汉元帝的皇后于公元前 54 年进入宫廷，公元前 51 年生下皇上的第一个儿子（即后来的汉成帝），公元前 49 年成为皇后，历经汉成帝、汉哀帝和汉平帝的三朝统治，于 13 年去世，享年 84 岁。

外戚家族的斗争使汉朝内部政治黑暗，尤其是在汉文帝之后。然而外戚专权这一体制既有优势也有弊端。它持续不断地给贵族阶层注入新鲜的血脉，为朝廷高级职位带来才学之士，防止任何一个外戚家族长久操控宫廷。当权的外戚家族因利益关系而支持统治者。为了个人利益，他们力图通过皇帝的祖母、母亲或配偶操纵皇帝，他们必须维护皇帝的权力。少数外戚家族企图推翻汉朝政权，但经常谋反的是刘氏家族的成员，以希获得皇位。

另一方面，外戚专权体制导致激烈的宫廷阴谋争斗，有时以谋杀皇子和皇帝宠妃而告终。女性在朝廷行使大权，使她们的对手对宫廷充满怨恨。一些皇子故意让自己颓废，以使人相信他们是弱者。最不幸的是大多外戚家族拥有权力的时间不会超过两到三代。因此他们急剧地收敛大量财富、投资土地，希望给子孙留下保障，但这仅是徒劳，因为很多家族被设圈套陷于罪行或被控告冒犯君主而剥夺头衔和财产。

皇后或嫔妃贵族亲属的伟大名字传颂于汉代历史史册或关于奴隶的文献中。这里仅列几例：吕禄和吕产，窦广国和窦婴，田蚡、李广利和李延年，卫青、霍去病和霍光，上官桀和上官安，王商、史丹、张放、王凤和王音、王商和王根，其中最有名的是王莽。

汉代历史把外戚贵族和高级官员贵族归为一类，而把军队官员单独划为一类。然而，这三类受赐封地的方法区别往往不太明显，因为姻亲家属在其成为贵族前，他们已是大将军或出色的官员。相反，身居要职的武官和文官经常成功地把自己家族的女子送进后宫，以此通过联姻成为刘氏皇亲。

封给诸侯王儿子们的领地规模没有按户记载下来。另外两类侯爵封地在价值上相差悬殊。有的拥有不足一百户，而最多的拥有两万户。十选一的样本显示平均为 2 600 户。贵族每年从每户收取 200 钱。

就购买力而言，贵族和高级官员有来自封地、投资、薪水、特权收入、皇帝赏赐和贪污等奢华的收入。他们互相攀比，效仿宫廷生活。有时他们宅邸如王宫般豪华，有私人花园、奴隶和穿着精美丝绸服装的仆人，府邸里妻妾成群，有歌舞、杂技演员和乐师提供盛宴娱乐。他们观赏斗公鸡和逗熊游戏，进行赛马赛狗运动。他们乘坐精致的马车外出，由骑马的家臣前呼后拥，非官方地为其清路。一些贵族豢养文人和艺术家，而许多高官本身具有出众的文化和学识。中国拥有丰富而庞杂的文化，毫无疑问，当时中国贵族人士的奢华和教养并不比同时代的西方人差。

社会的最低阶层

在公认的汉代社会阶层划分中，平民阶层是到目前人数最多的。平民之上，官员有十万多人。真正的贵族，从没有超过几百，如果包括他们家人的话不超过几千。平民之下，是罪犯和奴隶。

尽管汉律已不复存在，事实上到 6 世纪时已消失，但根据布告法令、记载的案件、传记里的传讯记载和后来根据西汉大法典修订的法典，其中一些条款已经重新修订，显然，这些条款很详细。到 1 世纪末，超过六百条犯罪行为涉及死刑，几乎有无数种方式可以判处罪犯劳役。西汉初期，理论上废止了周、秦时期对身体的肉刑，此后，罪犯会被判服一至五年不等的劳役。罪犯们穿着囚服，束以枷锁，剃光头发，甚至有时脸上被刺纹身记号，他们在边疆充军或修建长城，运送军队给养，修建帝王陵墓，在官府采矿场或冶铁部门做苦力，以这些方式度过服刑期。服刑期间，罪犯和政府的奴隶相似，但服刑结束后，他们重获自由，成为平民。很难估计任何时期政府控制的罪犯数量，但通常数量巨大，有时多达十万。

官府奴隶和私人奴隶形成一个社会公认的显著阶级，他们是本研究的主题。

社会地位的流动性

根据汉代认可的成分描述中国社会可能使人产生社会分层固化的印象。这和事实相反。不仅平民阶级如此广泛以至于包含大多数人口，而且社会地位流动性很大，否定了社会等级体系，是汉代主要的特征。个人及其家族可以急速地从社会最底层上升到最高层，其他人会突然地滑到社会最底层。

汉朝建立本身就是社会阶级的巨变，把平民甚至罪犯带到了社会阶级的顶层，最终淹没了封建贵族残余。汉室建立者刘季，是未受过教育的农民，后来成为乡官，继而成为逃犯；他的主要追随者，许多来自他的家乡，几乎都是平民，后来成为侯王。整个汉代，尤其是武帝统治时期，有能力的人从最低出身可以上升到高官爵位，进入贵族阶级。许多名人传记可追溯的家族史或杰出的先祖不超过一代。这在对祖先崇拜十分重要的国度里更具意义。

下面一段传记文字展示了底层出身的人毫无阻碍地升至政府最高职位。

汲黯，是一个老贵族的后裔，在汉景帝时只是太子洗马。他从官僚机构的底层攀升到主爵都尉。他是平民里的佼佼者，汉武帝最惧怕的批评家……公孙弘是一个养猪人，四十岁开始学习经典著作，在汉武帝时获取文人的最高荣誉，以其柔和之性获升御史大夫，接下来是丞相之职，并封为候……主父偃，曾为游民，公元前134年获得大将军卫青青睐，先担任中大夫，又被任命为齐国太傅监视齐国。他成功地向汉武帝建议了分封诸侯土地给其他弟子们，削弱了诸侯王的权利……任安曾是孤儿，他起初的职位是副捕手，然后为地方官，后来成为三老。作为地方官进入大将军卫青的幕僚后遇到了另外一个地方官田仁。两人都出身穷苦，没钱买向朝廷引荐的随身用品，将军勉强资助了他们，他们很快使自己在朝廷听差中脱颖而出。任安最后升至刺史，田仁因毫无畏惧地谴责无能的官员，拜为丞相司直……卜式本是牧羊人，因慷慨向汉武帝捐献财产而成名。作为回报，他被任以官职，继而升任侯国相，后官至御史大夫……朱买臣，出身贫困家庭，靠砍柴为生支持自己读书。由于超人的文才，他成为皇宫贵族，之后为会稽太守……桑弘羊是一位商人之子，因其在生意上的聪敏，被委以汉武帝军队给养的工作。后来升为御史大夫，为政府设立了盐铁行业垄断，在公元前81年进行的盐铁会议上捍卫国家经济政策，因《盐铁论》名垂千古……另一位成功的学者是出身贫困农户的匡衡，他替人帮工资助自己读书。历任很多官职，在汉元帝时任太子太傅，后为御史大夫、丞相，并被封为列侯……王尊从郡中小吏做起，后来成为县令、护羌将军、校尉和王国相。被贬为平民后，公元前33年，他又一次升职为司隶校尉。

这些人和与他们类似的人，都出身低微，因个人能力脱颖而出。为了使情况更周全，还有两个出身卑微的皇帝配偶家庭需要讲述。

汉武帝的第一位皇后——卫皇后是皇帝姐姐家一个奴婢的女儿。在公主举办的一次宴会上，皇帝注意到她在家伎中唱歌跳舞，被其迷住，把她带到皇宫，之后把她遗忘了一年多。一次，她的哭泣引起皇帝注意，“怜爱”她，视其为自己的“宠妃”。她怀孕后，皇帝召唤她同母异父哥哥卫青到宫中任职。卫子夫生了三个女儿，最后生下儿子，被选为皇位继承人，因此卫子夫被封为皇后。

这时，卫青已成为大将军。第二年，他获被封为列候，三个儿子也被封为列候。作为汉代最英勇的武士，卫青仅被他的外甥，他另一个妹妹的私生子，出色的霍去病超越。因其卓越的战功，霍去病也被封为列候，并把他同父异母的弟弟霍光引荐到朝廷。

汉武帝驾崩后，霍光成为年幼的汉昭帝三位辅命大臣之一，把自己的外甥女嫁给汉昭帝，把持朝政。汉昭帝死后无子，霍光策划选出了皇位继承人。之后，他又联合其他大臣向皇后(她的外甥女，大约十四五岁)请命废黜了他选错的皇帝，挑选了另一位皇帝(即汉宣帝)。因对朝廷的贡献，霍光受到朝廷嘉奖，掌控主要军权，受封汉代最大的侯国。他的儿子和两个侄孙也被封为列候和担任高官。然而，霍光去世两年后，他的家族被诉谋反和毒杀许皇后而被灭族。

第二个出身卑微的家族是汉宣帝的母亲。卫子夫的儿子做了 37 年太子，有一个成年的儿子。太子的一个家臣被派去给主人寻找歌舞伎人，找来一个五人组女子歌舞队，其中有王翁须。王翁须是一对出身低微的农村夫妇的女儿，据说她先被卖到一个侯王的小儿子家，之后又被卖给一个商人。进入太子家后，她受到太子儿子的宠爱，生下一个儿子，即后来的汉宣帝。

公元前 91 年，这个孩子几个月大的时候，宫廷发生了巫蛊之祸，认为太子密谋杀害皇帝。皇帝因病离开都城，太子及其家人被诬蔑者杀害。只有王翁须的小儿子被一位忠臣救下，送到他的祖母史家以平民抚养。公元前 74 年，汉昭帝驾崩后无子，这个被遗忘的汉武帝的曾孙在 17 岁时被推上皇位。那么找到这位新皇帝母亲其他在世的亲人就很必要了。

经过多次失望后，委以任务的人终于发现一位王姓老妇和他的两个儿子王无故和王武，并于公元前 67 年把他们带进宫。当这些粗野之人乘坐马车从门前经过时，遭到长安城的人们大声取笑，但一位谨慎的太中大夫调查后证实这位老妇确实是汉宣帝的外祖母，另两人是他的舅舅。外祖母王老夫人被封为君，拥有 11 000 户，他的两个舅舅被封为候，每人 6 000 户。王无故的儿子从出身卑微升任大司农和车骑将军。王武的儿子王商，公元前 52 年承袭了列侯爵位，到公元前 29 年，一直稳步高升到丞相职位。但汉成帝仅是他的第二个表兄，一旦铲除，另外一个王姓家族，汉成帝母亲家族开始攫取政权。另外的王姓氏族以日食为由指责王商，制造舆论说王商家族财大气粗，威胁到皇帝统治，使他在公元前 25 年被免丞相之职。仅三天后王商“生病、吐血而死”。

从辉煌跌落要比擢升容易得多。汉代贵族的特征是任期的无常性。收集到的关于贵族的资料可通过数据表格粗略分析。大约 850 位授予封号的人中——皇帝儿子封为诸侯王、列侯，有军功的人和外戚家族封为列侯——据说有一百多人因没有继承人而终结，至少还有一百多人因未知的原因突然终止侯位。没有继承人可能是因为列侯拥有者未成年即去世，但旁系后裔因受到皇帝恩宠而受封(这种情况没有统计在这一百人中)，也不能解释这么高的数字。在一夫多妻制，极其看重子嗣的社会，这样家族的消亡更令人吃惊。几乎一半保有封号的人，超过四百人，因犯下重罪失去封号。通常，降职已是足够的惩罚，大约 230 例贵族被免职成为平民。有 45 个犯罪的贵族被判为囚犯服刑，99 人被处刑决，一些人为逃过这样的命运而自杀。另外 170 人仅仅提到被免职，没有提及罪行。

贵族任期的无常性大多是根据吴景超①提供的数字计算的。所有贵族的平均持续期限仅仅 2.31 代人。被授予封号的人到去世时，有 41%的人失去封号，将近 63%的人到第二代结束时失去封号；79%的人封号，到第一代贵族的孙子死时已不复存在。当然，这些计算考虑到了所有贵族到王莽统治时都已结束的事实，因此到汉代末年所授予的封号仅有简单的程序。然而，汉高祖所封的帮他建立汉朝的人的直系或旁系后代到公元前 86 年都不再拥有贵族封号；公元前 62 年，汉宣帝对早期贵族后裔的身份都沦为雇工而感到惋惜。

如果社会阶层的流动性在贵族阶级典型，那么这也是底层的特征。任何社会群体的成员都可能一下子成为囚犯。奴隶通常由平民中补充，但有时也从贵族中产生。相反，降格为底层人恢复为平民甚至成为贵族没有什么障碍。皇帝经常大赦囚犯，理论上，所有囚犯六年后都成为平民。奴隶可以通过几种方式获得自由，自动成为平民。因此，上层和下层阶级的人不是严格固定的，他们的成员不断地被平民阶层吸收，壮大平民的数量。

为了恰当地阐述这个观点，需要调整一下观察角度。各社会阶层之间没有难以逾越的墙，离开平民阶层的人数比例相对构成人口的大多数整体而言微不足道。

汉代受过教育的人继承了周朝重要的哲学文献、经典著作、诗歌、历史和浪漫文学，汉代主要的文人活动是发现、研究和注释已经被秦始皇禁止传播的书籍。享有特权的大学士可以进入藏有早期文献的皇家藏书库。他们和民间各流派竞相阐释各种经典著作，发展周朝不同哲学家的观点。汉代在历史、诗歌、政治哲学、兵法、艺术、占卜术、书法和其他方面也创作了大量自己的文献。汉代末年，刘向和他的儿子刘歆对大量文献做了摘要，列出了大约 600 名作者的著作 13 000 多卷。

司马迁编纂了中国历史上第一本通史，记述一直到汉武帝统治时期。其他人续写了司马迁的编年史，或编撰了特殊时期或题材的历史。接着，公元 1 世纪，班固继续其父亲的研究，编写了刚刚结束的西汉历史。其他人研究西汉有专门的主题，而生活在王莽之后 1 到 2 个世纪的评论者们为各种史料增加

① 译者注：吴景超(1901—1968) 中国社会学家。此处引自 Hsi Han nu-li chih-tu(《西汉奴隶制度》)。Shih Huo，Vol. 2，No. 6，1935，pp. 264-270。

了一些资料，解释已经变得模糊的事实和术语。仅有一小部分汉代文献留存下来。其中一些包含这本书用到的关于奴隶的信息。

结论综述

西汉时期沦为奴隶的人口比例比其他任何朝代都大，奴隶制度似乎达到了经济的顶点。西汉真正关于奴隶的资料稀少、碎片化、不明确，给人的感觉是奴隶制度发展不充分且不牢固，应是一种以农奴制为基础的经济状况。这表明公元前 3 世纪末到 1 世纪初，经过 220 多年，中国在政治、社会和经济上取得了很大进步，奴隶制度趋于相当成熟。

历史发展迹象

除了集中于西汉最后半个世纪的奴隶制立法现象外，实际上几乎没有奴隶制成熟过程的确凿证据，对奴隶制发展趋势描述模糊。早期关于奴隶的文献处理方法老旧，随着时间的发展已被遗弃。关于西汉前期奴隶制度的文献显示政府把罪犯变成奴隶是奴隶制的主要形式，私人奴隶是稍后的次要方式。把官奴和罪犯联系起来的资料出现在西汉早期或秦代。尽管私人拥有奴隶在西汉初建时已确立，西汉前十年的史料（参见第 8 和 12 条文献）[①]仅有私人奴隶穿着囚服和光头的描述。大约 20 年后，著名学者贾谊描述了市场上奴隶交易的规模和奴隶穿着奇装异服以显奇特（参见第 16 条文献）。这是奴隶买卖充分发展的证明，但随着汉代的发展，没有直接证据显示拐骗或债务性奴隶数量增加，尽管可能出现了人口过度增长和平民生活水平降低，这些都有很好的记载。

公众“警觉地关注”私人拥有奴隶数量的增加是这个时期的显著趋势。但直到汉朝建立 70 年后才出现了抗议（参见第 34 条）。直到公元前 81 年才有第一次反对官府奴隶数量巨大的记述（参见第 60 条），第二次是公元前 44 年，是汉朝统治一个半世纪以后，实际上记录了奴隶的总数（参见第 89 条）。在这一点上，要求解放奴隶的唯一法令在公元前 160 年颁布或许具有重要意义，这个时期官府的奴隶很少。公元前 44 年，奴隶数量庞大，贡禹建议汉元帝解放所有官府奴隶，但无果而终。后来这些对官府拥有奴隶的抗议暗示了奴隶在服务部门的使用数量增加，描述为一群罪犯奴隶劳力是不合适的，可理解为“磨洋工”。显然，世袭的奴隶越来越像永久的“官府仆人”。西汉末期私人奴

① 译者注：原文此处标有在本书第二部分供参考的原文文献编号，下同。

隶的记述强调了他们把奴隶作为值得关注的财富展示。

反对大规模拥有奴隶的抗议和立法的顺序如下：

公元前 140 年后不久——董仲舒提议反对有权势的人成倍增加奴隶(参见本书第二部分第 34 条原始文献)。

公元前 81 年——知名人士反对政府“累加无数奴隶”的政策(参见本书第二部分第 60 条原始文献)。

公元前 44 年——贡禹建议解放十万或更多政府奴隶来减轻税负(参见本书第二部分第 89 条原始文献)。

公元前 13 年——汉成帝反对统治阶级增加奴隶，并命令相应的官员逐渐阻止这样的犯罪行为(参见本书第二部分第 105 条原始文献)。

公元前 7 年——汉哀帝的大臣们建议限制社会各阶层拥有成年奴隶数量(参见本书第二部分第 110 条原始文献)。

3 年——王莽呈上规范拥有奴隶规模和限制铺张浪费等其他事宜的请愿书(参见本书第二部分第 121 条原始文献)。

这个顺序表明的显著事实是，其中只有一条出现在中国军队在边疆战场大量虏获战俘之前，其他在此半个世纪之后。这使战俘成为奴隶看起来没有如此大规模的雇用，而事实上，这种方式使奴隶人口急剧增加，例如罗马共和国统治的最后两个世纪。扩张征服战期间唯一的抗议是知名人士公元前 81 年发起的，那时所记述的官府奴隶在任何程度上不可能是外国人。

有记载的限制拥有奴隶的法律都集中于西汉末期。这清楚表明奴隶制已经成为一个问题。但问题的本质并不清楚。马乘风①，在多篇文章中表示同意土地和奴隶相关联，证明奴隶用于农业劳动，但他认为这种劳动在整个西汉时期从全国规模来看不是主要的，从王莽统治前及其统治期间集中奴隶制立法可推断出农业奴隶制与奴隶主和自由农民之间的竞争问题有关。然而，他认为西汉末期“农民暴动”期间逃跑的奴隶、东汉光武帝几次解放私人奴隶、人口减少、内战期间土地田产被毁等在奴隶制达到危机程度前阻止了其发展②。

我前述的奴隶用于农业劳动作为假设证据分析了法律，但没有确切的证明。因为土地是财富的主要来源，而奴隶是财富最显著的表现，因此土地和奴

① 译者注：本段所引观点来自马乘风：《中国经济史》(An economic history of China) 第二卷，上海，1939 年第二版；和《从西周到隋初期 1700 余年的经济转移》(Economic transition during the seventeen hundred years from Western Chou to the beginning of Sui)，胡适，vol. 2，No. 9，1935，第 400～410 页。

② 原文注释：马乘风：《中国经济史》，vol. 2，第 209～291 页。这个观点和梁启超的观点相反。

隶经常同时被提及。这不完全具有说服力。许多私人奴隶主要利用奴隶来显示其奢华，是上层阶级维持豪华生活方式昂贵的一部分，当我们明白这点时，印象就会更加深刻了。为了维持这种奢华的生活，为了供养没有生产能力的家奴，奴隶主们把越来越重的负担加在佃户们身上，从政府获得越来越大的赐予，大肆从事商业竞争，恶意贪污。官府希望通过限制奴隶数量，规定不同等级的人的房舍规模、马车、服饰和所用家具的类型以及特别指定祝寿、结婚典礼和葬礼的花销，减少竞争性的挥霍和上层阶级的生活成本，这些最终由在经济上被剥削的阶层承担。

尽管认为奴隶是经济衰退的症兆，或至多是非直接因素的解释不能消除事实上奴隶是竞争的工具的强烈印象，但却是经济衰退的因素之一。对这样集中立法或许没有一个足够的解释。例如，汉武帝后的具有支配地位的崇奉人道主义儒家哲学的政治家们对这个问题有影响。关于历史发展的首要观点是，法律是在连续五任皇帝统治期间出现或提出的：汉成帝、汉哀帝、汉平帝、王莽和东汉光武帝。王莽之前的法律主要关注减少个人拥有奴隶的数量。王莽试图通过禁止奴隶买卖和更改名字，即奴隶的身份来取消奴隶制（参见第122条）。后来，王莽征收每个奴隶3 600钱的税（参见第127条），但或许这仅是一种收入策略，目的是阻止奴隶所有权。由于将近20年的破坏性内战，可能彻底改变了奴隶数量的问题，因此光武帝采取了人道主义改革：杀死奴隶的人禁止减刑，加上烙印的奴隶必须释放，当众处决伤害他人的奴隶（参见第138条）。东汉的残余政权没有类似的现象，实际上，直到满族统治后期，奴隶制几乎消亡，再没有类似情况。

西汉奴隶制概括

中国的奴隶制度在西汉时期各方面发展良好，拥有其他复杂文明中奴隶制所具有的大多数特征。整个汉代，除了公元9—12年外，法律允许自由买卖奴隶，体现了奴隶的所有权。奴隶在习惯和法律上，有特殊身份，这使他们成为社会的下等人，权利受到限制，是法律上明确无能力的人。

大多数使人成为奴隶的做法都得以实施：卖身、出售妇女和儿童、欠债为奴、绑架、掠夺奴隶和战俘。奴役作为惩罚罪犯的方式修改得和中国家族制度一致，这就涉及到被处决罪犯的主要家属。世袭奴隶、继承奴隶、解放奴隶、官府和私人拥有奴隶、外国和土著奴隶，这些都是普遍现象。奴隶交易包括官府和私人买卖奴隶、市场买卖、专业奴隶贩子、奴隶进口和出口以及因法律和经济因素影响的价格波动。

奴隶用来从事不同的劳动：农业、食品和手工制造业、商业和采矿，作为商业管家、保镖、战士、守陵人、奴仆、马夫、歌舞和杂耍奴隶，作嫔妾，奢侈的炫耀品和增强主人的权力。官府奴隶从事仆人、侍从、雇员、会计、低级官员、熟练手工业者、狩猎场看守人、牧场经营和一定程度的重体力劳动等工作。

另一方面，中国奴隶制与公元前500年到希腊化时期的希腊奴隶制相差明显，尤其是与同西汉处于同一时期的罗马奴隶制相比，而两种文化在其他方面有很多类似。这种发展落后可能是因为历史资料缺乏，但已知的事实都归于相同的结论——西汉没有发展成工业制度。

首先，即使是在奴隶制发展的鼎盛时期，奴隶的人数不足人口总数的1％。奴隶来源的证据也表明其发展受到阻碍。对战俘的奴役、抓捕奴隶和购买外国奴隶显然仅在有限的情况下实行。当然，也没有表现出对外国奴隶大规模需求，绑架本国人成为奴隶是非法的。这种做法的记载常见于秦末汉初的混乱时期，或是西汉末年。如果我们能从后来中国历史总结的话，饥民和贫困家庭的儿童可能是本国奴隶的主要来源。显然，这种来源是不受法律支配的。世袭奴隶制提供了大部分官府和私人奴隶。

政府通过法律程序使一些人成为奴隶，但鲜有相关事实记载，无法判断其普遍程度和涉及的数字。更多见于记载的是判刑一段时间的罪犯劳力。官府还通过没收奴隶和接受私人奴隶主送礼获得奴隶。政府需要增加奴隶数量时，没收奴隶即是特别有效的手段，然而为此目的按预定计划采用这种方法的记载只有一次，是因对外战争用尽国库的时候。这也是许多增加收入的计划之一，奴隶仅是战利品的一部分，数量巨大。就我们所知，政府仅有两次要求以奴隶献礼。一次是为了殖民地移民，另一次或许是为了出售。因有利于买卖“军功”头衔，这个方法在4年后就终止了。

尽管持续的市场需要，刺激了绑架奴隶和进口奴隶，但根据原始材料不可能想象当时全国范围内对奴隶的需求。在经济方面，没有证据证明奴隶用于生产。

关于奴隶主和平民角逐利益的两条控诉(参见第二部分附录第34和110条)是奴隶用于生产活动最有暗示性的迹象。第一条是特权阶级因其特殊优势，可以和平民不公平地竞争，从而获得大量奴隶和其他利益。奴隶当然用于农业，但其程度未知，没有明确的证据证明奴隶用于大农场生产体系。偶有提及用于制造业和商业中，但可能用得比文中所揭示的多得多。商人拥有和使用奴隶不受限制，尽管其他类型的法律，尤其是禁止投资农耕土地的法律，阻止其从事“次要”职业这项政策是一个特征。

一些相反的因素减轻了人们认为奴隶被大量剥削的看法。没有令人信服的证据表明奴隶遭受冷淡无情的对待，也没有关于奴隶造反的记载，和罪犯暴力造反的直接证据相比，甚至连奴隶有造反威胁的担忧都没有，也没有资料指出奴隶是有自我意识的群体或奴隶在利益上与主人或其他自由阶级相对立。

关于奴隶的地位有几点提示。奴隶没有种族特征，如果有的话，就是相当一部分奴隶人口是由受到歧视的匈奴或其他外国人构成。外貌上看不出其社会等级，似乎也不禁止奴隶从事任何工作。他们甚至可以参与主人祭祀先祖的活动。解除奴隶身份后即可立即成为平民，尽管不限制其任何资格能力是从唐代开始的。

总体而言，奴隶制仍处于家用奴隶水平，尽管事实上有可能发展成为奴隶产业体制。有时很难区分家庭奴隶和盛行于西汉上层阶级的委托关系。除非历史资料严重歪曲事实，私人奴隶最重要的功能在于家庭服务的范畴，以使主人舒适安逸和显赫威望。其中最重要的功劳就是增强主人经济势力和当地的影响力。但经济势力和影响力不是主要依赖奴隶的劳动，而是主人拥有的土地、政治地位或像当今中国一样重要的家庭内外关系等因素。奴隶是家庭经济辅助的部分，他们分享家庭经济利益、有助于家庭舒适安乐，但并不主要地创造财富。这种家庭奴隶尽管处处存在，是奴隶制中很轻微的一部分。就目前所了解，我们推测私人奴隶的生活水平比一般平民都要好①。

同样的结论也适用于官府奴隶。官府奴隶也不是创造财富的主要方式，或许他们的花销比他们贡献得还多。他们最广泛用于服务、技术性劳动和大农场。除受刑罚的第一代奴隶外，其他奴隶都受到温和对待。在维护政权方面他们并不重要。这种功能赋予了政府的另外两根支柱：官僚、军队和宫廷卫队。官府奴隶是官僚机构的附属成分。

这个综述，基于前面的各个章节，有助于解决中国历史学者关于西汉时中

① 原文注释：这个观点和作者准备此文时大多数时候的观点相反。这篇研究最初的设想是了解西汉时底层阶级的生活状况，但现在看来，则更多展现了统治阶级的状况，只是间接涉及到对平民的认识。

国社会是否是“奴隶制社会”和在经济领域西汉是否为“奴隶制经济社会”①的争论。这种概念很模糊。只有最宽泛地界定他们，允许包括除了真正奴隶之外的多种不同类型的强迫劳动，才可适用于西汉时的中国。除非有大量更多的证据，尤其是从史料发掘出来的证据才可证明有更多数量的奴隶被用于更多生产性的劳动，否则不能认为奴隶是汉代社会至关重要的部分，或奴隶制是汉代经济的重要因素。

这不仅仅是一个否定性的结论。

这表明，和其他发达的文明相比，中国有不同的社会和经济形式，奴隶制不具有根本的重要性。中国文化的什么因素阻碍汉代奴隶制没有展示其经济上的重要性，尽管其有这样的发展潜能。

阻碍奴隶制发展的原因

对这个问题没有答案。这需要回顾中华文明的本质。显然问题本身以经济形式表现出来，涉及中国对人的利用的本质，必须把经济因素视为最重要的，尽管许多潜伏于汉代经济模式下的主要原因仅能晦涩地理解。

土生土长的中国人在精耕细作的农业下培养了一种忍耐力，使之成为独特的“中国人”，随着时间的发展，这成为中国人最典型的特征。或许黄土地、雨水充沛的气候、不确定的降雨、黄河中段——中国文明发源地的植物和动物特征促使这种忍耐力的形成。强调人工灌溉似乎在中国历史早期已出现。中

① 原文注释：Nu-li she-hui 奴隶社会 and nu-li ching-chi 经济 she-hui。文献比作者所能覆盖的面更广。所读文章持肯定结论的是：戴振辉《两汉奴隶制》。作者认为，汉代中国社会是“奴隶制经济社会”，没有奴隶制，就不会有汉代社会，至少它会小很多。傅安华的《关于奴隶社会奴隶理论的几个问题》(《食货》第五卷第5期，1937年3月1日，第246～257页)，作者说明陶希圣首次提出秦代和汉代可称为奴隶制社会，并试图根据最新的俄国术语理论证明其一定是。和这些观点相反的是：吴景超《西汉奴隶制》总结道(第270页)：尽管西汉有奴隶阶级，但它并不是奴隶社会。武伯纶《西汉奴隶考》得出了惊人的结论。他认为西汉奴隶总数在20 000 000到30 000 000之间(第279页)，但认为奴隶在农业生产中不重要，因此汉代并不能称为奴隶制社会(第283页)。刘兴唐《奴隶社会的症结》(1937年6月1日《食货》第五卷，第11期，第460～463页)，讨论了争论的背景和不同流派的思想，并给出了自己的结论(第462页)：中国社会中，奴隶制在经济结构中不占根本位置，因此任何时期都不足以描述为奴隶社会。马乘风(见前引书)比其他作者都更深入彻底地探讨了这个问题，他的整个研究主要是对汉代社会和经济是以奴隶制为基础的观点的反驳。在第一部分(第232～236页)，他分别列出了赞成和反对中国历史上任何时期拥有奴隶制的观点。其中主张拥有奴隶制的学者有：郭沫若、王宜昌、陶希圣、叶青、李季、杜畏之、王礼锡、胡秋原、王伯平、熊得山、陈啸江、王兴瑞和武伯纶。一些作者对问题某一方面的重要性表明这是不容忽视的问题。对于总结这些作者关于中国经济史的观点，参见王毓铨《中国现代社会科学的发展》(《太平洋事务》第11卷，1938年，第345～362页。

国文化传播到已有耕作技术开垦的新土地上，而止于那些不能开垦之地。水利控制是这些技术中最重要的。在黄土地区域，主要的顾虑就是把水引到辽阔而肥沃的土地上。大平原上的问题是阻止黄河发生洪水淹没主要由雨水和人工灌溉的土地。排水、储水和对丰富水资源的布局是稻作文化地区主要需求。

即使在初始阶段，人工灌溉和水利控制是除了生存之外的粮食生产的先决条件，使一些人口主要从事不能立即受益的水利工程保护管理工作。无论劳作者是一直劳动的奴隶，或是招募来固定轮种的平民，都是一种文化选择。在中国，后一选择更普遍，或许是因为丰沃的土壤，一经灌溉，迅速创造丰硕的粮食，使得农业人口增长。经常有富余的劳动力，一旦被招募，和奴隶一样廉价。在轮种的特殊时期，大量招募平民从事水利控制是中国经济早期固有的特征。一项工程中增产的粮食可以填补更多的储存空缺，支撑更多人力集中于改善原有耕地并开垦更多未开发的土地用于耕种。

起初精耕细作和灌溉农业的专门化趋势成为一种特征，至少伴随着农业生产，它导致对除了畜力外的其他节省劳动力设备的忽视，如对采矿、制造业、商业，甚至粗放农业或农业和饲养业混合产业等"次要"产业的抗拒态度。历史上，大多数时候中国经济的根基是土地、劳动力和粮食。对家庭或村庄以外的人组织管理能力是统治和财富的基础。政府即起源于这种功能。治理长长的堤坝和运河区域，促成了统一。计划和指挥大规模的水利保护工程一直是中国政府的职责，由于私人资本主义发展水平较低，即使小型灌溉工程也通常由地方政府负责。同拥有土地同样重要的是拥有从政府水利工程灌溉的权力。在中国，位于水利保护管理规划之内或使土地获得适当浇灌的权力实际上是财富的保证。

精耕细作和水利控制形成了中国的农作景观，附属的农耕地带环绕核心城镇形成细胞结构。城墙围起的城镇是税收所得粮食的储存地，一部分用于养活大批的从附近地区征招的平民劳动力。行政管理集中于城镇，管理那些流经本地区的运河和堤坝，同时管理当地工程，决定水利灌溉的权利和收税。郡级卫戍部队会在需要的时候增援地方政府，这些部队由全郡各地提供的税粮供养。郡级政府仅和各个不同但相似的县级"细胞"联系，而中央政权和各郡及政府联系。

依赖于庞大的农民人口，汉代政府是税收、劳力管理组织。官府主要的收入是农产品税，以税金、垄断行业租金收入和进贡作为补充。这笔收入完全能够供养统治阶级和一小部分上层阶级，并支付官僚机构和军队的开销。除去各种税负和苛捐杂税，繁荣的农业和适量的食物，使农民可以缴纳十五分之一或三十分之一的农产品，并服每年一个月的劳役，这对政权安稳是必要的。政府对增加农业生产极其感兴趣，换言之，倘若把这个收入转换成资金或有效地用于其他方面，就会有新的收入。官府首先致力于输送水源和提高陕西地区的粮食产量，这是其经济的根基。当这个“重要的经济区域”在已有生产技术条件下发展到最高生产能力后，中央政府致力于发展其他可以输送水的地区。官府对不能引入水源的地区态度不积极，除非是出于战略考虑的最重要的边疆殖民地区。

农村人口正常增长可能是由高产的富饶土地、合理灌溉和不懈耕作促成的。农业对劳动力的需求使农民看重大的农业家庭，而自由耕种土地和低税收使他们有大量盈余的粮食提供给增长的人口。重视男性后代是祖先崇拜的一部分，可能助长了家庭的扩大，但是否事实上促进了人口增长是有争论的，为何源于贵族的信仰到汉代变得如此普遍并不清楚。类似的信条“孝”，包括对遥远的统治者权威而不是家庭的顺从，或许有助于服劳役，但另一方面，这一信条或许是出于经济上的需要而早已确立的合理化、系统化的社会态度。无论怎样解释这一事实，它都证明了西汉大部分时期以传统强迫劳役方式统治数量巨大的农民。

强制性的劳役不仅提供了水利的保护管理，也提供了修建城墙、道路、陵墓、政府建筑和国家垄断行业的大部分工作及粮食运输。农民群体还为官府土地提供了大量佃户；实际上，开放保留地给佃户耕种对官府的压力比官府想获得租金收入的愿望更大。罪犯劳力是劳役的辅助，特别用于强制性劳动中短期劳动力不足。囚犯被送到殖民地区，这些区域因某些特殊阶段豁免税收和劳役而得以建立，或者他们作为一群劳动力来工作，适于近距离监视。这种劳役和囚犯劳力使奴隶对官府而言并不重要，官府打算把那些非第一代罪犯奴隶仅用于服务业和技术劳力。

可以总结说，汉代及其政府的收入和劳动是来自普遍利用所有人，而非对极少数的剥削。

中国经济渠化为集约农业、不发达的手工业和商业以及西汉政府的利益共同阻止了私人奴隶制发展成为剥削体制。

不利于中国农业大量使用奴隶的因素已经讨论过：采用园林式精耕细作的小片土地农业、佃农体制和公元前1世纪时奴隶数量最多，而农业人口过剩。尽管当时的中国农业没有后来那样集约化，但和周边民族比较而言，中国人的技术和勤勉使他们不会用外国奴隶耕作。假若本国的奴隶能像自由农民那样勤勉的话，会让他们耕种。没有证据显示，中国的对外战争，像希腊和罗马时期的战争一样在农民中造成劳动力短缺，进而促成外国和本国奴隶劳力进入农业。西汉的对外扩张在程度上可以与罗马共和国最后两个世纪和帝国时代第一个世纪比较。但原有核心领地之外增加的新领土和服兵役的原有人口比例方面不具有可比性。中国农民真正的负担是供给战争经费的间接税收和运输部队给养的额外劳役。这些降低了农民的生活水平，造成更多的佃农和流动劳动力。汉武帝对外战争的高潮期，中国东部无地农民大量增加，即当时向新征服的西北疆域移民几十万人的原因。地主的增加同时伴随着农民人口增长及其生活水平的下降。贵族、官员和“残暴的绅士”通过投资获得的土地都是得到最好灌溉的土地，也是佃户们竞争最激烈的土地，这一点不言自明。不仅没有令人信服的证据表明大规模的奴隶用于农业生产，而且中国经济体制内似乎也没有这样做的必要原因，西汉初期除外。

周朝封建社会末期和第一帝国时期见证了手工业和商业的发展，这在中国是全新的。在公元前的一个千年间，这些产业无足轻重，其发展伴随着，同时也是铸币使用的部分结果。铸币是一种新的财富来源。它导致了货币经济和依赖土地、劳动力和粮食的封建经济的竞争。国家政治上的统一、对外扩张、内部交通设施改善、许多贸易障碍减少和更大数量的富人阶级，都促成了这种新的成分。然而，总体而言，手工业和贸易在资本主义发展中保持着较低的水平，在全国经济中无足轻重。即使今天，生产制造业和商业仅是从前工业化时期发展而来。与公元前 6 世纪的希腊和耶稣诞生前后两个世纪的罗马相比，西汉中国的商业资本发展和相对重要性上不够成熟。为什么呢？

地理因素提供了一个答案。汉帝国是一个内陆帝国。就今天的中国而言，其政治、经济中心位于西北部，在内陆深处，远离大海。即使把长江和长城之间看作帝国重要的部分，那里仍是水路管网最不可能到达的地方。交通运输主要依靠陆路。沿着山谷河道，仅能在有限的范围使用小船。开挖运河和充分修缮利用的可通航河段，不能从根本上改变地理形态的事实。而东地中海和黑海地区，有几条重要的可通航河流通过，是国际贸易的理想场所。鉴于此，希腊和罗马城市的工厂和艺术家作坊倾售大量商品，很容易流通到全国各地；就国内外贸易而言，中国城市则没有这样的战略位置，甚至山东半岛也不热衷于大量的海上贸易，中国北部的河流比尼罗河、底格里斯河、幼发拉底河和多瑙河的用途差得多。

人为造成的地理因素也阻止了商业资本的发展。一个国家几乎由相同的政治经济细胞组成，各自在农业、手工制造业和贸易上几乎自给自足，和其他相邻地区交易甚少。在土地—劳力—粮食的经济模式下，区域间的贸易仅限于盐、金属、毛织品、皮革和竹制品等不能自己生产的生活必需品和奢侈品。中国北方的道路状况奇差，陆路运输使贸易仅限于短途、体积小和价格高的货物。

强烈的传统文化观念也不利于商业资本的发展。中国人一直固执狭隘。而商人们没有地域偏见，他们引进奇特的商品和新奇的想法，根据文化偏见，或许被认为是罪恶或美德。在中国，就是罪恶。商人是“乱”的力量，他们“搅乱事物”。在封建制度下，几乎没有独立商人的位置和机会。碰巧随着封建制的衰退开始逐渐壮大和富有，商人们也被认为有破坏性的影响。由于难于管理和收税，他们游离于整个经济体制之外，是对经济体制的挑战。周朝末期的哲人们几乎一致地攻击商人，为统治阶级和商人对立制造教条。农业是根本的职业，增加统治者的财富，养活大众。商人是从主体农业者农民身上获得利润，是“次等”职业的寄生虫。反封建的秦朝和秦帝国都最强烈地反对商人，尽管不能有效阻止他们数量的增加和从不断改变的状况下获得利润。

汉代制定政策的官员秉承并强化了这种态度。博士群体积极反对商人，但这不仅仅是偏见。前言部分提到了这种态度的一些经济原因，即商人，尤其是粮商剥削农民，更重要的事实是，政府和统治阶级直接由农民上缴的农产品税和租金养活。政府不仅试图维持农民交税和劳力供给的潜能，而且还给商人设置了一些障碍，如禁止他们拥有土地和成为朝廷官员。尽管收取商人双倍的人头税、繁重的市场税，还一度收取资本税，官府也可能认识到了这种途径带来显著的收入，却对私人手工业生产和商业作为额外的收入来源丝毫不予鼓励。官府通过管理灌溉系统，把农业生产的收入归集到官府和统治集团，但从商业吸收利润困难得多。对商人的税收本质上是抑制。朝廷、官府、陵墓和军队所需的家具和武器都是官府工场和兵工厂制造的。官府最终控制两种必需的商品：盐和铁。私人经营这些商品利润最高。然而，官府同时发现必须雇佣商人经营这些产业，同时引入很多其他财政方案。这使得贤良学士反对加剧，他们把官府看作是商人唯一的保护，就如在抗议书《盐铁论》所指出的。

中国势不可挡的集约经济趋势和极其不利的地理条件和政治文化抗议都没有阻止西汉时期商业资本主义的确立。当然，这些阻止了其迅速发展。如果结论正确的话，有助于解释为什么中国奴隶制度在手工业生产和商业领域没有发展成剥削制度。禁止商人土地拥有权的法律可能没有一直执行，但作为法令的存在，成为持久性的威胁，增加了投资土地获得利润的难度。差别对待的税收，和公元前 119 年后，过多利润和财产会被没收的威胁，阻止了手工业制造者和商人为商业目的投资于工具,即奴隶。因为投入越多,对奴隶征税越多,尤其奴隶是没收的对象。据知,仅有一位手工业制造商大量使用奴隶劳动力,是一位受到皇帝钟爱保护的贵族,比汉宣帝对霍光的喜爱更甚。据记载,在商业中利用奴隶获得利润的唯一生产商生活在西汉初建时期或更早。由于明确禁止商人的汉律在其颁布后不可能连续地追溯,也不能检验其效力,因此不可能知道在多大程度上抑制会成为一个因素,在整个汉代阻挠了产业奴隶制。但在法律废止期间,仍有大量富余自由劳动力供给从相反的观点证明了同一结果。在这种情况下,产业奴隶制可能不是经济上的。

东汉宦官臧罪考

师彬彬[①] 著

（许昌学院 魏晋文化研究所）

东汉中后期的宦官集团权势膨胀，对政局演变产生了深远影响。如《后汉书》卷六二《陈寔传》载："（东）汉自中世以下，阉竖擅恣"（第 2069 页）。另如，"逮桓、灵之间，主荒政缪，国命委于阉寺"[②]。臧罪指当事人以占有为目的攫取公私财产的一类犯罪。《晋书》卷三十《刑法志》引张斐《注律表》载："货财之利谓之脏"（第 928 页）。"后汉宦官之贪恶肆横，固已十人而九。"[③]臧罪不仅是东汉宦官犯罪的重要组成部分，而且成为东汉严重的社会问题之一。东汉宦官臧罪状况反映了宦官群体的政治身份和社会地位变迁，并与政局演变和法律秩序密切相关。东汉宦官臧罪集中于东汉中后期，而桓帝时期和灵帝时期的宦官臧罪尤为严重。

学界虽已关注汉代臧罪问题并取得丰硕成果[④]，如明确了臧罪类型、防范措施与惩治的司法原则，但学者的研究多未与社会群体相结合。迄今为止，尚未出现专门探讨东汉宦官臧罪的论著，因此这一问题仍有待加强。本文拟在

① 作者简介：师彬彬（1986—），男，河北邢台人，许昌学院教师，南开大学历史学院博士，研究方向为秦汉史。

② ［南朝］范晔：《后汉书》卷六十七《党锢列传》，北京：中华书局，1965 年版，第 2185 页。

③ ［清］赵翼著，王树民校证：《廿二史札记校证》（订校本）上册卷五《后汉书・宦官亦有贤者》，北京：中华书局，1984 年版，第 114 页。

④ 参见［清］沈家本撰，邓经元、骈宇骞点校：《历代刑法考》第三册《汉律摭遗》第二卷《盗律》，北京：中华书局，1985 年版，第 1393～1408 页；徐世虹主编：《中国法制通史》第二卷（战国秦汉）第十五章《两汉时期的刑罚体系与刑罚原则》，北京：法律出版社，1999 年版，第 495～496 页；闫晓君：《秦汉盗罪及其立法沿革》，《秦汉法律研究》下篇《〈二年律令〉研究》，北京：法律出版社，2012 年版，第 208～230 页；余华青：《论战国秦汉时代的廉政制度》，《西北大学学报》（哲学社会科学版）1991 年第 1 期，第 95～101 页；陈乃华：《秦汉官吏赃罪考述》，《山东师大学报》（社会科学版）1991 年第 1 期，第 33～38 页；熊伟华：《汉代经济犯罪的类型及惩治的司法原则》，《人文杂志》1995 年第 1 期，第 90～94 页；董平均：《两汉时期的"赇赂"犯罪与防范措施》，《学术论坛》2004 年第 5 期，第 141～145 页。

梳理史料与总结前人研究成果[①]的基础上,探究东汉宦官臧罪的类型、危害及特征以深化对东汉宦官政治身份和社会等级地位变迁的认识。考察东汉宦官臧罪问题具有重要的学术意义,不仅有助于全面理解东汉司法机制运作与政局演变,而且成为深入考察东汉法制史和政治史的一个重要切入点。

一、东汉宦官臧罪类型

东汉宦官通过猖獗的臧罪聚敛了巨额财富,少数宦官的臧罪类型并不明确,如《后汉书》卷七八《孙程传》载顺帝时期,"(中常侍高)梵坐臧罪,减死一等"(第2518页)。东汉宦官臧罪类型规模较大,包括辜罪、行赇罪、受赇罪、主守盗罪、恐猲取财罪、擅兴徭役罪与豪夺田宅罪七种形式。[②] 东汉宦官犯辜罪、主守盗罪与擅兴徭役罪可考者各见一例,而其他类型的臧罪相当严重。

辜罪即当事人破坏商业交易中的包揽政府买卖场独占的一种犯罪,"辜榷者,言己自专之,他人取者辄有辜罪。"[③]东汉宦官犯辜罪可考者见于灵帝光和二年(179年),《后汉书》卷五四《杨彪传》载:"黄门令王甫使门生于郡界辜榷官财物七千余万,(京兆尹杨)彪发其奸"。(第1786页)

行赇罪指当事人为谋取私利而以财物贿赂官吏的犯罪行为,"赇,枉法以财相谢"[④]。东汉宦官的行赇罪见于灵帝时期,如《后汉书》卷五六《陈球传》载光和二年(179年)十月,司徒刘郃、永乐少府陈球、卫尉阳球与步兵校尉刘纳谋诛宦官,"(中常侍曹)节等颇得闻知,乃重赂于(中常侍程)璜"(第1834页)。另如,"光和五年,诏公卿以谣言举刺史、二千石为民蠹害者。时太尉许馘、司空张济承望内官,受取货赂,其宦者子弟宾客,虽贪污秽浊,皆不敢问,而虚纠边远小郡清修有惠化者二十六人"[⑤]。《后汉书》卷六九《何进传》亦载灵帝时期,"而太后母舞阳君及(车骑将军何)苗数受诸宦官赂遗,知(大将军何)进欲诛之,数白太后,为其障蔽"(第2249页)。

受赇罪即官吏利用职权收受他人财物的犯罪行为。顺帝时期,宦官犯受

① 余华青:《中国宦官制度史》第三章《秦汉时代的宦官制度》,上海,上海人民出版社,2006年版,第180～182页;马良怀:《两汉宦官考》,《中国史研究》1987年第1期,第39～48页。

② 马良怀先生认为东汉宦官通过受贿、敲诈勒索与兼并土地三种非法手段攫取了大量财富,参见马良怀:《两汉宦官考》,第44～46页。

③ [汉]班固:《汉书》卷八四《翟方进传》,颜师古注,北京:中华书局,1962年版,第3416页。

④ 《汉书》卷一五上《王子侯表上》,颜师古注,第440页。

⑤ [南朝·宋]范晔:《后汉书》卷五七《刘陶传》,北京:中华书局,1965年版,第1850页。

赇罪者较多。如永建元年(126 年),“时中常侍张防特用权势,每请托受取”①。另如《后汉书》卷七八《孙程传》载顺帝时期,“(中黄门)黄龙、杨佗、孟叔、李建、张贤、史汎、王道、李元、李刚九人与阿母山阳君宋娥更相货赂,求高官增邑”(第 2518 页)。桓帝时期,宦官的受赇罪相当猖獗。例如,“桓帝初(侯览)为中常侍,以佞猾进,倚势贪放,受纳货遗以巨万计”②。另如《后汉书》卷七八《曹腾传》载:“(桓帝)时蜀郡太守因计吏赂遗于(中常侍曹)腾,益州刺史种皓于斜谷关搜得其书”(第 2519 页)。再如延熹八年(165 年),“(富贾张汎)颇以赂遗中官,以此并得显位”③。灵帝时期,宦官犯受赇罪规模较大。如《后汉书》卷七八《张让传》载建宁三年(170 年),“(孟)佗分(珍玩)以遗(中常侍张)让,让大喜”(第 2534 页)。另如《后汉书》卷五六《陈球传》载光和二年(179 年)十月,司徒刘郃、永乐少府陈球、卫尉阳球与步兵校尉刘纳谋诛宦官,“(中常侍曹)节等颇得闻知,乃重赂于(中常侍程)璜”(第 1834 页)。再如中平四年(187 年)十一月,“(大司农曹嵩)货赂中官及输西园钱一亿万,故位至太尉”④。《后汉书》卷六六《王允传》亦载灵帝时期,“(王宏)为弘农太守,考案郡中有事宦官买爵位者”(第 2177 页)。

主守盗罪指当事人利用职务之便贪污国家财产的犯罪行为,“法有主守盗,断官钱自入已也”⑤。东汉宦官犯主守盗罪可考者仅见于和帝时期,《后汉书》卷五五《清河孝王庆传》载:“(清河孝王庆)中傅卫䜣私为臧盗千余万,诏使案理之”(第 1802 页)。

恐猲取财罪即当事人以威胁手段勒索他人财产的一种犯罪,《汉书》一五上《王子侯表上》颜师古注载:“猲,以武力胁人也”(第 440 页)。东汉后期,宦官的恐猲取财罪规模较大。如桓帝延熹五年(162 年)十一月,“中常侍徐璜、左悺欲从(议郎皇甫规)求货,数遣宾客就问功状”⑥。另如《后汉书》卷六四《史弼传》载延熹七年(164 年),“中常侍侯览果遣诸生赍书请之(河东太守史弼),并求假盐税”(第 2111 页)。再如《后汉书》卷七一《皇甫嵩传》载灵帝中平元年(184 年)六月,“中常侍张让私求钱五千万,(左中郎将皇甫)嵩不与”(第 2304～2305 页)。又如中平二年(185 年),“发太原、河东、狄道诸郡材木及文

① 《后汉书》卷五八《虞诩传》,第 1870 页。
② 《后汉书》卷七八《侯览传》,第 2522 页。
③ 《后汉书》卷六七《岑晊传》,第 2212 页。
④ 《后汉书》卷七八《曹腾传》,第 2519 页。
⑤ 《汉书》卷八三《薛宣传》颜师古注,第 3388 页。
⑥ 《后汉书》卷六五《皇甫规传》,第 2135 页。

石，每州郡部送至京师，黄门常侍辄令谴呵不中者，因强折贱买，十分雇一，因复货之于宦官，复不为即受，材木遂至腐积，宫室连年不成”①。《后汉书》卷一下《孝仁董皇后纪》亦载中平六年（189年）五月，“（大将军何）进与三公及弟车骑将军苗等奏：‘孝仁皇后使故中常侍夏恽、永乐太仆封谞等交通州郡，辜较在所珍宝货赂，悉入西省……’”（第447页）。

擅兴徭役罪指官吏擅自征发徭役的一种犯罪。东汉宦官犯擅兴徭役罪者见于安帝延光三年（124年）三月，“（中常侍樊）丰、（侍中谢）恽等见（太尉杨）震连切谏不从，无所顾忌，遂诈作诏书，调发司农钱谷、大匠见徒材木，各起家舍、园池、庐观，役费无数”②。

豪夺田宅罪即当事人凭借权势掠夺田地住宅的一种犯罪。东汉后期，宦官的豪夺田宅罪比较猖獗。如《后汉书》卷七八《侯览传》载桓帝延熹年间，“小黄门段珪家在济阴，与（中常侍侯）览并立田业，近济北界”（第2522页）。另如延熹八年（165年），“时中常侍苏康、管霸用事于内，遂固天下良田美业”③。《后汉书》卷七八《侯览传》亦载：“（灵帝）建宁二年，（中常侍侯览）丧母还家，大起茔冢，督邮张俭因举奏览贪侈奢纵，前后请夺人宅三百八十一所，田百一十八顷。”（第2523页）又如灵帝时期董卓上表曰：“京畿诸郡数百万膏腴美田皆属（中常侍张）让等，致使怨气上蒸，妖贼蜂起。”④

二、东汉宦官臧罪的危害及特征

本部分拟在上文探讨东汉宦官臧罪的类型与案例的基础上，总结其危害并分析其特征。

（一）东汉宦官臧罪的危害

东汉宦官通过猖獗的臧罪聚敛了巨额财富，具有严重的社会危害性。东汉宦官臧罪不仅阻碍了司法机关的公正执法并严重扰乱了法制秩序，而且加深了吏治腐败并摧残了社会经济，成为困扰政府的一大问题。

首先，东汉宦官臧罪严重阻碍了司法机关的公正执法，从而扰乱了法制秩序。其一，一些犯臧罪的宦官因东汉皇帝庇护而免于刑罚。如《后汉书》卷七八《曹腾传》载：“（桓帝）时蜀郡太守因计吏赂遗于（中常侍曹）腾，益州刺史种

① 《后汉书》卷七八《张让传》，第2535页。

② 《后汉书》卷五四《杨震传》，第1764页。

③ 《后汉书》卷六七《刘祐传》，第2199页。

④ ［晋］陈寿：《三国志》卷六《魏书·董卓传》裴松之注引《典略》载董卓上表，北京：中华书局，1982年版，第173页。

皓于斜谷关搜得其书，上奏太守，并以劾腾，请下廷尉案罪。帝曰：'书自外来，非腾之过。'遂寝皓奏。"（第 2519 页）其二，一些罪犯因行贿东汉宦官而减免刑罚，并报复相关官员。如桓帝延熹七年（164 年），"（前孝廉魏）劭与同郡人卖郡邸，行赂于（中常侍）侯览，（河东太守史弼）得减死罪一等"①。《后汉书》卷六七《李膺传》亦载桓帝延熹八年（165 年），"时宛陵大姓羊元群罢北海郡，臧罪狼籍，郡舍溷轩有奇巧，乃载之以归。（河南尹李）膺表欲按其罪，元群行赂宦竖，膺反坐输作左校"（第 2192 页）。

其次，东汉宦官臧罪加深了吏治腐败并激化了日益严重的政治危机，从而加速了东汉政权衰亡的历史进程。如桓帝延熹八年（165 年），"时宛陵大姓羊元群罢北海郡，臧罪狼籍，郡舍溷轩有奇巧，乃载之以归。（河南尹李）膺表欲按其罪，元群行赂宦竖，膺反坐输作左校"②。另如《后汉书》卷七八《张让传》载灵帝建宁三年（170 年），"（孟）佗分（珍玩）以遗（中常侍张）让，遂以佗为凉州刺史"（第 2534 页）。再如"光和五年，诏公卿以谣言举刺史、二千石为民蠹害者。时太尉许馘、司空张济承望内官，受取货赂，其宦者子弟宾客，虽贪污秽浊，皆不敢问，而虚纠边远小郡清修有惠化者二十六人"③。又如灵帝中平二年（185 年），"发太原、河东、狄道诸郡材木及文石，每州郡部送至京师，黄门常侍辄令谴呵不中者，因强折贱买，十分雇一，因复货之于宦官，复不为即受，材木遂至腐积，宫室连年不成"④。

再次，东汉宦官臧罪不仅加剧了土地兼并，摧残了社会经济，而且导致民生凋敝，进而激化了日趋严重的阶级矛盾和社会危机。如《后汉书》卷五四《杨震传》载安帝延光三年（124 年）三月，"（中常侍樊）丰、（侍中谢）恽等见（太尉杨）震连切谏不从，无所顾忌，遂诈作诏书，调发司农钱谷、大匠见徒材木，各起家舍、园池、庐观，役费无数"（第 1764 页）。另如桓帝延熹八年（165 年），"时中常侍苏康、管霸用事于内，遂固天下良田美业，山林湖泽，州郡累气"⑤。再如《三国志》卷六《魏书·董卓传》裴松之注引《典略》载董卓表曰灵帝时期，"京畿诸郡数百万膏腴美田皆属（中常侍）让等，致使怨气上蒸，妖贼蜂起"（第 173 页）。又如中平二年（185 年），"发太原、河东、狄道诸郡材木及文石，每州郡部送至京师，黄门常侍辄令谴呵不中者，因强折贱买，十分雇一，因复货之于宦

① 《后汉书》卷六四《史弼传》，第 2111 页。

② 《后汉书》卷六七《李膺传》，第 2192 页。

③ 《后汉书》卷五七《刘陶传》，第 1850 页。

④ 《后汉书》卷七八《张让传》，第 2535 页。

⑤ 《后汉书》卷六七《刘祐传》，第 2199 页。

官,复不为即受,材木遂至腐积,宫室连年不成”[1]。

(二) 东汉宦官臧罪的特征

伴随政局演变和宦官政治身份、社会等级地位的变迁,东汉宦官臧罪呈现阶段性、身份化、形式多样性、规模扩大化、鲜明时代性和刑罚实施复杂化的特征。

其一,东汉宦官臧罪具有规模扩大化的趋势,表现在以下三个方面。首先,东汉宦官臧罪的类型与案例增加。东汉中期的宦官臧罪可考者仅见受赇罪、主守盗罪及擅兴徭役罪三种形式,臧罪案例较少;而东汉后期的宦官臧罪涉及辜罪、行赇罪、受赇罪、恐猲取财罪和豪夺田宅罪五种类型,臧罪规模亦较大。其次,东汉宦官臧罪规模较大。如顺帝时期,“(中黄门)黄龙、杨佗、孟叔、李建、张贤、史汎、王道、李元、李刚九人与阿母山阳君宋娥更相货赂,求高官增邑”[2]。另如《后汉书》卷七八《张让传》载灵帝中平二年(185 年),“发太原、河东、狄道诸郡材木及文石,每州郡部送至京师,黄门常侍辄令谴呵不中者,因强折贱买,十分雇一,因复货之于宦官,复不为即受,材木遂至腐积,宫室连年不成”(第 2535 页)。再次,东汉宦官犯臧罪的时期较长,从和帝时期一直持续到灵帝时期。如灵帝中平六年(189 年)八月辛未,“(司隶校尉袁)绍既斩宦者所署司隶校尉许相,遂勒兵捕诸阉人,无少长皆杀之。或有无须而误死者,至自发露形体而后得免。宦者或有行善自守而犹见及。其滥如此。死者二千余人。急追(中常侍段)珪等,珪等悉赴河死”[3]。至此,东汉宦官集团至此彻底灭亡,宦官臧罪问题才得以根本解决。

其二,东汉宦官臧罪呈现刑罚差异化的特征,表现在类型多样化与实施复杂化两个方面。一方面,东汉宦官臧罪的刑罚具有形式多元化的特征。东汉宦官犯臧罪者,政府往往依据罪行轻重实施相应刑罚。如《汉书》卷六六《陈咸传》如淳注曰:“律,主守而盗直十金,弃市。”(第 2902 页)另如“依当时律条,臧直十金,则至重罪。”[4]东汉宦官犯臧罪者,政府或施以财产刑。如《后汉书》卷六七《刘祐传》载桓帝延熹八年(165 年),“时中常侍苏康、管霸用事于内,遂固天下良田美业,山林湖泽,民庶穷困,州郡累气。(大司农刘)祐移书所在,依科品没入之”(第 2199 页)。另如灵帝建宁二年(169 年),“督邮张俭因举奏(中

① 《后汉书》卷七八《张让传》,第 2535 页。

② 《后汉书》卷七八《孙程传》,第 2518 页。

③ 《三国志》卷六《魏书·袁绍传》,第 189 页。

④ 《汉书》卷八三《薛宣传》颜师古注,第 3388 页。

常侍侯)览贪侈奢纵,前后请夺人宅三百八十一所,田百一十八顷。……而览伺候遮截,章竟不上。俭遂破览冢宅,籍没资财,具言罪状”①。东汉宦官犯臧罪者,政府或以迁徙刑与贬夺官爵并用。如《后汉书》卷七八《孙程传》载:“(中黄门)黄龙、杨佗、孟叔、李建、张贤、史汎、王道、李元、李刚九人与阿母山阳君宋娥更相货赂,求高官增邑,又诬罔中常侍曹腾、孟贲等。(顺帝)永和二年,发觉,并遣就国,减租四分之一。”(第2518页)东汉宦官犯严重臧罪者,政府或处以死刑。如灵帝光和二年(179年),“黄门令王甫使门生于郡界辜榷官财物七千余万,(京兆尹杨)彪发其奸,言之司隶。司隶校尉阳球因此奏诛甫”②。另一方面,东汉宦官臧罪的刑罚呈现实施复杂化的特征。汉代平民犯罪后,司法机关一般可以直接依法逮捕和审判。有罪先请指一定范围内的官僚、贵族及其子孙犯罪后,普通司法机关不得擅自逮捕与审判,而必须奏请皇帝裁决,一般可以减免刑罚。例如“(光武帝建武三年七月)庚辰,诏曰:‘吏不满六百石,下至墨绶长、相,有罪先请。’”③东汉宦官享有有罪先请的特权,不仅体现了皇帝对司法权控制的加强,而且表明了政府对特权阶层的法律优待。东汉皇帝对宦官臧罪的刑罚执行状况拥有最终裁决权,因此东汉中后期经常发生有罪不惩与刑罚滞后的现象。东汉宦官犯臧罪者,或因有罪先请接受东汉皇帝庇护而免于刑罚。如《后汉书》卷七八《曹腾传》载:“(桓帝)时蜀郡太守因计吏赂遗于(中常侍曹)腾,益州刺史种皓于斜谷关搜得其书,上奏太守,并以劾腾,请下廷尉案罪。帝曰:‘书自外来,非腾之过。’遂寝皓奏。”(第2519页)东汉宦官享有有罪先请的特权,从而在一定程度上减弱了刑罚的威慑力并助长了宦官臧罪的盛行之风。

东汉部分宦官犯臧罪后,其刑罚执行比较滞后。例如“(中黄门)黄龙、杨佗、孟叔、李建、张贤、史汎、王道、李元、李刚九人与阿母山阳君宋娥更相货赂,求高官增邑,又诬罔中常侍曹腾、孟贲等。(顺帝)永和二年,发觉,并遣就国,减租四分之一。”④

东汉宦官臧罪的刑罚成为政府对宦官群体实施政治控制和身份管理的一项重要措施,具有维持法律秩序、维护社会等级秩序、调整政治等级结构、巩固政权统治基础、加速社会阶层之间流动和加强中央集权的社会功能。东汉政

① 《后汉书》卷七八《侯览传》,第2523页。

② 《后汉书》卷五四《杨彪传》,第1786页。

③ 《后汉书》卷一上《光武帝纪上》,第35页。

④ 《后汉书》卷七八《孙程传》,第2518页。

府虽以严酷刑罚惩治宦官臧罪取得了一定效果，但并未有效遏制宦官臧罪。由于法律严酷、皇权干预、权臣干涉、频繁而残酷的权力斗争，东汉宦官臧罪的刑罚也存在惩治不公、惩治滞后等弊端，从而削弱了政府对宦官集团的政治支配性和身份控制力。

三、结语

臧罪即当事人通过不正当手段获取财物的一类犯罪，是东汉宦官犯罪的一项重要内容。东汉宦官臧罪类型规模较大，大致包括辜罪、行赇罪、受赇罪、主守盗罪、恐猲取财罪、擅兴徭役罪与豪夺田宅罪七种形式。东汉宦官臧罪成为困扰政府的一大社会问题，不仅扰乱了法制秩序，而且加深了吏治腐败并摧残了社会经济。

对于东汉宦官犯臧罪者，司法机关往往依据其罪行轻重实施相应刑罚，但皇帝对宦官臧罪刑罚状况的执行拥有最终裁决权。东汉宦官臧罪的刑罚成为政府对宦官群体实施政治控制和身份管理的一项重要措施，具有维持法律秩序、维护社会等级秩序、调整政治等级结构、巩固政权统治基础、加速社会阶层之间流动和加强中央集权的社会功能。东汉宦官享有有罪先请的特权，从而在一定程度上减弱了刑罚的威慑力并助长了宦官臧罪的盛行之风。东汉政府虽以严酷刑罚惩治宦官臧罪取得了一定效果，但并未有效遏制宦官臧罪。由于法律严酷、皇权干预、权臣干涉、频繁而残酷的权力斗争，东汉宦官臧罪的刑罚也存在惩治不公、惩治滞后等弊端，从而削弱了政府对宦官集团的政治支配性和身份控制力。

伴随政局演变和宦官政治身份、社会等级地位的变迁，东汉宦官臧罪呈现阶段性、身份化、形式多样性、规模扩大化、鲜明时代性和刑罚实施复杂化的特征。东汉宦官臧罪对法律秩序与政局演变均产生了深远影响，既反映了统治集团内部的政治矛盾和权力斗争趋于激化，又体现了阶级矛盾与社会危机日益严重。

附表　　东汉宦官臧罪情况表

姓名与官职	时期	类型	刑罚	史料出处
清河孝王庆中傅卫䜣	和帝时期	主守盗罪	没入财产	《后汉书》卷五五《清河孝王庆传》，第1802页。
中常侍樊丰	安帝延光三年(124年)三月	擅兴徭役罪		《后汉书》卷五四《杨震传》，第1764页。

续附表

姓名与官职	时期	类型	刑罚	史料出处
中常侍张防	顺帝永建元年（126年）	受赇罪	徙边	《后汉书》卷五八《虞诩传》，第1870～1871页。
中常侍高梵	顺帝时期	臧罪	减死一等	《后汉书》卷七八《孙程传》，第2518页。
中黄门黄龙、杨佗、孟叔、李建、史汎、李刚、王道、李元	顺帝时期	受赇罪	顺帝永和二年（136年），遣就国并减租。	《后汉书》卷七八《孙程传》，第2518页。
中常侍侯览	桓帝初期	受赇罪		《后汉书》卷七八《侯览传》，第2522页。
	延熹七年（164年）	恐猲取财罪与受赇罪		《后汉书》卷六四《史弼传》，第2111页。
	延熹八年（165年）	受赇罪	削国	《后汉纪》卷二二《桓帝纪下》，第423页。
	灵帝建宁二年（169年）	豪夺田宅罪	没入财产	《后汉书》卷七八《侯览传》，第2523～2524页。
中常侍曹腾	桓帝时期	受赇罪		《后汉书》卷七八《曹腾传》，第2519页。
	延熹二年（159年）	受赇罪		《后汉书》卷六七《李膺传》，第2192页
小黄门段珪	延熹年间	豪夺田宅罪		《后汉书》卷七八《侯览传》，第2522页。
中常侍左悺、徐璜	延熹五年（162年）十一月	恐猲取财罪		《后汉书》卷六五《皇甫规传》，第2135页。
中常侍苏康、管霸	延熹八年（165年）	豪夺田宅罪	没入财产	《后汉书》卷六七《刘祐传》，第2199页。
	延熹八年	受赇罪		《后汉书》卷六七《岑晊传》，第2212页。
	延熹八年	受赇罪		《后汉书》卷六七《李膺传》，第2192页
中常侍具瑗	延熹八年	受赇罪	削国	《后汉纪》卷二二《桓帝纪下》，第423页。

续附表

姓名与官职	时期	类型	刑罚	史料出处
中常侍张让	灵帝建宁三年（170年）	受赇罪		《后汉书》卷七八《张让传》，第2534页。
	中平元年（184年）六月	恐猲取财罪		《后汉书》卷七一《皇甫嵩传》，第2304-2305页。
	灵帝时期	豪夺田宅罪		《三国志》卷六《魏书·董卓传》裴松之注引《典略》载董卓表，第173页。
中常侍夏恽、永乐太仆封谞	灵帝时期	恐猲取财罪		《后汉书》卷一　下《孝仁董皇后纪》，第447页。
佚名宦官	灵帝时期	行赇罪		《后汉书》卷六九《何进传》，第2249页。
佚名宦官	灵帝时期	受赇罪		《后汉书》卷六六《王允传》，第2177页。
黄门令王甫	光和二年（179年）	辜罪	死刑	《后汉书》卷五四《杨彪传》，第1786页。
中常侍曹节	光和二年十月	行赇罪		《后汉书》卷五六《陈球传》，第1834页。
中常侍程璜	光和二年十月	受赇罪		《后汉书》卷五六《陈球传》，第1834页。
佚名宦官	光和五年（182年）	行赇罪		《后汉书》卷五七《刘陶传》，第1850页。
佚名宦官	中平二年（185年）	恐猲取财罪		《后汉书》卷七八《张让传》，第2535页。
佚名宦官	中平四年（187年）十一月	受赇罪		《后汉书》卷七八《曹腾传》，第2519页。

大道通治

——《淮南子》“道治”思想的形成及汉代黄老精神

高　旭[1]　著

（安徽理工大学　楚淮文化研究中心）

秦汉时代是中国古代史上极为关键的重大转型时期，前所未有的中央集权的“大一统”王朝政治的出现和发展，使这一时代的政治家、思想家都面临着巨大的历史挑战——如何治理规模空前的新政治共同体，选择何种理念及方式能促使其构建起坚实稳定的政治社会秩序，进而得以良性发展，实现长治久安，也就成为他们必须积极回应与有效解答的首要的时代课题。

对此，经历秦王朝“二世而斩”的动荡剧变之后，汉代思想家从西汉政权建立伊始，就迅速展开深刻全面的历史反思，试图从“秦何以亡，汉何以兴”的理论追问和求解中，探寻到王朝新的大一统的发展之“道”，从根本上推动其克服秦政弊端，走向体现民本政治内涵的理想的“治政”与“治世”。受此影响，西汉前期出现了秦汉时代最为璀璨的思想星空，其间不仅闪耀着陆贾、贾谊、晁错、司马迁、董仲舒等思想巨星，而且还产生出以淮南王刘安为领袖的“淮南学派”的思想星座。正是这些思想家的出现，赋予先秦古典政治思想以时代性的新诠释，激发了汉代思想发展的理论引擎，使王朝统治阶层的治国实践始终拥有来自思想界的有力支持，能够在“治思”与“治政”的密切互动中，深入展开其对大一统政治发展道路的历史探索。

作为西汉前期地域特色鲜明，影响巨大的学术群体，以淮南王刘安为领袖，源自王朝各地的淮南宾客为基本构成的“淮南学派”，通过集体撰著《淮南

---

① 作者简介：高旭（1979—），男，陕西延安人，南开大学历史学博士，安徽理工大学楚淮文化研究中心副教授，《淮南子》与道家道教研究所所长，安徽省《淮南子》研究会副会长，主要从事《淮南子》与中国道学、中国政治思想与文化研究。

基金项目：2016年度安徽省哲学社会科学规划项目“《淮南子》中儒家政治哲学及其儒学史意义研究”（AHSKY2016D122）；2015年度安徽省高校人文社科研究重点项目“《淮南子》与汉代黄老思想之嬗变研究”（SK2015A326）；2017—2018年度安徽理工大学社会科学界联合会重点研究课题“究竟为何家：《淮南子》学派属性再研究”。

子》一书，对王朝大一统政治发展提出自身独到系统的理论认识。与同时代的思想论著相比，《淮南子》具有显著的理论优势：一方面，由于刘安的特殊身份及地位，《淮南子》的“王者思维”十分突出，能在最大程度上切中西汉统治阶层的政治心理与治国需求，深入把握与阐释王朝大一统政治发展的核心议题；另一方面，《淮南子》也突出群体化的思维特点，能充分反映出西汉中下层士人的普遍的社会政治意识。由此而言，《淮南子》的历史价值，非同一般，是汉代思想史上少有的能同时反映统治阶层与社会民众的政治意识的重要论著。更遑论《淮南子》还在深入承绪先秦道家思想，以及会通融合百家学说的基础上，对西汉前期半个多世纪的黄老治国经验进行历史性的理论总结，进而提出和阐发其黄老新“道治”的思想学说，为西汉统治阶层贡献出一种颇具时代新意的内圣外王之道。历史的看，《淮南子》这种对西汉大一统政治发展理念的道家化构建与阐思，其能够得以取得重要的理论成果，并非偶然，而是有着深刻复杂的现实原因。具体而言，主要表现在八个方面：

第一，西汉大一统政治是《淮南子》黄老新“道治”思想得以形成的历史前提。刘安及淮南学派在《淮南子》中试图为西汉统治阶层探寻和设计一种理想的“经国之道”，其著述的根本立场始终明确定位在为“刘氏”立言，兴汉政之治，因此自称《淮南子》为“刘氏之书”。对刘安及淮南学派来说，代秦而立的汉王朝，基本的政治现实也是“天下混而为一”的“大一统”格局。如何为“刘氏”天下找到一条理想的发展道路，便成为其政治思考的核心要义，也是其强调“务于治”的理论宗旨所在。基于此，刘安作为淮南学派的精神领袖，最终选择其认为最能包容诸子、兼用百家的“黄老道学”为理论的根柢和主干，并以此为学派集体性论思王朝大一统政治发展的根本视阈，进而在理论上构建与阐发其汉代道家的思想体系与治国学说。这种“刘氏”本位的大一统政治意识和立场，在一定程度上，促使刘安及淮南学派突破了地方性诸侯王国的现实局限，成为西汉前期少有的极具“天下”视野与胸怀的思想群体。由此而言，刘安不可不谓是西汉统治阶层中的“有识之王”，绝非正史中所构织的“反王”形象所能遮蔽其历史价值及意义者。与此相同，以刘安为精神领袖的“淮南学派”，实际上也是汉代思想史上不应被忽视的“失落者”和“边缘者”。

第二，淮南学派的产生是《淮南子》黄老新“道治”思想得以形成的学术基础。刘安身为西汉前期著名的地方诸侯王，在位期间以礼贤下士著称，面向天下，广为招揽英才隽士，形成其时规模最为庞大的宾客群体之一。在此基础上，以刘安为首的“淮南学派”应运而生，成为西汉前期以“道家”学说为主要标榜的学术群体。这一学派具有三大特点：一是学术性与政治性兼具。淮南学派的产生与发展,始终依托西汉前期的著名诸侯王国——淮南国,而且其领袖人物即是学术文化素养极高的淮南王刘安,故此淮南学派表现出学术性与政治的双重发展需求,其为王者服务或效命的特点十分突出。二是全国性与地域性兼具。淮南学派的构成来源主要有两部分,一为淮南国范围内的士人,二为来自全国各地的士人,其中尤以后者为主,并且极为多元化。不仅有齐鲁之地的儒、墨之士,也有来自王朝各地的各类方士人等。但这些多元学术背景的士人,最终都集结在"淮南学派"的旗帜下,成为刘安所供养的门下宾客,体现出淮南国的士人身份与特点。三是道学化与杂学化兼具。由于来源的多样化,造成淮南学派尽管因刘安的学术爱好、政治倾向及旨趣影响,表现出强烈的道家化特征,但也同时具有学术思想的多元化构成内涵,儒、法、阴阳、墨、兵、农、名、纵横等百家因素无不具备和反映,甚而显得有些杂学化。以上三种特点,在淮南学派身上的反映,都极为显著,而且非其他汉代学术群体可比。淮南学派的出现,让刘安对西汉大一统政治的理论思考,不再受限于个体思维,而是在群体思维的基础上,能够得到最大程度的延伸拓展,形成集体性的政治智慧和理论学说。这也是《淮南子》政治思想具有超越汉代诸子的理论容量的根本原因。也正受此影响,刘安才能从黄老"道治"的广阔视野出发,破除门户之见、学派之限,以开放包容、务实求用的精神,去思考和探寻西汉大一统政治的理想发展之道。

第三,道化改造,兼用百家是《淮南子》黄老新"道治"思想得以形成的思维方式。《淮南子》与先秦道家最为明显的理论不同,就在于其"合百家为一体"的理论思维。一方面,《淮南子》在思想上始终突显出以"道"为体的根本立场,内在认同和坚持"大道"哲学的核心理念;另一方面,《淮南子》对先秦百家学说不仅采取开放性的接受态度,而且更进一步对后者展开"道家化"的思想改造,试图将其涵融进自身黄老"道治"的理论体系中。经此,儒、法、阴阳、墨、兵、农、名、纵横等百家学说,都在不同程度上成为与道家思想相"嫁接"的对象,表现出改变自身、适应后者的理论倾向。当然,由于《淮南子》毕竟是成于众手的思想论著,尤其是其中有着道、儒两大群体构成因素的冲突和制衡,所以对道家化的理论改造,淮南宾客中的儒者们并不完全认同和接受,而是时常表现出形式退让,实质固守儒说的立场态度。这也让《淮南子》在思想上难免产生不少龃龉矛盾的地方。但从理论的整体来看,显而易见的是,儒家因素更多的时候,还是表现出被道家化改造的一面,成为《淮南子》黄老"道治"思想的辅助构成和重要补充。淮南王刘安实际上也清楚地认识到百家之间并无法全然无异地被整合和融铸,所以在《淮南子》中,刘安更为强调的是以开放包容的"大道"

理念及精神，对先秦百家学说进行“斟酌万殊，旁薄众宜”的理论会通与兼综，求得其与道家治国学说在最大程度上的优势互补，而非蛮横地进行裁剪去取，统一思想，以道家来简单取消和否定百家学说的独特价值及意义。这种开放性的理论态度，也让《淮南子》成为汉代思想史上最能发现先秦百家学说之间相通性、互补性的著作。特别是其对道、儒、法、阴阳四家的理论统摄与融合，为西汉统治阶层真正构建起一个贯通本体论、宇宙论、治国论、处世论、养生论、仙道论的思想体系。不仅使后者获得内外兼具的秩序理念的深厚支撑，而且让其能够拥有与大一统王朝政治发展相契合的理论视野与通变思维。

第四，承旧开新的大道哲学是《淮南子》黄老新“道治”思想得以形成的理论根基与核心。《淮南子》对西汉大一统政治的理论思考，是以其深刻独到的“大道”哲学为核心与枢轴的，这既是《淮南子》阐论黄老治国学说的基本视阈与思维方式，也是坚持和体现其道家主体地位的理论根基。从老子以来，道家就已提出和阐发“大道”为本的哲学观念及治国思想。但在老子那里，“大道”仍然主要体现为形而上的本体论玄思，其虽有落实于人间政治的表现，却并不充分具体。庄子由于自身“游世”的立身取向与精神意趣，对老子思想中将“大道”哲学贯彻于治国理念的一面，没有展开更为深细的阐发。相反，庄子以“齐物”的思想，从生命哲学的视角，对老子的“大道”观念作出“道通为一”的新阐释，试图打通个体生命与宇宙万物，乃至道论本体的界限与距离，实现合而为一的“大化”境界。稷下道家及黄老帛书，对老子“道论”都有不同程度的继承和发挥，但也都缺少显著的“大道”哲学意识与思维，而是更多了一些实际的功利性的认识和论述。与前者不同，《淮南子》对老子“大道”哲学有着历史性的深化发展，充分表现出“承旧开新”的理论特点。究其根由，是因为《淮南子》产生于先秦道家所不具有的“大一统”的政治环境中，所以其理论思维展开的历史前提已非后者可比。这让《淮南子》对老子所提出的“大道”哲学产生新的理论认识的强烈诉求，力图立足于大一统的宇宙论和“天下观”来重新诠解，更进而将老子主张的“无为而治”理念，根本上转变为与西汉大一统政治发展相适应与匹配的治国学说。由此，《淮南子》所系统阐发的黄老“道治”思想，其为“新”的关键就在于对老子“大道”哲学创造性继承与发展，使其跳出小国寡民的旧有视界，以及消极“无为”的政治局限，而成为真正能够“牢笼”刘氏天下，务于善“治”的治国新思维与新理念。

第五，积极的“无为”观是《淮南子》黄老新“道治”思想得以形成的思想动因与依据。刘安及淮南学派在治国上仍然坚持总体性的“无为而治”的原则理念，但其所言“无为”，不论是作为“治道”来体现，抑或是作为君人南面的“治术”来反映，都已具有极强的“经世”内涵及事功性。与其说是“自然少为”，毋宁说是“因循自然而善为”，使其从一种消极性的自然“无为”，内在变化为积极性的“通而无为”，成为西汉统治阶层能够在实践中具体施用的治国理念。也因此，老子的“道治”思想被《淮南子》充分体现在养生、处世、经国及修道信仰的各个方面，成为切实可被认识、把握与实践的理论学说。“道”何以为“治”，如果说在先秦道家那里还时常处于抽象的哲学玄思中，那么在《淮南子》中则与纷繁复杂的人间之“事”、帝王之“事”极为紧密地结合起来，成为政治主体面向治国现实的指导思想。在某种程度上，可以发现，《淮南子》实际上更为关注的已不是“道”本身，而是“道”与“事”的实践结合。或者说，是“道”如何在“人”的主体认知和把握中，得到后者的理性运用与落实，成为一种善于为“治”的表现形式。在此作用下，“无为而治”在《淮南子》中也不再是被动的顺应自然，而是能够与“人”的行为有着内在的衔接性、融洽性，成为其改造和利用自然或客观政治条件的主动行为。这时的“无为”，实际上“无”的是人对政治发展的盲目性，而更有“为”的是人对于政治发展规律的理性认识和运用。因此，《淮南子》的黄老新“道治”思想，是对先秦道家“无为而治”观念的重大发展，这也让《淮南子》所代表的汉代道家始终展现出积极经世，欲有所为的理论倾向。

第六，“心身国同治”的内圣外王之道是《淮南子》黄老新“道治”思想得以形成的理论主体与精义。对《淮南子》而言，其“道治”思想的理论主体内涵最终需要具体落实和体现在“治国”与“治身”两方面，这也是其对先秦道家“内圣外王”学说的历史继承和进一步发展。因此，《淮南子》以“治道”与“治术”为思考中心，对西汉统治阶层进行治国理念及模式的理想设计，试图促使后者继续坚持和推行汉初以来的黄老“无为”政治，并在“因循”用“权”的政治实践中，构建起君、臣、民三者之间良性的政治主体关系，实现王朝大一统政治发展的内在和谐，稳定有序。《淮南子》对“治国之道”的思想阐论，也隐含其对西汉前期中央皇权与地方王权的关系认识，在一定程度上，深刻反映出《淮南子》渴求确保王国自治权利与发展空间的内在意愿，以及希冀西汉统治者实行较为开明宽松的大一统政治的现实期待。与“治国”的“外王”之道相一致，《淮南子》也提出和阐发其“治心”为要，“治身”为先的“内圣”思想。在其看来，在专制君主政治的发展条件下，“治身”即是“治国”。统治者的政治主体修养不论是在“治道”意义上，还是在“治术”意义上，都事关王朝大一统政治的兴衰发展，决定着广大民众的生死存亡。因此，《淮南子》以道家“养生论”为主，以儒家“道德论”为辅，对西汉统治阶层提出“心”“身”相治的内圣主张。而且，由于刘安及淮南学派具有浓厚的神仙思想及“修道”习尚，因此《淮南子》的内圣理念中注入了大量先秦道家所缺少的生理学、医学以及特定修炼功法的思想内涵，特别是其对"形""气""心""神""志"等养生要素的理论阐发，更是对中国古代道家养生思想与生命哲学的极大发展，具有重要的历史价值。还要指出的是，《淮南子》在其"内圣外王之道"中，不但着重体现出世俗的政治信仰及追求，并且还在"心身国同治"思想突显出"仙道化"的生命信仰及理想，甚至于变"圣王"理想为"真人"理想，赋予汉代帝王观以超越性的宗教意涵。由此，《淮南子》为西汉统治阶层贡献出一种既承绪自先秦道家，但又在全面综合老、庄、黄（老）的基础上，有所重铸和再创造的内圣外王之道。《淮南子》这种兼具"经世"与"出世"双重诉求的思想学说，使其实际上成为有别于先秦老、庄、黄（老）的道家新形态——淮南黄老道家，充分显露出鲜明的汉代道家的理论特点及时代精神。

第七，道义为先，民本为重是《淮南子》黄老新"道治"思想得以形成的政治价值与理想。《淮南子》对西汉大一统政治的理论思考，并不是单纯意义上的学术探讨，而是始终体现出深刻的历史思维与严肃的批判态度。在其眼中，西汉大一统政治的理想发展之"道"，需要深入反思先秦以来国家政治的兴衰得失，尤其要总结以"周政"与"秦政"为代表的正、反两方面的典型经验。因为正是从此二者身上，刘安及淮南学派深刻认识到，西汉王朝"存亡治乱"的关键，根本上就在于其是否具有深厚的道义性、民本性的政治内涵，能否合理解决好大一统政治发展中君、臣、民等政治主体之间的复杂关系，并由此构建起现实的政治良序，促使王朝实现稳定发展。出于这种认识，《淮南子》在治国上始终突出强烈的"义政"理念，甚至提出"以法禁君"的权力制约观念，以及对民众反抗暴政的生存权利进行积极肯定，试图以此平衡"君本"与"民本"的政治关系，推动西汉统治阶层形成民本主义的政治理性，避免重蹈亡秦之失，走上"与民为仇"的覆灭之路。《淮南子》这种道义为先，民本为重的治国理念，是其对先秦古典"公天下"思想在西汉大一统政治条件下的历史回应，反映出淮南宾客们所代表的社会中下层士人的政治意识与理想。正是受此影响，不仅使《淮南子》在"义政"的共识基础上，能够以道为主，将百家学说尽可能地紧密结合起来，为西汉统治阶层探寻最为合理的治国方式，而且也让《淮南子》根本上不认同秦政式的大一统政治，而是内在反对和拒斥极端独裁强势的皇权政治，追求实现有利于民众生存与诸侯王国宽松自治的大一统的政治理想。

第八，与世推移，务实通变是《淮南子》黄老新"道治"思想得以形成的政治理性与时代精神。《淮南子》在治国上对黄老"道治"思想的阐发，并没有固守先秦道家的理论藩篱，非道家学说而不用。相反，在其看来，只有基于"务于治"的现实要求，以通变求宜的态度来对待和整合百家学说，才能让先秦道家的政治学说在西汉大一统政治的条件下，重新获得新的思想活力，成为统治者在治国理政中必须重视和利用的理论资源。故此，《淮南子》所主张的“治国之道”是与世推移的通变之道，因“宜”之道，能够反映出西汉前期统治阶层开拓进取、积极求治的精神风貌。这也是《淮南子》在治国理念上极具开放性、包容性的重要原因。正是受此精神影响，《淮南子》在政治上最为关切的始终是西汉大一统政治“所以”为治的规律性探索，而不是拘泥于表面纷繁复杂的理论形式。在《淮南子》看来，无论何种思想学说、治国经验，只要有利于西汉统治阶层的治政实践，就具有对其进行改造融合的理论价值，也能由此让其成为自身黄老“道治”思想的有机组成，阐发出新的理论内涵。可以说，与世推移、务实通变的政治理性与时代精神，让刘安及淮南学派能以《淮南子》的黄老新“道治”思想为核心理念，积极应对西汉大一统政治带来的理论挑战，为西汉统治阶层治国思想上的重要指导。

总而言之，《淮南子》黄老新“道治”思想的历史形成，并非偶然，既是西汉大一统政治发展的现实产物，也是刘安及淮南学派对西汉王朝理想发展之“道”进行自觉反思与探索的理论成果。如从理论的整体出发，揭示出《淮南子》黄老新“道治”思想的核心要旨，或可以“大道通治”来概括：“大”是说《淮南子》黄老新“道治”思想是应西汉大一统政治需求而得以形成，这决定其理论思考建立在新的天下观、王朝观的基础上，具有超越先秦道家的广阔的政治视野；“道”是说《淮南子》坚持和阐扬“大道”哲学，力图将先秦道家“无为而治”的理念予以更为具体化、事功化的落实，使其在“心身国同治”的政治实践上得到充分体现，形成既“经世”又“出世”，由“圣王”而为“真人”的黄老新内圣外王之道；“通”是说《淮南子》的“道治”思想极具理论的开放性、包容性、会通性与融合性，能够秉持与世推移的政治理性及精神，对先秦百家学说进行灵活的道家化改造，使其与自身所坚持的道家思想紧密结合，形成内涵丰富、务实求宜的治国新理念；“治”是说《淮南子》追求实现道家“无为而治”的政治理想，试图推动西汉统治阶层坚持和贯彻黄老治国理念，确保王朝政治发展始终能彰显出深厚的“义政”“民本”内涵，由此实现其长治久安的根本目标。可见，《淮南子》黄老新“道治”思想，既蕴含着中国古代道家治国学说的历史菁华，也寄予着淮南王刘安对“刘氏”天下的兴治理想与期待。

汉代儒学的胜利①

德效骞　著　　孔蓓蓓　译
（中国矿业大学　外文学院）

周朝末年，儒家学说仅是一些爱卖弄学问的老夫子的学说。而在西汉时期，儒家学说就逐渐发展成了政府的官方哲学，任何人想参与公众事务都不得不接受儒家思想。儒学的胜利开始促使儒学成为中华文化的核心特点，深刻影响大部分中国人的人性。因此，讨论这场胜利是如何取得的、为什么会取得成功，是很有趣的。

冯友兰教授称这一胜利发生在汉武帝统治初期。《汉书·董仲舒传》："自武帝初立，魏其、武安侯为相而隆儒矣。及（董）仲舒对册，推明孔氏，抑黜百家。立学校之官，州郡举茂材孝廉，皆自仲舒发之。"②然而儒家的胜利并非固定在某个具体的日子，也不是只发生在汉武帝统治时期，而是一个逐渐完成的缓慢的过程。这一过程始于汉高祖统治时期，完成于一个半世纪后的汉元帝时期。《汉书》详细记述了西汉时期的文化和政治生活，也为我们相对完整地描述了这一胜利是如何获得的。

我此前曾经做过一个报告，讲述汉高祖对儒学的态度。③ 他最初对儒学有强烈的偏见，但是他有一位亲密的同父异母的弟弟接受了全面的儒家教育。儒家反对并批评秦朝的第一个皇帝秦始皇，但也遭到了秦始皇的疯狂镇压，他焚烧《诗经》和《尚书》，迫使杰出的儒家弟子逃避世事或退隐田园。由于秦朝对儒家的压制态度，孔门弟子自然就辅佐了汉高祖。秦朝在朝堂上保留七十位知识渊博的人，他们被冠以"博士"头衔。其中的一位"博士"名叫叔孙通，被

---

① 原文出处：Dubs，Homer H. Journal of the American Oriental Society，Vol. 58，No. 3（1938.9），pp. 435～449。

② 《汉书》卷五十一，王先谦版《前汉书补注》，或简写为《汉书》卷五十一《董仲舒传》，第 20～21 页。D. Bodde，在他翻译的冯友兰《中国哲学史》第 17 页，并未把这篇精简的文章翻译准确。（译者注：此处根据文章所述出自《汉书》的《董仲舒传》，因此该出自第五十六卷，并非第五十一卷）。

③ JAOS 57（1937），第 172～180 页。译者注：JAOS 为 Journal of American Oriental Society（《美国东方学杂志》）的缩写。

俘后先后投靠项羽和汉高祖，是他后来制定了高祖朝堂上的礼仪。在与项羽的斗争中，高祖接受了儒生很多宝贵的建议，孔门弟子向他指出，儒家思想中的君权神授的学说优于秦朝统治者的暴政。经由大臣萧何的建议，高祖似乎是最早让省里的官员向中央政府推举贤良。这一过程是考试制度(译者注：指汉朝的察举制)的开端，对于将来举荐儒家弟子影响巨大。

郦食其和陆贾，是汉高祖事业的两位杰出开创者，都是忠实的儒家弟子。陆贾应高祖的要求，写了一本关于儒家思想的书——《新书》，此书得到了很高的评价和奖赏。因此，起初反感儒生的汉高祖，最终却给他们很高的地位，十分欣赏他们。

然而在之后两位统治者的统治时期，即汉高祖之子汉惠帝和高祖发妻吕后的统治期间，儒家思想遭遇挫折。这一时期杰出的丞相(最高职位)曹参信奉黄老之学；儒家反对吕后篡夺皇权，在吕后时期儒家弟子逐渐退隐于世。

随着吕后的去世和汉文帝的继位，儒家思想再次变得有影响力。陆贾是帮助汉文帝登基的重要人物。新皇帝鼓励人们学习儒家思想，并继续实践儒家思想，但是他感觉到在当时的情况下，应该对各家学派不偏不倚，因此他设立博士，专门研究各家学派，直至有了七十位博士。然而与其他任何一家学派相比，汉文帝可能还是受儒学的影响最大，他后来被儒家弟子称为圣人。贾谊对汉文帝的影响很大，与其说贾谊是道家不如说他是儒家弟子。汉文帝进一步推动了察举制的发展，要求各郡县向朝廷输送有能力的人，并从中选拔人才为官，皇帝会在都城举行考试来进行选拔。在“策问”中，皇帝会请这些候选人给他一些治国建议。因此在汉文帝的统治期间，儒家思想不过是最有影响力的思想倾向之一。

在公元前 165 年的察举考试中，晁错取得头名。他是当时的太子即未来的汉景帝最宠信的人，拜其为太子家令，也就是众所周知的太子的“智囊”。晁错年少时学习法家思想和名家思想，曾奉命从故秦博士伏生处学习儒家思想经典《尚书》。他和贾谊一样精通各家思想，精通各家或许是那个时代的特点。总体说来，汉景帝并不像他的父亲那样尊崇儒家思想。

公元前 141 年，年少的汉武帝登上皇位。那年武帝仅有十六岁，他受到了很好的经典教育，其中自然包括中国文学和儒家经典学习。他的老师是王臧，是研读《诗经》著名的儒家权威申培的弟子。汉武帝十分好学，尤其好文学，好诗词歌赋；他后来也写过些相当精彩的诗篇。汉武帝有些专横并有雄才大略。接受了儒家思想的教育后，他如此崇尚儒家思想，以至于一开始在董仲舒的建议下，他似乎想要独尊儒术。在下此决定时，他可能受谋士们的意见影响很大，尤其是王臧的影响，几年之内汉武帝就转向了儒家思想。想要实施独尊儒术这一计划，最大的阻碍是武帝的祖母窦太后，因为窦太后信奉黄老之学。由于当时孝顺观念正盛行，她在朝堂上的权力影响与皇帝的权力相当。因为窦太后的权威，儒家弟子选择了妥协，仅仅攻击他们认为最具有威胁性的、也是最反对儒家传统的法家。法家之道为秦朝所主张，而汉朝的政府机构继承了秦朝的政府组织。儒生劝说年老、忠诚，但却无所做为的丞相卫绾向皇帝请愿，认为官员中和所推举的候选人中，那些研究申不害、商鞅、韩非、苏秦、张仪等法家言论学说的人，扰乱了国家的政务，应该都免职。汉武帝批准并执行了这一建议。① 班固说得很清楚，这一法令的目的就是将儒家以外的各家清除出政府各个部门②。

半年后，汉武帝因丞相卫绾无能而免去了他的职位，委任窦婴为丞相。窦婴是太皇太后孝文皇后堂兄的儿子，他在前朝即景帝时期平息过严重的七国叛乱。但由于他这个人直言不讳又骄傲自满，当时并没能得到很高的官位。汉武帝的舅舅田蚡被封为太尉，位重仅次于丞相。太皇太后被劝说做如此安排。③

窦婴十分赞同儒家思想，田蚡也在年少时研究过《盘盂》等书。《盘盂》将儒家、墨家、法家、名家等各家的教义结合在一起，兼收并蓄，不拘一格(译者注：德效骞将《盘盂》视为一位哲学家，有误)。窦婴、田蚡这两位最重要的大臣都支持儒家思想。他们彻底扫除以前的官员，推举赵绾为御史大夫。赵绾是儒家权威申培的门徒，而御史大夫一职仅次于丞相和太尉，是第三个最有影响力的职位。他们推举王臧位居郎中令，而郎中令能和汉武帝保持较为亲密的关系。由此可见，儒家弟子控制着武帝的朝堂。

他们继续向武帝介绍儒家的惯常做法，并提议建造典礼时用的建筑物"明堂"，据说是周朝时期用来祭祀和朝会诸侯的地方。汉武帝喜欢各种仪式和盛大的场面，儒家思想里正强调这些仪式。在这项建造工程中，赵绾和王臧需要专家的帮助，他们劝说汉武帝请来自己的老师申培。使者带着礼品丝绸和璧，驾着一辆四匹马拉的舒适马车，车轮上缠着蒲草以使车子更舒适(译者注：《汉书》卷八十八《儒林传》："于是上使使束帛加璧，安车以蒲裹轮，驾驷迎申公。")去请这位八十多岁的儒家权威。他的两位优秀的门徒紧随其后，坐的仅是一

① 《汉书》卷六《武帝纪》，第 1 页。

② 《汉书》卷六《武帝纪》，第 39 页。

③ 《汉书》卷五十二《窦田灌韩传》，第 4 页。

匹马拉的马车。当申培来到朝堂上，武帝问他治国好与坏的根源在哪里。这位老人回答说："一个好的管理者不应该说太多，而应该仅专注于他所做的事，并努力奋斗。"（译者注：《汉书》卷八十八《儒林传》："为治者不在多言，顾力行何如耳。"）年轻的汉武帝对自己的学识自视甚高，于是对老先生的批评很不高兴，但是已经将申培请来了，就让他来做太常大夫，一个荣誉很高的职位，将他安置在京城为鲁王准备的招待所。然后就开始讨论明堂的建设。

与此同时，儒家小集团感到自己在朝堂上受到都城里贵族的妨碍。因此儒家复兴了文帝时期的一项法令，列侯应该居住在自己的封地，以指导与爱护自己的百姓。然而大部分贵族居住在文明奢华的中心皇城之内，并不愿意离开都城，只关心从自己的封地征收了多少税。皇帝害怕贵族反叛，因此贵族封地的管理者都由中央政府任命，这样贵族就对自己的百姓几乎没有影响力。景帝因此废除了文帝的法律。此外大部分的列侯都娶了皇家的公主，因此他们倚靠窦太后，污蔑窦婴。窦婴因辨出自己家族中不正直之人，并从家谱中删去，而得罪了自己的家族。

为了试探太皇太后的影响力，儒生们请求不要奏事东宫，即实行女人不能干预朝政的法令。这两个问题就合在一起了。窦婴及其党人正尝试提升儒家思想的地位，而压制道家和法家的发展；可是太皇太后窦氏是黄老思想的坚决拥护者。当听到了不要奏事东宫的请求，窦太后大怒；汉武帝或许也已经有些厌烦这些儒生，将王臧和赵绾打入监狱并赐死；窦婴和田蚡也被免职。此时儒家还无法与皇帝祖母抗衡。①

四年后即公元前 136 年，太皇太后窦氏去世。在窦太后去世几个月后，汉武帝就可能在田蚡的建议之下设博士，研究五部儒家经典。当时田蚡已重获影响力。次年，田蚡拜丞相。他任命了几百名儒家弟子入官，并逐渐将黄老思想的拥护者贬官。② 然而朝堂中还是会有道家的人，因为并没有规定限制他们入官：石庆在汉武帝还是太子的时候做太仆，他可直言批评武帝，许多事情鼓励启发武帝，因此武帝多敬畏石庆。司马谈和他的儿子西汉史学家司马迁，都是黄老思想的拥护者，官居太史令。墨家在当时即使存在，其影响力也颇小，因为尽管司马谈在他的研究中提到，并将墨家与其他六家思想进行比较，在汉武帝的官员中墨家的拥护者并未被提及。③

① 《汉书》卷五十二《窦田灌韩传》，第 1～4 页。

② 参见《汉书》卷八十八《儒林传》，第 3 页。

③ 参见《史记》(Shih-chi，缩写 SC)，ch. 130；《汉书》卷六十二《司马迁传》，第 6～7 页。

由于汉武帝喜欢学问家和文学造诣深的人，下一位与他接触较多的就是儒家的公孙弘。公孙弘出身穷苦，研究了《春秋》的各种评论，被其所在的诸侯国推荐给朝廷。在察举考试中，太常将他的成绩列为下等；但是当武帝再次阅读公孙弘的回答时，武帝惊叹于他的学识，将他擢升至第一批次的第一名，并唤他觐见。事实证明，他懂得用机智圆通的语言将令人不悦的言辞表达出来，因此获得了武帝的喜爱。董仲舒称他是谄媚者。公孙弘逐渐晋升，直至拜丞相并封侯。（译者注：原文将封侯放在前，丞相放在后。历史上，公孙弘先拜丞相后封侯。）

董仲舒曾建议汉武帝建立国立大学；公孙弘任丞相期间即公元前 124 年～前 121 年，重新提出建议并起草了奏书，武帝同意建立太学，该奏章也成为太学的纲领。太学位于都城西北部七里，太学中的专家是博士，教学者是博士及其门徒。① 太常奉命挑选五十位弟子，年龄在十八岁或以上，身体健康，性格正直。这些人被称为“博士弟子”，不用缴纳赋税和服役。郡太守和国相需要向太常举荐热爱学问、品格高洁的学生。太常负责每年向皇帝奏请此事。这些学生像博士弟子一样将在太学学习一年，到时参加考试。那些精于一个或多个儒家经典的学生会补“文学掌故”之缺。（译者注：作者在文中表达为“补‘文学’或者‘掌故’之缺”。“文学掌故”是一个官名，不可分割。）而没有获得如此高头衔的可以为“郎中”，成为侍从，备选官吏。学生中表现出极为优秀才能的人，即为秀才异等，将会报告给皇帝委以重任。那些学习不投入，又无才能，甚至连一部儒家经典都不精通的学生会被立即开除。“文学掌故”可能会在官府中被封个小官。②

太学是在都城中设立一个培养官员的学校，有能力的毕业生直接进入官府做官。学校里的课程是儒家经典，老师是儒家弟子。因此司马迁说，从那时起，大臣办事衙门里的官员和京城的大部分的小官都是“文学”出身。学习儒家思想因此变成了得到底层官职，进入仕途的方法。随着时间推移，儒家弟子就遍及官府各部门。

然而汉武帝远远不是一个彻底的儒家。实际上，在很多方面他表现得和儒家的理想正好相反。他大规模的武力远征非儒家行为，他实行沉重赋税和

---

① 在当时很可能只有五位博士，即研究儒家五个经典。通常说来，一些大学者的教学是由其高水平的弟子来完成的。据说董仲舒曾经闭关学习，只指导资深的门徒；而刚入门的弟子只能得到一些水平较高的弟子的帮助，有些弟子甚至没有见过他。参见《汉书》卷五十六《董仲舒传》，第 1 页。

② 参见《汉书》卷八十八《儒林传》，第 3～6 页。

法律镇压百姓非儒家行为。他实行官营盐铁买卖和酒的买卖，设立廷尉掌度，大司农掌量，大鸿胪掌衡，实行政府专营，这些确切地说都是法家的政策。他结交方士，寻找仙人，为了方术大兴土木，造楼候仙，例如“蜚廉桂观”、“益延寿观”以及“通天台”（作者注：与上天交流的平台），沉迷于迷信献祭，这又是黄老之道。① 他制定复杂的律法，这是法家的政策。武帝似乎在很多方面故意模仿秦始皇，例如四处征伐，游历帝国，泰山封禅等，而秦始皇是崇尚法家的人。在公元前 110 年，五十几位儒生认为应该以古人的行事原则来约束自己，不愿意违反古制，儒生们无法与武帝就封禅的仪式和祭祀用具达成一致，武帝就将他们全部免职，自己确定了祭祀大典的仪式。② 因此汉武帝实际上受各家流派的影响，当与他的思想冲突时，他也会毫不犹豫离开儒家的规则。然而就是在汉武帝时期，标志着儒家在官府内影响力增强的开始，但当时的影响力远远谈不上儒家取得胜利。

儒家迈向胜利的下一步发生在汉宣帝统治时期。汉武帝驾崩十三年后，汉宣帝很意外地登上皇位。他小时候曾经因为他祖父即当年的太子（译者注：指汉武帝刘彻嫡长子刘据。汉宣帝刘询继位后，为祖父刘据追加谥号曰“戾”。）谋反汉武帝，被剥夺了继承权。他被一些忠诚的官员们抚养长大。宣帝接受了良好的教育，良好教育就意味着研习《论语》、《孝经》、《诗经》等中国文献史籍。由于儒家弟子广泛学习中华文化宝藏里的瑰宝，并将这些文化瑰宝纳入儒家经典，因此宣帝实际是被灌输了儒家思想。宣帝开始统治之后，挑选儒生入朝为官，请儒生当谋士。他的每一位丞相虽都不是大学者，但都精于研究某些儒家经典。当灾害来临如发生了地震，宣帝会请来擅长解释的儒生将这天降的灾祸解释为上天的旨意，这是儒家通常会做的事情。由于他的祖父戾太子刘据对《春秋穀梁传》很感兴趣，宣帝复兴了该研究，并召能教授此书的老师入皇宫，命令近万人来研究它，这项研究持续了十多年。与当时的权威《春秋公羊传》对比后（《左传》当时还未受重视或被重要学者研究过），发现不同的儒家经典的解释之间有矛盾之处。汉宣帝于是召集都城中所有优秀的儒

---

① 在汉武帝时期的道教远不是老子的无神论哲学。武帝时期官员司马谈在《论六家要诣》中指出道家教义的核心是：“凡人所生者神也，所托者形也。神大用则竭，形大劳则敝，形神离则死。死者不可复生，离者不可复反，故圣人重之。由是观之，神者生之本也，形者生之具也。⑿不先定其神＊［形］＊，而曰“我有以治天下”，何由哉？”（《史记》卷一百三十《太史公自序》；《汉书》卷六十二《司马迁传》，第 8 页。）

② 参见《史记》Memoires historiques（缩略 Mh）III，498；《汉书》卷 25《郊祀志》上，第 35 页；卷 58《公孙弘卜式兒宽传》，第 12～13 页。

家经典方面的权威来评议这些经典的意义，并亲自参加。讨论起初在未央宫里举行，然后移到石渠阁（译者注：位于未央宫殿北的西汉皇家藏书之处）。该讨论由太子太傅萧望之主持，他以精于儒家五经而闻名。这个讨论持续了两年；在不同的记载里提到有二十二人作为权威参加了此次著名的大讨论 。当出现了不可调和的争论时，宣帝似乎得自己决定哪个解释正确。人们向宣帝请愿决定建立儒家会议，在公元前 53 年（译者注：应为公元前 51 年）得到了他的批准。这些讨论被记载在皇家图书馆的藏书中。通过这样的方式，从此儒家经典的官方解释就形成了。其他的解释并未被宣布禁止，但是太学里只能教授儒家经典的官方解释，所有想做官的人也必须学这些内容，考这些内容。由此儒家经典的思想独占了人们的大脑，朱熹的阐释后来成为主流。与此同时，博士及其门徒的数量，也就是太学里的老师的数量双倍于以前，博士的职责即为某些经典进行专门的阐释 。①

于是在汉宣帝统治末期，官职较高的大臣都接受了儒家思想的训练，太学继续为官府输送有儒家思想的学者，儒家会议固定了对儒家经典的官方解释，成为政府的权威。然而汉宣帝并非一个彻底的儒生，也没有全心全意地赞同其教义。他总体上说是个实际的人，因为在登基之前，他生活在普通百姓中，了解儒家教义中先天的理想主义、不切实际的危险。因此他理想中的政府，不仅仅要用儒家原则，而且还要利用春秋时期较实际的非儒家政治家的管理方式。他对法学家们讨论的刑罚术语十分感兴趣，朝内大部分的大臣既使用法家原则也使用儒家原则。班固代表宣帝告诉太子：汉代的机构和法律既来自非儒家的教义也来自儒家的教义，而儒家思想中只使用道德说服来达到团结是完全不实际的；儒家弟子好古薄今让人困惑。② 这种对儒家猛烈的批评出现在当代研究儒家历史的书籍当中，充分表明讲求实际的人对儒家思想的态度。

然而宣帝为儒学的成功铺平了道路，以至加快了儒学成功的步伐。他给自己的儿子和后代选的老师都是儒生。汉元帝在宫廷中长大，与外界接触甚少，因此他感觉不到儒家思想的不实际。于是当他登上皇位后，他立即建议进行儒家的改革。当时皇帝外戚控制着军权，皇帝宠信宦官。他们的影响力一

---

① 参见《汉书》卷八《宣帝纪》，第 23 页；卷八十八《儒林传》，第 23～24 页；卷三十八《高五王传》，第 7 页；卷三十六《季布栾布田叔传》，第 7 页；卷七十三《韦贤传》，第 8 页；卷三十《艺文志》，第 7 页，第 12 页，第 17 页，第 20～21 页。

② 参见《汉书》卷九《元帝纪》，第 1 页。

度抑制了当时儒家的影响。而汉元帝不懂朝政，依靠宦官理政，自己却沉迷于后宫。这位皇帝最宠信的宦官甚至能够欺骗皇帝，诬陷并逼死杰出的儒臣萧望之。这个事件引起了很多批评，由此这个宦官便支持其他有名望的儒生，因此在汉元帝统治时期，儒家得以在政府内进行重要的改革。这一时期光禄勋（总管宫殿内一切事务的官员）每年根据儒家的四种德行"光禄四行"[译者注：质朴、敦厚、逊让、有行（或作节俭）是四种品行]考核他的属官。通常进入官府里任职要先成为皇帝侍从一段时间，让皇帝亲自认识官员。当官府机构和皇帝侍从机构变得太庞大时，皇帝无法亲自认识未来的官吏（候选人多达千人），就会在第一轮的文化考试之后增加第二轮道德考试。① 在下任皇帝汉成帝的统治时期，儒家的影响同样重要。汉成帝的表兄王莽企图篡权，他发现实施儒家思想是明智之举。他比汉朝的皇帝更好儒术，改革朝政使之越来越有儒家的特点，他做这些实际上在努力取得公众的肯定。他出色的改革措施仅仅是将儒家的理想在政府中实践。在吸引受教育人的支持上，王莽十分成功，以至于东汉的皇帝们多采用他的办法。东汉的统治者比西汉的最后一位统治者更好儒学，因此儒家思想的影响在整个东汉占据了主导地位。

因此儒学的胜利是个缓慢的过程。这一过程始于汉高祖发现反秦的儒家弟子可以帮助自己推翻秦朝的统治。早期汉朝的帝王们鼓励百家争鸣。汉武帝接受了儒学的教育，出于年轻时对儒学的热情，他曾努力想要独尊儒术。这次尝试被武帝的祖母挫败，然而却使武帝自己失去了对儒学最初的热情，受到其他各种流派的思想的影响。武帝热爱诗词典籍，欣赏文人，这一点继续吸引着他走向儒学。丞相公孙弘劝说武帝创立一所儒家的高等学府，使儒家弟子逐渐占据官府的低等职位。汉宣帝同样接受儒学教育，十分支持儒家思想，扩大太学的发展，并确定了对儒家经典的官方解释。但他认为儒家的原则对政府管理来讲不够实际，因此他用法家的原则来抑制儒家的影响。儒学的最后胜利直到他的儿子汉元帝的时候才确立。从那之后，孔子学说成为君王的唯一指导原则。篡权者王莽的统治以及东汉的兴起都荣耀了儒家思想，儒学继续主导汉代的统治直到汉代结束。

我们现在可以明白儒家思想取得成功的原因了。首先，儒家思想被采纳为政府的治国思想。孔子本人就是官府的官员，他的学生们都是将来会为官的年轻人。因此，他重视并教导学生好的政府的原则和目标是什么。他的道德准则是赞成贵族统治的，即统治者应该对百姓实行仁政，而臣民们要对君王

① 参见《汉书》卷九《元帝纪》：7a & n.7.5；另有卷五《景帝纪》：n.9.9。

孝、忠、礼。其次，孔子作为一位老师，是一位博学的人，他的弟子当中没有进入政治生涯的便成为当时中国的老师。孔子教授儒家经典；孔家弟子成为研究这些作品的权威和教授作品的老师。因此中国古代文献尤其是其中最经典的作品，都成为儒家思想的经典作品，在孔子的课堂上得到解释阐述。因此对著述或学术感兴趣的人们自然地被儒家所吸引，因为儒家代表着这个国家的学术传统；接受学术教育的人不可避免地会受到儒家思想的教化。在战争时期，例如在百家争鸣状态即将结束时，学识学术不重要了，孔子学说就逐渐势微；但当恢复和平时，学识学术变得有用了，儒家思想影响则逐渐势起。儒生必然成为皇储的师傅，因此皇帝则被灌输了儒家理想。即使某位统治者可能不是完全的儒家思想奉行者，他的儿子则会以父亲为榜样，并受儒家师傅的影响，很可能更加崇尚儒术，直至整个王朝都尊崇儒家思想。

第三，政府中的某些机构十分重视儒家思想。汉文帝时期，皇帝定期会请各地方输送有能力的人给他，要求他们写与治国相关的各种话题的文章，皇帝从中挑选出合适的人选。这种察举制度，即使在他早期都特别重视文字能力，重视儒家思想的训练。因此政府自然应当建立学校，尤其是设立国家的高等学府——太学，从太学毕业后，知识渊博的儒家弟子会进入官府做官。由于儒士多学识渊博，他们自然成为考试中的考官，将非儒家学者排除在官场之外，不用排斥非儒家，仅仅不安插非儒家学者就可以做到了。

第四，儒家思想的优点得到承认后，统治者认识到用同一种思想制度统一所有的知识分子，即在文化上统一全国有诸多好处，这使儒家思想地位得到了提升。在汉武帝登基后不久，即公元前 141 年（译者注，应为公元前 134 年），董仲舒提出了他著名的治国之道，其中一个原则就是“罢黜百家，独尊儒术”①。这个建议似乎使武帝印象深刻，因为他立即行动，排斥法家而擢升儒士成为最高官员。进行文化上的统一，当年秦始皇的著名丞相李斯也曾经尝试过，公元前 213 年他建议焚书并惩罚那些批评秦朝统治的人。当年儒家弟子强烈地谴责这一行为。汉武帝的雄心勃勃并不亚于秦始皇；也许他并不厌恶在他统治时期内统一全民的思想。然而后来武帝对儒家思想失去了兴趣，毋庸置疑，汉宣帝记起了董仲舒的建议，承认独尊儒术这一策略将带来的好处。

这四个因素最初在西汉时期证明是有效果的。这四点无疑持续在整个中

① 参见冯友兰《中国哲学史》，D. Bodde 翻译，第 16 页 f.；W. Seufert，《东方语言学学报》(“Mitteil. D. Seminar f. Orient. Sprache”)，1922，pp. 1～50。

国历史上起作用。东汉末年,儒家思想的影响似乎崩塌,因为忠实又长久地实行儒家教义并没能挽救王朝的没落。接踵而至的战乱也使儒家思想的影响不可避免地走向衰落。当唐朝重建和平,这四个因素又将儒家思想带到了风口浪尖,尽管唐朝没落的原因被认为是实行黄老学说,没有奉行儒家的教义。在下一个伟大的朝代,宋朝,儒家思想的影响达到了又一个高潮。只要和平继续,学识被看作是最有价值的,儒家思想的支配地位就一直持续着。只是到了现代时期,当经典文献与学识不再是儒家思想的同义词,中国不再是个帝国,儒家思想的影响出现了明显的中断。如同在欧洲一样,直到现代科学的出现为人类提供了另一个达到真理的工具,中国才拥有了中断古代专制世界观统治的能力。

汉代道教①

阿娜什娜　著　　张红梅　译
（中国矿业大学　国际汉文化比较研究中心）

道教作为中国的本土教派，在汉代继续形成和发展。汉代初期及晚些时候，道教扮演的是与儒教相对立的“反正统”角色。这种思想发端于稷下学宫，“黄老”之学。该学派将《道德经》中基于“无为”的治国理念、长生不老学说以及法师、“方士”等概念融入到自己的学说之中。

汉朝历代皇帝和高官都喜好道教，其中汉文帝与刘安就对道教颇为赞赏。刘安是汉室子孙，参与了《淮南子》一书的编纂。史学家司马谈（司马迁之父）在《论六家要旨》中给予道教很高的评价，这篇文章被收录在司马迁所著的《史记》中。

长生不老学说

长生不老的想法在中国自古以来就颇为风行。长寿被认为是五福之一，而且长生不老被纯粹理解为不仅仅是身体的不朽，更是中国式思维的自然主义结果。中国的统治者们不断派出各种考察团前去东海神仙岛或者西方长寿国等地寻找不老之术，他们支持木乃伊实验，参加萨满仪式等。

汉字“仙”，意为永生，是由“人”和“山”两个字形组合而成的。也就是说，神仙是“山人”，是住在山里的人，与居住在“花园与乡野”里的民众的概念是相对立的。神仙不食“五谷”的说法也许就与此相关。与其说是因为五谷营养匮乏，还不如说他们拒绝过农民式的世俗生活。更早以前，汉字“仙”的写法源于翼人形象的象形图。在语言中我们也可以找到这种形象的反映，比如“羽客”就常常作为“仙人”的代名词。

秦始皇和汉武帝特别注重长生不老术的寻找。关于这一点，《汉书》中是这样讲述的：“秦始皇率先统一天下，渴盼长生不老，先后派徐福、韩终带着童

① 译者注：本节译自[俄]M. B. 阿娜什娜：《汉代哲学教程》第四章《汉代道教》，莫斯科：俄罗斯科学院哲学研究所出版社，2013 年版，第 25～29 页。（Анашина. М. В. Философия эпохи Хань: Учебное пособие. М. : ИФРАН, 2013. Тема4. Даосизм в эпоху Хань, С. 25-29）

男童女，远渡重洋，去寻找神仙和长生不老的仙药。可徐福等人逃之夭夭，一去不复返。这样，一次又一次的尝试终于在天朝激起了民众的愤怒，反对之声四起。再后来，随着汉朝的兴起，汉武帝继续命人远渡重洋，寻找神仙和仙药。当时较得汉武帝赏识的有赵国的辛元斌、少翁，齐国的公孙卿、栾大等人，他们谙熟神术和炼金术，为了寻求长生不老术表现勇敢，甘于牺牲。为此他们得到了成千斗黄金作为奖赏。栾大还受到特别赏识，甚至娶了长公主为妻。与此同时，各种封号和奖赏纷至沓来，其数量之巨大震惊四海。在这种风气影响下，元鼎年间（公元前 116 年—前 111 年）和元风年间（公元前 80 年—前 75 年），燕、齐大地上出现了数以千计的法师，他们双目圆睁、两手轻搓，宣扬自己懂得长生不老术和供奉技巧、通晓获得上天赏赐的法术。"①

汉武帝的表现更是与众不同。较为有名的是其寻觅"天马"之行。天马指阿哈尔特克马，坚韧善战。汉武帝寻觅天马主要出于政治动机，用来抵御匈奴入侵。据说天马拥有龙的特质，骑上它们可以到达西王母的王国，得到著名的长生不老之仙桃，这也可以说是汉武帝寻觅天马的另一动机了。《内传》②中称汉武帝为"法师皇帝"。

皇家子弟们也频频光顾道人和术士。其中就有上面所提到的刘安，他在做淮南王期间编写了《淮南子》一书。刘安邀请的门客数量众多，人员繁杂。其中既有道人，也有贪图名利、金钱的骗子。相传淮南王刘安得道，携家人及家里所养的动物一起升天成了仙。（事实上刘安因参与政变于公元前 122 年被处死③。）

在西汉和东汉王朝，统治者及其皇子们依旧喜好长生之道。东汉桓帝（147 年—167 年）通过拜佛和祭祀老子以求长生。有趣的是，汉朝时期最常见的名字都与长寿有关，比如：寿（长寿）、延寿（延长寿命）、长寿等诸如此类的名字颇为普遍。

追寻长生不老的皇帝和皇子们其实并不想放弃现有的荣华富贵，更不向往山里的生活。更确切的说，他们想要的是"世俗的长生"，也就是延长寿命。他们更想通过服用"长生不老药"来达到长生不老的目的，反而把提高身体和心理素质这些更加合理、更符合伦理的做法放到了其次。

---

① ［俄］E. A. 多尔奇诺夫：《道教. 历史宗教学概述》，圣彼得堡，1993 年版，第 157 页。（Цит. по: Торчинов Е. А. Даосизм. Опыт историко-религиоведческого описания. СПБ. ,1993. С. 157.）

② 译者注：依据上下文，《内传》疑指《汉武帝内传》。

③ 译者注：淮南王刘安因谋反失败而畏罪自杀，并非被处死。

汉代道教的主要论著

汉代出现了多本道教论著，反映了这一时期的道教发展状况。这一时期最早的著作就是上文所提及的《淮南子》一书，它延续了《道德经》和《庄子》的传统思想。

《淮南子》的基本思想：省事、无为、节欲和齐生死。

“夫惟能无以生为者，则所以脩是生也。”①接受上天所给予的一切，就可以获得永久的安宁。

“智者”与“圣贤”所表现出的是一种理想的生活状态：他们遵循天意，顺从自然的意志，不将自己束缚于无谓的忙乱中，也不会陷入人类世俗的诱惑。他们关注内在的“我”，远离尘世的喧嚣，善于把控自己的思想和情感。世界上的一切都应服从“自然”法则。人类不应该被视为是一种替代天然的“自然”之化身。求“道”之人的欲望是适度，而且极度节制的。

“道”被视为可以操纵万物的万能宇宙原理。它隶属于“天”和“地”，能够理顺天下万物，还事物于本真。“道”的重要属性是德。（这里的“道”首字母大写，以区别于儒家思想的“道”。）“道”无形无态，我们看不见它，它却无处不在。“道”孕于空，生于无。无，正是世界产生的原因。“道”将潜在的事物变成现实存在的实体。

《淮南子》的作者宣扬消极的生活态度，反对主动积极，反对违背“自然”的活动。“无为”是其最重要的一个思想范畴，指“不超越事物的自然进程”，遵循事物发展的自然秩序。做到“无为”就可以达到人与自然之间的和谐，人与人之间的和谐，社会与国家的内部和谐。

与儒家思想一样，“上古时代”也为道家提供了可仿效的典范。如果说儒学家们很看重伏羲及尧、舜、禹所处的充满神话传说的上古时代，那么，对于《淮南子》的作者来说，他们推崇的理想存在于更深远的过去，是在“人们遵循自然”的时期。因为伏羲时代，随着逐渐出现的知识与规则，人与自然之间，人与人之间的相互和谐关系亦渐渐消失了。

《淮南子》的内容也涉及到治国问题。统治者的治国思想应遵循无为之治，不干预民间事务，君主要以身作则，为天下树立榜样。文中强调了过分治理以及诸事干预所带来的危险性。批评了秦始皇的暴戾统治及其对所有事务强加干涉的做法。

① 译者注：本文翻译《淮南子》语句，参考了刘康德《淮南子直解》（上海：复旦大学出版社 2001 年版）一书。下文不再标注。

总之，汉朝早期的道家思想吸收了各种哲学流派的思想，特别是法家学说和自然哲学。随着我们对《淮南子》这部著作的进一步详细探讨，我们会更清楚地看到这一点。

公元1～2世纪，《太平经》正文的完成预示着张道陵“天师道”流派的问世（公元34年～156年间）。经书中出现了赐予人类启示录的天神形象——“天师”。太平是指太平社会（大平等的社会）是一个优化运行的整体，每个人都各司其职。在这个社会里，没有私有财产，也不存在平均主义。

“道”被视为生命之源，活力之泉。没有“道”，什么都不复存在，借助“道”，现有事物相互衍生。“道”若消失，意味着整个世界也将消失殆尽。

《太平经》的作者们批判滥杀女婴的行为，认为这种行为侵害了土地权（女权）[①]。书中谈到，破坏贞节与节制的原则就如同毁坏天与地之间的宇宙和谐，这也许是在抨击佛教及其僧人的修行制度。经书特别关注了如何最大限度地延年益寿和获得永生的问题。认为人在世的时候，通过多行善事和服用长生不老药就有可能益寿延年。

在汉代，老子被视为“道”的化身。这个发展过程的自然结果就是出现了道观，这可能是受到了佛教宗教机构的影响。

占卜与预言

汉代盛行占卜和预言——谶。还在秦始皇时期就流传着这样一则预言：“秦朝将会被胡灭掉”。秦始皇及其幕僚们视“胡”为“蛮人”，因为这则预言，他们开始一边安抚匈奴，同时修建长城。秦始皇死后，“胡”字成为秦始皇的儿子即皇位继承人胡亥（秦二世皇帝）的名字。秦朝很快没落。

在汉朝，一本记载占卜和预言应验的书——《谶书》广为传播。王莽时期流传着的预言说，王莽之后会是刘秀统治天下。当时有位大臣[②]还专门为此改名为刘秀并策划谋反，结果被王莽平定。在皇帝的宝座上出现的是另外一个刘秀——光武帝。这件事更是极大地推动了预言的普及与发展。

《淮南子》的哲学思想[③]

《淮南子》是在淮南王刘安（约公元前180年～公元前122年）的主持、资

---

① 译者注：原文为“ущемление прав Земли (кунь) 堃”。堃，坤的异形字。原为八卦之一，象征土地，后引申为女性的代称。

② 译者注：该大臣名为刘歆。

③ 译者注：本节译自［俄］M. B. 阿娜什娜：《汉代哲学教程》第五章《淮南子的哲学思想》，莫斯科：俄罗斯科学院哲学研究所出版社，2013年版，第30～46页。

助和直接参与下，由刘安与他的门客共同编写完成的。刘安管辖的土地在淮河以南地区(淮南的意思就是“淮河以南”)。《淮南子》又名《淮南鸿烈》或《鸿烈》。

刘安生平

刘安是汉朝开国皇帝刘邦(统治时间为公元前206年—公元前195年)之孙。刘安十六岁时，在父亲刘长死后袭封淮南王，统辖淮河以南地区。在司马迁的《史记》中，刘安被描述为一个政治说客和阴谋家。当时，刘氏后代因不满汉景帝削弱诸侯势力的政策，发动七国之乱。刘安原本想参加叛乱造反，但最终还是选择忠实于朝廷。他的侄子汉武帝即位后，刘安做了他的顾问。但在公元前122年，由于不满朝廷针对宗室诸侯王的进一步政策，刘安起兵造反，欲夺取汉武帝的王位。结果计划被揭穿，刘安自杀身亡。

据《汉书》卷四十四《淮南厉王刘长传》记载，刘安是诗人、文学家、音乐家、地理学家、汉武帝的顾问，并乐于资助学术研究。汉武帝高度评价刘安的文学才能，命令他为屈原(约公元前340年—约前278年)的长诗《离骚》撰写评论。据说刘安能在从刚刚睡醒到吃早餐前的这段时间里创作出一篇绝美的作品，其文学才能可见一斑。他死后留下了大量诗作。刘安门下有数千宾客，有学者、术士、占星家、占卜师、巫医、艺人等。在他们的帮助以及刘安和“淮南八仙”的直接参与下，《淮南子》一书终于编纂而成，并于公元前139年敬献给汉武帝。

随着时间的推移，刘安身上被赋予了更多的传说。他被公认为是太极拳的始祖。据说在法师的指导下，刘安学会了“不同寻常的惊人的技巧和方法”，在“淮南八仙”的帮助下，带着全家老小和家养动物升天为仙了。

《淮南子》一书的名称、作者和结构

《淮南子》一书最初称为《淮南鸿烈》或《鸿烈》，《淮南子》这一书名确立于隋朝(581年～618年)。依据《艺文志》(《汉书》的组成部分)记载，《淮南子》原书由内篇21卷、外篇33卷、中篇8卷组成。然而外篇和中篇都已失传，因此现存的版本就是由21卷组成的内篇。书的前两章和最后一章为刘安所写，余下的各篇文风明显不同，被认为是“淮南八公”(“淮南八仙”)所写，这八公是：晋昌、雷被、李尚、毛被、苏非、田由、伍被和左吴。因此俄语的正确译法是“Философы из Хуайнани”①，应该用复数。

① 译者注：《Философы из Хуайнани》译为：《淮南国的哲学家们》。

汉代已有多本《淮南子》评注，作者有马融、司马彪①、许慎和高诱。马融的评注已全部失传，许慎的部分评注保存于清朝学者孙冯翼的著作中，高诱的评注被完整保存了下来。到了明朝(1368年～1644年)，出现了归有光和焦竑的评注，清朝(1644年—1911年)刘台拱和俞樾完成了对《淮南子》的注释。《淮南子》被列入道家典籍道藏。

《淮南子》前二十卷标题的最后一个字都是“训”。汉字“训”即“训诫、训导”和“注释、评注”的意思。据研究学者金升②(1983年)的版本，“训”正是东汉高诱注的雏形。

《淮南子》与《道德经》《老子》一样，属于道家系列经典著作。其中一些篇章发展了《庄子》的主要思想。例如，《淮南子》卷十一《齐俗训》，或者卷二《俶真训》，延续了《庄子·齐物论》的主要思想。这一时期的一些篇章，比如卷九《主术训》明显表达出法学思想，而末卷《要略》是对前面各卷所有内容的概括总结。

论著主要思想

《淮南子》卷二十一《要略》指出，以上各卷的主要任务是“则天地之理究矣，人间之事接矣，帝王之道备矣”。

“道”的概念

“道”是《淮南子》的中心范畴，卷首对“道”的概念就给予了相关描述：

> “夫道者，覆天载地，廓四方，柝八极，高不可际，深不可测，包裹天地，禀授无形。原流泉浡，冲而徐盈，混混滑滑，浊而徐清。故植之而塞于天地，横之而弥于四海，施之无穷而无所朝夕；舒之幎于六合，卷之不盈于一握。约而能张，幽而能明，弱而能强，柔而能刚。横四维而含阴阳，纮宇宙而章三光。甚淖而滒，甚纤而微。山以之高，渊以之深，兽以之走，鸟以之飞，日月以之明，星历以之行，麟以之游，凤以之翔。”

接下来进一步强调，“道”生育了万物却不占为己有，造就万物却不自为主宰。万物不知“道”的恩德，自顾生活，不知感激也无从怨恨。

> “跂行喙息，蠉飞蠕动，待而后生，莫之知德；待之后死，莫之能怨。”

“道”如水般柔软温顺，但可渗透万物并击溃一切。“道”如水般滋养万物，没有“道”万物不生。

---

① 译者注：司马彪(？—306年)，西晋史学家。

② 译者注：作者姓名是根据原文 Цзинь Шэн(jin sheng)所做的音译。

"天下之物，莫柔弱于水，然而大不可极，深不可测；修极于无穷，远沦于无涯；息耗减益，通于不訾；上天则为雨露，下地则为润泽；万物弗得不生，百事不得不成；大包群生而无好憎；泽及蚑蛲而不求报；富赡天下而不既，德施百姓而不费；行而不可得穷极也，微而不可得把握也；击之无创，刺之不伤，斩之不断，焚之不然；淖溺流遁，错缪相纷而不可靡散；利贯金石，强济天下；动溶无形之域，而翱翔忽区之上，邅回川谷之间，而滔腾大荒之野；有余不足与天地取与，授万物而无所前后。是故无所私而无所公……"

各种变化主宰着世界。它们不是谁的产物，也不存在任何目的性。变化之循环无穷往复。

"是故能天运地滞，轮转而无废，水流而不止，与万物终始。风兴云蒸，事无不应，雷声雨降，并应无穷，鬼出电入，龙兴鸾集，钧旋毂转，周而复匝。已雕已琢，还反于朴。"

与其说得"道"取决于个人的努力和愿望，不如说是取决于上天赐予的能力。

"夫道者，无私就也，无私去也。能者有余，拙者不足；顺之者利，逆之者凶。"

宇宙学思想

"道"的根本在于"无"。《淮南子》中同样也表述了"有"源于"无"的思想，这些思想后来在《玄学》和中国佛教中得到真实体现。

"是故有生于无，实出于虚。"

这一原理在《淮南子》卷二《俶真训》中得到继续发展。

"有始者，有未始有有始者，有未始有夫未始有有始者。有有者，有无者；有未始有有无者，有未始有夫未始有有无者。"

实际上，这个反复重复的句子也出现在《庄子》一书中。

"有始也者，有未始有始也者，有未始有夫未始有始也者；有有也者，有无也者，有未始有无也者，有未始有夫未始有无也者。"

这里，《庄子》和《淮南子》的作者都试图描述世界开始之前的开始，有之前的无[术语"无"可以翻译成"отсутствие"(没有)，因为"无"在语法上就是"没有"的意思。相应地，"有"，最好翻译成"наличие"(有)——作者注]。

接下来文中多次重复谈论"无先于有，物生于无"的观点，例如：万物无不生于无，"无形而有形生焉。""平者，道之素也；虚者，道之舍也。"万物的本源在于无/虚、空、静与平。"静漠恬澹，所以养性也；和愉虚无，所以养德也。"

有和无是可以相互转化的。

“自无蹠有，自有蹠无，终始无端，莫知其所萌。”

文中可以找到很多描写世界起源的片段。例如，《淮南子》卷七《精神训》的卷首语：

“古未有天地之时，惟像无形，窈窈冥冥，芒芠漠闵，澒濛鸿洞，莫知其门。有二神混生，经天营地；孔乎莫知其所终极，滔乎莫知其所止息。于是乃别为阴阳，离为八极，刚柔相成，万物乃形。烦气为虫，精气为人。”

在《淮南子》卷十四《诠言训》中关于世界的形成是这样描写的：

“洞同天地，浑沌为朴，未造而成物，谓之太一。同出于一，所为各异，有鸟有鱼有兽，谓之分物。方以类别，物以群分，性命不同，皆形于有。隔而不通，分而为万物，莫能及宗。故动而谓之生，死而谓之穷。皆为物矣，非不物而物物者也，物物者亡乎万物之中。

稽古太初，人生于无，形于有，有形而制于物。能反其所生，若未有形，谓之真人。真人者，未始分于太一者也。”

于是，就如我们在上一段所看到的，事物最初处于“一”的状态中，后来“一”产生分离，各自成形，形成万物。“有”产生于“无”，“无”产生于“无无”，“无无”就是“大一”，或者叫“太一”。

关于人的学说和认知理论

关于人的学说，在《淮南子》卷七《精神训》中有所论述(正确译法是：“精和神”“О семени и духе”)。神，是上天所赐予的，而身体是大地所赐予的。当人死去时，精神会升入天空，而身体会回归大地。

“是故精神，天之有也，而骨骸者，地之有也。精神入其门，而骨骸反其根，我尚何存?”

上天不仅赐予人类精神，还赐予人类智慧。人的外表与天与地很相似(董仲舒也有类似观点)。

“故头之圆也象天，足之方也象地。天有四时、五行、九解、三百六十六日(闰年——作者注)，人亦有四支、五藏、九窍、三百六十六节。天有风雨寒暑，人亦有取与喜怒。故胆为云，肺为气，肝为风，肾为雨，脾为雷，以与天地相参也，而心为之主。是故耳目者，日月也；血气者，风雨也。”

气、血是人生命之基石。需要强调的是，如果“夫血气能专于五藏而不外越，则胸腹充而嗜欲省矣”。由此，人会耳聪目明，“听视达矣”，这又叫做智慧。因此可以清楚地看到，智慧、才能是与人的身体状况直接相关的。

睿智之人善于克制欲望，规范行为。在这种情况下，人的状态处于平衡之中，他做好准备，可以随时应对现实中的一切。

“理则均，均则通，通则神，神则以视无不见，以听无不闻也，以为无不成也。”

贪婪予人有害。

“耳目淫于声色之乐，则五藏摇动而不定矣。”

人的血和气也会因此而躁动不宁，“精神驰骋于外而不守，则祸福之至……”因此，为了保持内心的安宁和洞察力，需要保持安静并遵循简单的原则。

“使耳目精明玄达而无诱慕，气志虚静恬愉而省嗜欲，五藏定宁充盈而不泄，精神内守形骸而不外越，则望于往世之前，而视于来事之后，犹未足为也……”

下面我们看到的这段话几乎是直接引自《道德经》的第十二章：

“是故五色乱目，使目不明；五声哗耳，使耳不聪；五味乱口，使口爽伤；趣舍滑心，使行飞扬。”

我们又读到：

“夫目妄视则淫，耳妄听则惑，口妄言则乱。夫三关者，不可不慎守也。”

由此得出结论，嗜欲与好憎会损害人的心气，志气日耗，人就会过早死亡。

“夫惟能无以生为者，则所以脩是生也。”

意识到世界之统一，达到和谐之人，才会获得永生。

“又况夫宫天地，怀万物而友造化，含至和，直偶于人形，观九钻一，知之所不知，而心未尝死者乎！”

世界就是我们无法把控的一系列变化。造化之“道”将我们变成我们应该的样子，因此，对抗“道”是无益的。生与死是自然事件，惧怕与对抗无益。

“其生我也，不强求已；其杀我也，不强求止。欲生而不事，憎死而不辞，贱之而弗憎，贵之而弗喜，随其天资而安之不极。”

多余的情感伤害身体，更损德伤“道”。

“夫悲乐者，德之邪也；而喜怒者，道之过也；好憎者，心之暴也。”

圣人尊奉“阴”、“阳”之道。

“……其死也物化，静则与阴俱闭，动则与阳俱开。”圣人以虚无接纳万物，不分彼此。他更注重内心而非外表，更看重简单和无为以返璞求真。他平等对待生死，无论死生都不能使他改变什么，他的思想与意志专注于内心修养，将精神与道融为一体。他顺随天性，自然接受所有变化而绝不强加自己的意志。

"若然者(指贤人——作者注),正肝胆,遗耳目,心志专于内,通达耦于一。居不知所为,行不知所之,浑然而往,逯然而来。形若槁木,心若死灰,忘其五藏,损其形骸;不学而知,不视而见,不为而成,不治而辩。感而应,迫而动,不得已而往,如光之耀,如景之放。以道为训,有待而然。抱其太清之本而无所容与,而物无能营。廓惝而虚,清靖而无思虑。大泽焚而不能热,河、汉涸而不能寒也,大雷毁山而不能惊也,大风晦日而不能伤也。是故视珍宝珠玉犹石砾也,视至尊穷宠犹行客也,视毛嫱、西施(中国古代美女——作者注)犹颊丑也。以死生为一化,以万物为一方,同精于太清之本,而游于忽区之旁。有精而不使,有神而不行,契大浑之朴,而立至清之中。"

无论他是否掌握天下,是否拥有财富,无论他是生是死,甚至在死亡来临的那一刻,他始终如一,神定自若,波澜不惊。

《道德经》和《庄子》中,有不少类似的描写悟"道"之人的段落。

"是故大丈夫恬然无思,澹然无虑;以天为盖,以地为舆,四时为马,阴阳为御;乘云陵霄,与造化者俱。纵志舒节,以驰大区。可以步而步,可以骤而骤;令雨师洒道,使风伯扫尘;电以为鞭策,雷以为车轮;上游于霄雿之野,下出于无垠之门。刘览偏照,复守以全;经营四隅,还反于枢。故以天为盖则无不覆也;以地为舆则无不载也;四时为马则无不使也;阴阳为御则无不备也。是故疾而不摇,远而不劳,四支不动,聪明不损而知八纮九野之形埒者,何也?执道要之柄而游于无穷之地。"

懂"道"之智者处无为之事,行不言之教,临危不乱。注重内修其本而忽视外部旁枝末节。

"是故圣人内修其本而不外饰其末,保其精神,偃其智故,漠然无为而无不为也,澹然无治也而无不治也。所谓无为者,不先物为也;所谓无不为者,因物之所为。所谓无治者,不易自然也;所谓无不治者,因物之相然也。"

他万事漠然处之,不以物喜,不以己悲。正因为情感不为其所动,他可以达到内心的完整与和谐。

"圣人不以身役物,不以欲滑和。是故其为欢不欣欣,其为悲不惙惙。万方百变,消遥而无所定,吾独慷慨遗物而与道同出!是故有以自得之也,乔本之下,空穴之中,足以适情;无以自得也,虽以天下为家,万民为臣妾,不足以养生也。能至于无乐者,则无不乐;无不乐则至极乐矣!

是故无所喜而无所怒，无所乐而无所苦。万物玄同也……”

对“道”的理解意味着遵循你的自然本性，同时随着自己本性的变化而改变。

“人生而静天之性也。感而后动性之害也。……故达于道者，不以人易天，外与物化而内不失其情，……”

作者将天然、自然与人造、人为的东西相比较。认为后者会导致过早毁灭和丧失天然。

“所谓天者，纯粹朴素，质直皓白，未始有与杂糅者也。所谓人者，偶𦬊智故，曲巧伪诈，所以俯仰于世人，而与俗交者也。故牛歧蹄而戴角，马被髦而全足者，天也；络马之口，穿牛之鼻者，人也。循天者，与道游者也；随人者，与俗交者也。”

上古思想

紧随老子和庄子，《淮南子》的作者也注意到上古时代的思想。

“至德之世，甘瞑于溷澖之域，而徙倚于汗漫之宇。提挈天地而委万物，以鸿濛为景柱，而浮扬乎无畛崖之际。是故圣人呼吸阴阳之气，而群生莫不颙颙然仰其德以和顺。当此之时，莫之领理决离，隐密而自成。浑浑苍苍，纯朴未散，旁薄为一，而万物大优，是故虽有羿之知而无所用之。”

随着伏羲时代的开始，人们的智慧逐渐萌发，对知识的渴求损坏了之前的专一，“道”也随之开始走向衰落。

那时“……，而知乃始。昧昧晽晽，皆欲离其童蒙之心，而觉视于天地之间。是故其德烦而不能一。”

神农和黄帝时代，通理天地，顺循自然法则形制，“……万物百族使各有经纪条贯”。但也因此失去了和谐自然。夏朝期间，人们的嗜好欲望受到了外界诱惑，而到了周朝末年，已“杂道以伪”。当然，与“杂道以伪”相反的是神农治理时期，那个时代是值得骄傲的，混乱是在其后期才产生的。

儒家批评及其他学说

《淮南子》对儒家孔孟思想及其他学说思想的批评，与老庄的论述几乎一字不差。

“周室衰而王道废，儒墨乃始列道而议，分徒而讼。于是博学以疑圣，华诬以胁众；弦歌鼓舞，缘饰《诗》、《书》，以买名誉于天下；……各欲行其知伪，以求凿枘于世，而错择名利。是故百姓曼衍于淫荒之陂，而失其大宗之本。夫世之所以丧性命，有衰渐以然，所由来者久矣！”

儒学批评与《道德经》中的表述非常接近。

"是故道散而为德，德溢而为仁义，仁义立而道德废矣！"

《道德经》第三十八章："故失道而后德，失德而后仁，失仁而后义，失义而后礼。夫礼者，忠信之薄，而乱之首。"①

《淮南子》中的其他表述："孔、墨之弟子，皆以仁义之术教导于世，然而不免于儡，身犹不能行也。又况所教乎！是何则？其道外也。夫以末求返于本，许由（尧的谋士，遵从道家思想，拒绝接受帝位——作者注）不能行也，又况齐民乎！"

按照《淮南子》作者的意见，孔子和其他学说的错误在于，他们不探究原因，而是只求结果：他们不是揭开欲望的根源，而是禁止欲望本身，他们不去探寻享乐的根源，而是阻碍享乐行为。因此，孔子最有才能的学生都不得长寿。

治国方法

文中同样包含着向统治者介绍如何治理国家的内容。

"是故天下之事，不可为也，因其自然而推之……"

"人主之术，处无为之事，而行不言之教。"

古代帝王君主，带的冠冕前面装饰着一串珠玉，这是用来遮挡视线的；冠冕两侧垂悬的绵丸球，这是用来堵塞耳朵的；这种设计是为了什么也看不见，什么也听不到。统治者要将自己隐藏起来而不闻不见。这样他会心神安宁，正是因为心神安宁，便可知天下万事。

"人主深居隐处以避燥湿，闺门重袭，以避奸贼，内不知闾里之情，外不知山泽之形，帷幕之外，目不能见十里之前，耳不能闻百步之外；天下之物，无不通者，其灌输之者大，而斟酌之者众也。是故不出户而知天下，不窥牖而知天道，……"

上述引言与《道德经》第四十七章相呼应：

"不出户，知天下。不窥牖，见天道。其出弥远，其知弥少。是以圣人不行而知，不见而名，不为而成。"

文章强调说，得"道"之君就应当像祭祀灵星时的尸主那样：不掩饰丑陋，不隐藏美善。"君人之道，其犹零星之尸也，俨然玄默，而吉祥受福。是故得道者不为丑饰，不为伪善……"

作者建立了一条逻辑链，阐明了统治者无为而治与天下安宁的关联，以及

---

① 译者注：译文参考了（清）黄元吉《道德经精义》（北京：中央编译出版社，2014 年版，第 114 页）。以下所引《道德经》语句，皆引自此书。

统治者的有为而治所引起的混乱结果。

“君人之道，处静以修身，俭约以率下。静则下不扰矣，俭则民不怨矣；下扰则政乱，民怨则德薄；政乱则贤者不为谋，德薄则勇者不为死。是故人主好鸷鸟猛兽，珍怪奇物，狡躁康荒，不爱民力，驰骋田猎，出入不时；如此，则百官务乱，事勤财匮，万民悉苦，生业不修矣。人主好高台深池，雕琢刻镂，黼黻文章，絺绤绮绣，宝玩珠玉；则赋敛无度，而万民力竭矣。”

贤明的君主会像高明的工匠裁取木料一样来任用人才。他会根据他们的能力来为他们选择任务，使他们每个人都可以最大限度地胜任工作，从而做到物尽其用，人尽其才。

“是故林莽之材，犹无可弃者，而况人乎？”

这里可以更清楚地看清作者所提倡的统治者的管理模式：国君应该依靠优秀的臣民，而不是试图什么都事必躬亲。

“君人者不任能而好自为之，则智日困而自负其责也。”

自得者得天下，依靠武力则一事无成。

“夫有天下者，岂必摄权持势，操杀生之柄，而以行其号令邪？吾所谓有天下者，非谓此也，自得而已。自得，则天下亦得我矣。吾与天下相得，则常相有已，又焉有不得容其间者乎？”

享有名誉的人并不是靠奔波忙碌得天下。

“故能有天下者，必无以天下为也；能有名誉者，必无以趋行求者也。”

统治者令臣民头脑空洞，意志薄弱。这样，他的奴仆就会竭尽全力为其效忠。统治者依仗的是全天下的臣民，哪里还能有什么他办不到的事情。当然，不能将法律和规则完全抛开。在一定条件下，法律法规会有助于成功管理国家。接下来我们在文中将看到关于法律的进一步明确表述：用依法治国的必要性来证明采纳一系列法学思想的必要性。

“法者，天下之度量，而人主之准绳也。县法者，法不法也；设赏者，赏当赏也。法定之后，中程者赏，缺绳者诛。尊贵者不轻其罚，而卑贱者不重其刑，犯法者虽贤必诛，中度者虽不肖必无罪，是故公道通而私道塞矣。”

接下来我们读到的文字，相比较于道教更符合法学思想。古代设立官员是为了制约人民，禁止他们肆意妄为。随后设立君主，是为了限制官员的活动，防止他们专行妄为。之后，又制定了宗法礼仪等法规以限制君主的活动。法律的制定者既不是天，也不是地，而是人民按照规则制定的，也只有人民可以修订法律。如果法律不能奏效，说明其还不够完善。因此，统治者的任务，起初是审查法律是否规范，之后就是在全天下推广法律。

“所谓亡国，非无君也，无法也。”

《淮南子》的作者表现出对人的非常强的批判力：不是出于惧怕法律的所谓向善，所谓喜好公正，所谓遵纪守法，这样的人是不存在的。人们之所以这么做，是出于对法律的惧怕。因此统治民众只能建立在命令的基础上。

但即便如此，遵守法律亦应该首先始于统治者。

“故禁胜于身，则令行于民矣。”

因此，法律是统治臣民的手段，是不可放弃的。放弃法律就好比企图驾驭摆脱了缰绳的马。当然，在使用法律以及进行处罚时，统治者不应过于残酷。

统治者还应该考虑人民的实际能力合理税收。

“人主租敛于民也。必先计岁收，量民积聚，知饥馑有余不足之数，然后取车舆衣食供养其欲。”

睿智的统治者会做好资源储备，以安然度过灾荒之年。此外，最理想的状态是国库里应保持九年的粮食储备。粮食丰盈程度最终决定国家和君主的幸福指数。

“食者，民之本也；民者，国之本也；国者，君之本也。”

为了国家的繁荣，统治者的行为必须遵循自然周期，符合一年四季的自然交替，顺时而为。如此，国家将繁荣昌盛。这种思想与孟子的思想非常接近。对于秦始皇的错误，《淮南子》的作者总结为：过分轻率地依赖武力和法律，忽视内部自我完善的必要性。

“是故鞭噬狗，策蹄马，而欲教之，虽伊尹、造父弗能化。欲害之心亡于中，则饥虎可尾，何况狗马之类乎？故体道者逸而不穷，任数者劳而无功。”

统治者应当慎用仁慈与惩戒。仁政与施暴同样不好，因为仁政相当于是对不存在的功劳予以奖励，对没有的劳动予以激励。诚实工作的人会因此而变得懒散懈怠。

“故为惠者生奸，而为暴者生乱。奸乱之俗，亡国之风。”

是故君不能赏无功之臣，臣亦不能死无德之君。”

天下是秩序与和谐居上，还是混乱与动乱领衔，整体来说取决于统治者的智慧。

“是以中立而遍，运照海内，群臣公正，莫敢为邪，百官述职，务致其公迹也。主精明于上，官劝力于下，奸邪灭迹，庶功日进，是以勇者尽于军。”

最后一句的“是以勇者尽于军”大概是与当时的帝国新需求有关吧。（《淮南子》指出，汉武帝“英勇善战”，曾多次发动军事行动。）

结论

总之，我们探析了《淮南子》学说的基本立场，论著兼收并蓄，有时也自相矛盾。如果把《淮南子》的道家思想与圣贤思想理解为是总体上对《道德经》和《庄子》的重复，那么，其政治学说则是明显吸纳了法学思想，如依法治国的必要性。

东汉的中国南方地区[①]

张磊夫　著　　陈硕　赵君　译
（中国矿业大学　外文学院）

绪　论

公元 2 世纪末，整个中国南部地区都处在汉帝国的统治之下，领土分为三个刺史部，下设郡、县。本章节主要描述南方诸部的地理情况，包括地形、交通和物产。

对于后世来说，大量汉人迁移到南方并定居是汉代最重要的发展。这一过程中，移民使当地土著居民面临越来越大的压力，也给该地区带来特有的干扰。移民不仅占据垦殖土地，而且造成文化扩张，这得到了汉中央王朝的大力支持。最终将南方地区更加紧密地融入了华夏文化圈。

然而，拓荒的移民迁徙至南方通常并不是为了扩大以北方为中心的中央王朝的政治和行政控制；相反，他们常常寻求摆脱政治和行政的控制，将财富建立在家庭、氏族或当地的共同防御体系之上。至公元 2 世纪末，因为北方的政治冲突和动乱，中央王朝权力被削弱，南方的新移民们对大一统的汉室已经没有特别的效忠意识。

此外，虽然在早先时候，无论哪支政权占领北方，都自然而然地可以轻松地统辖南方，然而，此时长江以南地区的人口增长意味着该地区有可能建立起一个独立的政权，虽然文化和传统上隶属于华夏民族，政治上却与黄河流域相互独立。具备了人口的条件，南方的群雄即将开始雄霸逐鹿。

汉代的南方地区

华夏文明最初起源于黄河流域，通过文化影响，移民和征服，传播至长江流域。其传播过程循序渐进，受到气候和地貌的影响，但最基本的事实是这一

---

① 原文出处：Crespigny, Rafe de. Generals of the South: The Foundation and Early History of the Three Kingdoms State of Wu. Australian National University Press, 1990.

领土和人民可以接受华夏文明的教化,次大陆的南部地区正在稳步地与中国文化世界融合。

昆仑山脉的主脉横贯青藏高原,一直向东蜿蜒,形成了今天的四川和陕西之间的秦岭山脉和大巴山脉,以及湖北东部的桐柏山和大别山脉。这条漫长的分界线是长江和黄河的分水岭,将中国划分为北部和南部两个地理区域。北方气候受到蒙古沙漠的寒冷干燥气流的影响,南部地区则受南部和东部海洋影响,具有热带海洋性气候的诸多自然特征。在北方,风力搬运和河水携带的大量黄土沉积下来,使山丘的轮廓变得平滑,形成了广袤的华北平原;在南方,长江干流及支流受夏季季风影响经常河水上涨,洪水泛滥,流经区域大多是狭窄的山谷和陡峭的岩石丘陵地貌。

为了人类生存的需要,北方的黄土土壤易于耕种粟和后来出现的麦等耐旱农作物,堤、坝、渠和其他土方工程为渭水以西区域实现灌溉,提供运输,更重要的是使黄河得到治理,大片以前容易遭受洪灾的土地变成肥沃的耕地。中华文明是建立在农业的基础上的,水利事业确保了农业生产的稳定。自然而然,治水的英雄——大禹成为了远古传说中的主角,这完全恰当。

相对而言,在长江流域以南的中国南方,治水技术不那么至关重要,却因巨大的优势得到了应用。狭窄河流平原上的稻田和陡坡上的梯田用水灌溉,河流和湖泊周围被淹没的土地和沼泽则进行排干和重新开垦。因此,尽管主要农作物不同,治水的目的也迥异,发轫于北方原野的中国农业灌溉模式,却得以在南方大地上传播开来。

在公元前一世纪初成书的《史记》卷一百二十九《货殖列传》中,司马迁总结了中国的南北差距:①

……楚越之地,地广人希(稀),饭稻羹鱼,或火耕而水耨,果隋蠃蛤,不待贾而足,地埶饶食,无饥馑之患,以故呰窳偷生,无积聚而多贫。是故江淮以

① 司马迁:《史记》卷一百二十九《货殖列传》,北京:中华书局,1959年版,第3270页;班固著,孙念礼译:《汉书·食货志》,普林斯顿:普林斯顿大学出版社,1950年版,第447～448页(Swann, Food and Money, 447-448)。

南，无冻饿之人，亦无千金之家。沂、泗水以北①，宜五谷②桑麻六畜③，地小人众，数被水旱之害，民好畜藏。

文章的后半部分与我们关注点联系并不太紧密，但从中可见，整个中国北方地区，人口土地比率高，人们为获取经济利益必须进行高强度的劳动，从事各种各样的制造业和贸易，与之形成鲜明对比的是南方的生活较为轻松，穷人和残疾人也可以设法谋生。

在关于南方农业技术的描述中，"火耕"常被解释为乱砍乱烧的农业，但它似乎更可能描述的是耕种前在犁过的土地上焚烧野草或残茬。"水耨"毫无疑问指的是在水稻发芽之前以水灌田，除掉杂草。虽然司马迁对南方的非正统的耕种技术略有微词，但根据他的描述，我们可以理解包括移植等高效而且复杂的水稻栽培的传统在汉代时已经形成了，这是合情合理的。④ 正是在农业发展的基础上，汉代移民能够扩大对周边民族的影响力。

司马迁还详细介绍了帝国的各部分领土，编纂于公元前一世纪末的《汉书》也提及相关内容⑤。关于两本书中领土内容相关介绍，我们将在后面章节

---

① 沂水和泗水是淮水（译者注：今淮河）的北部支流。司马迁把南北边界定义为一条东西方向的分界线，东起今天的江苏北部，西至黄河故道（1852 年之前）。

② 关于五谷的具体内容古代典籍表述不一致。一说为稷、黍、菽、麦、稻，而在另一种可能更古老的版本里列入了麻代替稻，稻是随着中原人向南方迁移才开始变得至关重要。见许倬云：《汉代农业：早期中国农业经济的形成》，西雅图：华盛顿大学出版社，1980 年版，第 81 页（Hsu, Han Agriculture, 81）。李约瑟编、白馥兰著：《中国科学技术史》第六卷第二分册，剑桥：剑桥大学出版社，1984 年版，第 432 页（Needham and Bray, Science and Civilisation VI:2, 432）。然而在本文中，由于麻是不久之后提到的，因此稻似乎应该列入五谷之中。

③ 六畜传统上定义为马、牛、羊、猪、狗和鸡。

④ 参见：《中国科学技术史》第六卷第二分册，第 591 页（Needham and Bray, Science and Civilisation VI:2, 591）；《汉代农业：早期中国农业经济的形成》，第 120 页，第 301—302 页（Hsu, Han Agriculture, 120, and 301-302）；以及西嶋定生：《前汉的社会经济史》，收入崔瑞德，鲁惟一编：《剑桥中国秦汉史》，剑桥：剑桥大学出版社，1986 年版，第 568 ～ 574 页（Cambridge Han, 568-574 [Nishijima, "Economic and Social History of Former Han"]）。东汉崔寔所著《四民月令》卷五第五篇中曾提及水稻的移植；《汉代农业：早期中国农业经济的形成》，第 222 页（Hsu, Han Agriculture, 222）。

⑤ 帝国的区域性描述详见《史记》卷一百二十九《货殖列传》，第 3260～3270 页；《汉书 · 食货志》，第 437～448 页，（Swann, Food and Money, 437～448）；以及班固：《汉书》，北京：中华书局，1962 年版，卷二十八下《地理志下》，第 1641～1670 页。《汉书》卷二十八下《地理志下》，第 1640 页，解释说这个文本最初是公元前一世纪后期著名学者刘向所做，在此基础上，同时代人朱赣从地理对人民习俗影响的方面进行了讨论，对文本内容进行补充。班固后来将这一材料纳入他的《汉书》。

中详述。令人遗憾的是,我们没有东汉帝国的区域性描述介绍,①作为朝廷上辩论一部分呈现的附带言论和讨论文本经常被古典传统的影响或政治争论的要求所扭曲。我在其他地方注意到,西北的梁州地区,在公元二世纪因叛乱衰落,处于弱小和贫困的境地,而儒家经典《尚书·禹贡》中仍将此时的凉州地区描述为繁盛之地。② 随着时间的推移,情况发生了变化,但是官方学术界不愿意承认这一事实。鉴于这个时期中国南方的情况,再一次令人不安地发现,《汉书》与《史记》中对这一时期的描述一致,几乎都是陈词滥调。③

尽管以前的描述是有价值的,然而毫无疑问,华南的地位以及其与帝国中心地带的关系在两汉四个世纪中发生了很大变化。对此,最显著的证据是《汉书·地理志》中公元 2 年和取自司马彪《续汉书·郡国志》(收入《后汉书》)中公元 140 年人口普查数据的对比。现代学者劳榦和毕汉斯讨论并分析了这些数据。这些数据所表明的信息非常清晰:江淮流域以南户籍登记人口数量在公元最初 150 年内大幅增加,不仅仅是较之前有更多的汉人在这片区域定居,还有不少汉人在以前无人居住的区域定居,汉人在帝国的整个人口中占有很

① 司马彪的《续汉书·郡国志》(收入范晔的《后汉书》,北京:中华书局,1965 年版),主要记载了州、郡和国及其下辖县,但缺乏整体概要性描述。东汉地方政府为州—郡/国—县的层级制度。在下文或区域描述介绍中将经常提及这些行政单位。参见后面"权力的执行"部分("The enforcement of authority"),和毕汉斯:《汉代的官僚制度》,剑桥:剑桥大学出版社,1980 年版,第 90～104 页(Bielenstein, Bureaucracy, 90-104)。

② 张磊夫《北部边疆:后汉帝国的政策和策略》[堪培拉:澳大利亚国立大学亚洲研究所,1984 年版,第 116 页(de Crespigny, Northern Frontier, 116)]翻译了官员虞诩于 129 年所呈一份奏章的一部分,奏章里敦促凉州经历了具有毁灭性的羌族叛乱(107—118 年)后的恢复重建事宜。参见《后汉书》卷八十七《西羌传第七十七》,第 2893 页。

③ 例如,《汉书》卷二十八下《地理志下》,第 1665～1670 页对南方土地的描述与《史记》卷一百二十九《货殖列传》第 3270 页的描述类似于上文的翻译。尤其是《汉书》卷二十八下《地理志下》,第 1666 页描述了"楚地"地广人稀,与《史记》卷一百二十九《货殖列传》的文字类似。然而,《汉书》卷二十八《地理志下》中记录"楚"地辖管今湖北和湖南省,《史记》卷一百二十九《货殖列传》中描述的地域范围更大些,包括中国南部整个江淮地区。

大的比例。[①]

毕汉斯认为，南方人口增加的主要原因可能是汉人在帝国内的迁徙，因为南方人口增加的同时，北方尤其是西北地区户籍登记家庭数量减少。毫无疑问，一个重要的因素是：帝国北方及西北边境的战乱迫使当地居民离开故土，而司马迁所描述的空地对难民们是一次机会，也是一种邀请。另一方面，由于汉政府的权威在北方一些地区下降，该区域的先前汉政府臣民从政府的登记册上消失了。而南方的情况恰恰相反，因为官方认可的汉人数量增加，汉政府在当地建立了新的行政管理部门，使得许多当地人处在汉政府管理之下；而且，在一个更私人和基础的层面上，无疑，当地居民与移民之间存在通婚。

汉人与南方当地居民间的通婚加剧了汉人迁徙和汉政府对南方各地区的控制（对各地区的控制力度不尽相同）。移民主要向南发展，分布在沿长江中游，湘江流域，经过长沙，穿过南岭。随后再向东扩展到长江下游、三角洲、湖泊地区，南至杭州湾，这一区域长期以来一直是中国政治文化区的一部分。但在扩展的过程中，在如今福建北部的山区遇到困难，不过，该地区移民的压力较小。总的来说，河谷和地势平坦地区自然而然地为汉人移民提供了有利条件，而中间的山脉地区坡度太陡，不适合耕种，这也为少数民族原住居民以及一些汉人难民提供了逃避和抵制汉文化影响与帝国政府关注的机会。因此，汉政府对沿江向南地区形成控制，而那些不愿接受这一变化的人们被逼进了山里。

然而，交州地区是个特例。交州横跨南岭，辖管从番禺（今广州）沿河流和海岸带向西地区。交州远离帝国国都，一直是一块比较边缘化的领土；汉朝对此地的扩张，很大程度上是受到贸易利益驱动的征服和管理；移民扩张模式改变了长江流域，而别处并没有此模式的踪迹。我们将在后面详细讨论研究较

① 关于公元一世纪中国的人口问题，我使用上文提到的《汉书》卷二十八上《地理志上》、卷二十八下《地理志下》和司马彪《续汉书》（收入汪文台辑：《七家后汉书》，台北：文海出版社，1974年版）中《郡国志一》至《郡国志五》（收入《后汉书》）中给出的数字，而且，我认可毕汉斯《公元2至742年中国的人口统计》（载《远东古文物博物馆通报》，1947年第19期）中给出的修正（"The Census of China"）。《汉书》和《后汉书》中"志"的部分都列出了帝国的行政单位，一个是公元2年，另一个大约是公元140年，并列出了各郡国家庭和人口数量。似乎很清楚，"志"部分的数字是人口普查清单，尽管其他历史中后来的朝代提供的一些数据涉及税收数字，而不是全部人口清单。虽然这些数字非常详细，令人印象深刻，但并不完全正确：即使现代人口普查也不能说完全可靠。然而，似乎毫无疑问的是，两汉信息搜集和呈现是一致的，这些数字间是可以比较和分析的，而且数字显示的人口总量变化可以看作是历史现实的证据。关于后汉时期帝国北部地区人口下降现象，参见《北部边疆：后汉帝国的政策和策略》，第145页和第244页（de Crespigny, Northern Frontier, 145 and 244）。

远的南方领土。

不足为奇的是，汉人入侵长江以南地区期间有时会受到抵抗，东汉历史上间或有“蛮族反叛”的战争记录。当然，此类描述是从汉朝廷的立场出发的。毫无疑问，所谓的叛乱实际上是当地原住居民看到他们的生活方式、家园和家庭被外来移民干扰和破坏后的愤怒回应。从这个角度来看，尽管反叛通常被认为是帝国弱点的征兆和对帝国力量的破坏，但是，很多镇压南方叛乱的战争恰恰代表了动态的扩张。①

在某些地区，反抗是比较成功的。武陵郡（该地区也被称为“五溪”，位于今湖南贵州交界处的沅江上游）的少数民族，在公元 48 年毁灭性地击败了汉人在当地招募的军队，直到伟大的将军马援率军发动全面的战役才将其击败。② 此外，在整个东汉时期武陵郡都有持续的骚乱，其中公元二世纪 60 年代的叛乱规模最大。直到三国时期的斗争中，五溪蛮仍是不可忽视的力量。

再往南，在湘水流域，据记载叛乱最为人熟知的时期始于 157 年，当时长沙郡北部发生叛乱，叛乱原因很可能是汉人定居和移民化的刺激。在短短几年之内，骚乱遍及湘水盆地的丘陵，延伸到南岭以南。叛军的主体是汉人和蛮族的混合力量，164 年被打败，次年大部分被平定。③ 然而骚扰的可能性依然存在，二十多年之后，孙吴政权的奠基者取得了平定该地区叛乱的首次胜利。④

然而，在行政级别上，儒家教育的传统一直受到推崇。东汉初年，交趾太守锡光、九真太守任延、先后继任贵阳太守的卫飒和茨充、武陵郡和九江郡太守宗（宋）均等人都试图教化百姓汉族的风俗和技术，尤其是婚姻习俗、服装、

---

① 毕汉斯《汉代的中兴》第三卷[载《远东古物博物馆公报》，1967 年第 39 期（Bielenstein，RHDIII）]呈现了东汉期间骚乱地区地图，虽然他把这解释为帝国弱点的征兆，但正如我所论证的，这可能是能量和扩张的迹象。

② 关于东汉时期的武陵蛮，参见《后汉书》卷八十六《南蛮西南夷列传第七十六》，第 2831～2834 页；关于叛乱的分析和镇压叛乱的战役，参见《汉代的中兴》第三卷（Bielenstein，RHDIII），第 67～73 页。马援在这场战役中死亡，但毕汉斯认为，他的领导奠定了汉朝军队的成功。

③ 《后汉书》卷八十六《南蛮西南夷列传》，第 2833～2834 页；《后汉书》卷八《孝灵帝纪》，第 303～313 页。

④ 见第二章。

农业、蚕丝业、学校教育等。①

这些敬业奉献的统治者被中国史家称为“循吏”，他们并没有任何官方宣布的政策可以遵循，在数量上也远远不及那些缺少干劲的同僚，但他们的努力表明，中华文化向南方扩张不仅仅是人口移动或技术转移。《汉书》记载长江流域信奉巫鬼、重“淫祀”②，因此中国南方著名的地方行政长官们不仅定期关注兴立学校、教化父母和定丧纪之礼，而且对当地的巫鬼祭仪予以迎头痛击。

例如，宗均于光武帝年间担任武陵郡辰阳县县长，发现当地的风俗是信奉巫人和鬼神，宗均给百姓建立了学校，禁止和杜绝一切过分的不合理的祭祀。之后升任九江郡（今鄱阳湖以北地区）太守，治下有两座大山，一伙巫师组织百姓祭祀山神，所有的青年男女都必须与山神婚配，不能与常人结婚，宗均彻底取缔了这一陋习。一百年后顺帝时期，栾巴任桂阳太守，以定婚姻丧纪之礼、兴立学校著称。之后，调任豫章郡（今江西境内鄱阳湖周边地区）太守，终止了当地崇拜山川鬼怪的邪教祭仪。③

当然，中国各地区都存在地方性的祭仪，但考古和宗教文献的记录证实了后人对历史迹象的猜测，即长江流域的文化高度重视巫术的概念，关注死者的

---

① 关于锡光和任延，参见《后汉书》卷七十六《循吏列传》，第 2460～2462 页，《后汉书》卷八十六《南蛮西南夷列传》，第 2836 页；参见公元 213 年薛综给孙权的上书（见陈寿：《三国志》，北京：中华书局，1959 年版，卷五十三《吴书 • 张严程阚薛传》，第 1251～1253 页，其中第 1253 页。）关于卫飒和茨充，参见《后汉书》卷七十六《循吏列传》，第 2458～2460。宗均生平见《后汉书》卷四十一《第五钟离宋寒列传》，第 1411～1414 页，其中第 1412 页。卫飒的“飒”读音亦为“li”，宗均也作宋均，但宗均的准确性更高。

② “淫祀”一词在鲁惟一《中国人的生死观：汉代的信仰、神话和理性》[伦敦：乔治 • 艾伦和昂温公司，1982 年版，第 109 页（Loewe, Ideas of Life and Death, 109）]中有所讨论：有可能我们今天并不知道“淫祀”在这个时期（c. 30 BC）的准确意思。它通常指的是与不纯洁甚或淫荡的本性、或者宗教的滥用相关的活动，比如祭祀不被接受的神明。汉之后的各个时期，该术语用以暗指性行为，但是没有直接证据可以证明这些意思属于汉代巫术的范畴。

③ 见《后汉书》卷五十七《栾巴传》，第 1841～1842 页。栾巴天性好奇，职业颇为有趣。依据传记，栾巴是魏郡人，精通道教，用自己的道术控制了豫章郡的神灵，摧毁了他们的祭仪。早年，他曾在皇宫充任宦官，但后来据说因为阳气复通而离职。公元 170 年前后因为反对灵帝时期的宦官专政被逼自杀。然而在《栾巴传》的评注中，公元四世纪葛洪所著《神仙传》的相关章节却表明，栾巴并非魏郡人，而是来自西边的蜀郡，许多轶事详述了他不可思议的成就。作为一个短期太监，作为一个道术行家，作为一个兴立学校（大概是儒学）的地方官员，这样的记录有点儿使人困惑，似乎不管栾巴的出身和现实如何，他都是一些通俗故事的焦点。

亡魂和自然神灵。① 伟大的诗歌总集《楚辞》包含了这两种信仰模式的实例：《招魂》和《大招》祈祷新逝的亡魂从充满危险和不确定性的未知死亡世界之旅返回，回归到尘世生活的确定性和欢愉中来。② 另外一篇《九歌》很可能追溯至公元前三世纪，则一般被阐释为反映了巫神与诸如湘夫人或东君等神灵间的精神眷恋，很多情况下是肉体的结合。③

虽然"巫"一词可以用来描述汉帝国其他地方的类似萨满仪式，并且在中亚和东北亚地区有着强大的传统，然而，毫无疑问，汉代以前的传统以及楚文明对长江流域的信仰和风俗习惯有深远的影响，且这种宗教压力一直持续到汉代。④ 大量考古证据，如在马王堆汉墓发掘，证明这些信念对汉代社会的影响达到最高层次，同时这种影响以此种种形式被包容和接纳。然而，普通百姓广泛接受巫教意味着也接受巫教的从业者成为社会的领袖，——当然，这对帝国神圣的权威提出了生而俱有的挑战。

向东，在长江入海口，人们对占卜术和其他形式的魔法更加感兴趣，当地有种独特的传统是通过解释风来预言未来。⑤ 更为活跃的是，越巫或称越方能对人、动物、植物和其他事物施加禁咒之术，禁止其移动或使其复活。《后汉书》卷八十二《方术列传》中讲述了徐登和赵炳的事迹，二人皆来自杭州湾以

① 关于巫术的祭仪，见《中国人的生死观：汉代的信仰、神话和理性》，第 104～108 页(Loewe, Ideas of Life and Death, 104-108)，以及鲁惟一：《汉代中国的危机和冲突》，伦敦：乔治・艾伦和昂温公司，1974 年版，第 81～90 页(Crisis and Conflict, at 81-90)对公元前 92 年巫蛊之祸的讨论。关于淫祀，参见上文脚注 16，引自《中国人的生死观：汉代的信阳、神话和理性》，第 109 页(Loewe, Ideas of Life and Death, 109)。

② 见霍克斯译：《楚辞：一部古代中国诗选》，牛津：克拉伦登出版社，1959 版，第 101～114 页(Hawkes, Songs of the South, 101-114)。

③ 见《楚辞：一部古代中国诗选》，第 35～44 页(Hawkes, Songs of the South, 35-44)，尤其是《湘君》("The Princess of the Hsiang")、《湘夫人》("The Lady of the Hsiang")，《东君》("The Lord of the East")三篇。

④ 关于长江中游地区和楚国的早期文化，相关讨论见张光直：《古代中国考古学》，纽黑文：耶鲁大学出版社，1977 年版，第 400～408 页(Chang, Archeology of Ancient China, 400-408)；蒲百瑞：《楚研究新进展：书目和制度综述》，载《古代中国》，1985-87 年第 11-12 期，第 371～387 页(Blakeley, "Recent Developments in Chu Studies")，以及康斯坦斯・库克和约翰・梅杰编：《定义楚：古代中国的意象和现实》，火奴鲁鲁：夏威夷大学出版社，1999 年版(Cook and Major, Defining Chu)。

⑤ 例如，吴文雪：《占卜、魔法与中国古代的政治：〈后汉书・方术传〉译后记》，巴黎：法兰西出版社，1976 年版，第 94～95 页(Ngo, 94-95)，译自《后汉书》卷八十二上《方术列传上・李南传》(第 2716～2717 页)，第 87～92 页，译自《后汉书》卷八十二上《方术列传上・谢夷吾传》第 2713～2715 页；第 186～190 页，描述了这种占卜术。

西，测试各自法术时，徐登阻止了溪水的流动，而赵炳使得枯树长出了新芽。① 公元三世纪初孙权在位时期，会稽人吴范，以推算天象节气和观察气候闻名于郡中，为人所景仰。②

横跨长江以北，在淮水流域，特别是在山东半岛南部沿海的琅琊郡境内，超自然的技艺和非凡的力量具有十分强大的传统。著名的神医华佗来自位于华北平原南部的沛国；著名的道教典籍《太平经》传说最早的作者是琅琊郡的干吉（译者注：有学者认为是于吉），干吉往南游历到长江下游地区，为孙策所忌杀。③

然而不幸的是，尽管《后汉书》有一些关于这些人的记述，之后的作品也描述了道家的高人，但信息往往是模糊的，或是古怪的和轶事性的。特别是，官方汉人历史学家主要关心的是这些人和国家政府之间的关系，占卜者是否给皇帝或他的大臣们提了建议，抑或是，一个有巫术之人是否寻求建立自己与帝国势力的对抗。通常，后者被简单描述为“妖”（非正统的，异教徒的，邪恶的），因此，“妖贼”是指“异教徒的叛乱分子”，可能会被应用于在帝国内任何宗教叛乱者。“巫”这个说法似乎有萨满教信仰和活动的一些特定内涵，而“妖”和“阴”是超自然行为的通用描述，这些超自然行为与官方的儒家思想格格不入。儒家学者并不一定对这些异端信仰的细节感兴趣，事实是，汉人的文献中只描述了诸如“妖”和“阴”这样的宗派或习俗，并没有告诉我们这些信仰体系的内

---

① 《后汉书》卷八十二下《方术列传下》，第 2741～2742 页；《占卜、魔法与中国古代的政治：〈后汉书·方术传〉译后记》，第 127～128 页(Ngo, Divination, magie et politique, 127-128)，以及杜志豪：《医生、占卜者和魔术师：方士传》，纽约：哥伦比亚大学出版社，1983 年版，第 76～77 页(DeWoskin, Doctors, Diviners and Magicians, 76-77)。关于拥有这种法术的吴国大将贺齐的经历，见第五章脚注 63。

② 吴范传记载于《三国志》卷六十三《吴书·吴范刘惇赵达传》，第 1421～1423 页。

③ 关于华佗，见《后汉书》卷八十二下《方术列传下》，第 2736～2740 页；《占卜、魔法与中国古代的政治：〈后汉书·方术传〉译后记》，第 118～126 页(Ngo, Divination, magie et politique, 118-126)，杜志豪：《医生、占卜者和魔术师：方士传》，第 140～153 页(DeWoskin, Doctors, Diviners and Magicians, 140-153)。关于干吉(也被谬认作于吉)和《太平经》参见，例如，《后汉书》卷三十下《郎顗襄楷列传下》，第 1080 和 1084 页；张磊夫：《后汉的灾异谴告：襄楷给桓帝的上书》，堪培拉：澳大利亚国立大学出版社，1976 年版，第 31～32 页，第 90～94 页(de Crespigny, Portents of Protest, 31-32 and 90-94)，参见第五章。关于该地区民间道教思想的早期现代论述，参见陈寅恪：《天师道与海滨地域之关系》(收入《中央研究院历史语言研究所集刊》第三本第四分册，台北：中央研究院历史语言研究所集刊编委会，1934 年，第 439～466 页)。

容或其追随者的行为表现：我们所知道的就是汉朝当局不认可他们。①

因此，在汉朝几个世纪里，对北方人来说，长江流域地区在很多方面都是陌生的。在移民扩张的经典模式中，土著居民不仅受到由帝国军队终极力量所支持的汉政府地方行政机构的官僚主义压迫，还要受到来自北方定居者表面和平占领的压迫。他们要么被迫接受一群新邻居居住在他们现有的土地上，要么被赶入不太容易耕种的山区和森林地带。在对抗入侵败北的战斗中，土著居民有时诉诸武力，但他们也试图通过维护他们原有的文化而保持一定程度上的独立。"儒家化"的过程在许多方面就是一场斗争，汉人通过压制和消除南方传统文化巩固对该地区地理上的征服。②

从这个角度看，地方行政官鼓励定居农业和建立学校是一项政府控制项目。婚姻和丧葬仪式改革是对古老宗教权威的直接挑战。不管他们是否知道，无论他们的动机究竟是真正的人道主义，还是仅仅是一种反映以汉人为中心的傲慢，当宗均和栾巴结束了青年和少女们与山神的神秘婚姻时，他们攻击和摧毁了当地信仰的基石。

偶尔也有当地抵抗的记录。在光武帝时期，会稽太守第五伦面临当地杀牛祭神的风俗。当地巫祝告诉人们，如果他们不杀他们的牛，他们自己就会像牛一样咆哮，然后死去，而对这些后果的恐惧使得普通官员们无法阻止习俗的传播。但是，"牛拉犁"是汉人定居农业的核心，于是，第五伦采取了迅速、果断和有效的措施摧毁了这种祭拜仪式，恢复了秩序。③

然而，更普遍的情况是，抵抗要么是在帝国有效控制范围之外秘密进行，要么是通过造反来表达的。顺帝时期，公元 132 年，异教徒章河摧毁了扬州过半的县，虽然骚乱被平息，但另一妖贼许昌在灵帝在位早期活跃于会稽郡。④这些骚乱因其重要性记录在帝国史册里，但有理由相信，移民压力的模式受到了地方层面小规模抗议的抗衡。报道和评论将这些地方抗议称为异端和叛乱：这动物是非常危险的。

① 用一个现代的比较，一个汉朝儒家学者会用"妖"这个词描述伊斯兰教、犹太教和基督教等所有宗教教派，同样地，他会认为这些教派的仪式是"淫祀"而不予理会。这些教派可能会关注他们之间的差异，但是他们是处在一个正统学者的关注之下的。

② 关于"华南的儒学化"的传统观点，参见宫川尚志：《华南的儒学化》[收入《儒教》，芮沃寿编，帕洛阿尔托：斯坦福大学出版社，1960 年版(Miyakawa，"The Confucianization of South China")]。

③ 参见《后汉书》卷四十一《第五伦传》，第 1397 页。

④ 关于章河，参见《后汉书》卷六《顺帝记》，第 260 页。关于许昌，参见《后汉书》卷八《孝灵帝记》，第 334～336 页和本文第二章。(译者注：另许昌《后汉书》作许昭。)

汉人的最终胜利是由他们的人口数量决定的，两汉人口普查详细记录了人口数据。公元 2 年，居住在长江中下游地区和南方的汉人人口数量不到 400 万，而整个帝国人口数量超过 4700 万。在二世纪 40 年代，人口总数为 4800 万，南方将近有 750 万人口。在不到 150 年的时间里，南方地区户籍人口几乎翻了一倍：大部分的新增人口来自于北方移民，他们将北方的改良农业技术用于新土地开发。

然而，同样的计算方式也显示了汉政府在南方的扩张以及该地区对整个帝国的重要性。在西汉时期，长江以南地区人口数量约占帝国人口总数的 7%。到公元二世纪后半期，南方人口数量占帝国人口总数的 15%。尽管这一比例仍然很小，但这一人数可能代表了一种临界规模，即允许南方人建立一个独立的国家。

然而，这个尝试有待在未来进行，而且还涉及其他因素，特别是地理和政治、后勤保障和领导等方面的因素，这些因素还有待发挥作用。目前，我们应该考虑建立在东汉王朝统治下南方各州的特点。

荆州刺史部和长江中游地区

东汉时期，荆州地区北起南阳郡（治所在宛县，今河南南阳市），南至今湖北和湖南两省。因此，它包含汉水（译者注：今汉江）下游流域、长江中下游的沼泽和湖泊，以及远至南岭分水岭的整个湘江支流流域。荆州西边的领土被峡谷山脉所环绕，从巫山向南到武陵山和现今湖南和贵州交界处的雪峰山。在东边，荆州和扬州交界处的山脉有长江以北的大别山，以及位于现今湖南和江西边界的幕阜山和武功山山脉。

地处荆州北部的南阳郡在某些方面比较“异常”。它占据唐白河流域（唐白河向南流入汉水），但它与帝国都城雒阳（其北部有熊耳山穿过）的关系更为紧密。尤为特别是，南阳是帝乡，皇室一支的刘氏家族在反抗王莽的起义中崛起，在刘秀，也就是后来的东汉光武帝的最终领导下恢复了汉朝统治。从西汉起，刘氏家族祖先的坟墓一直保留在那里。当时的记载表明，宛县和雒阳是优雅、喧闹和繁盛的代名词。①

① 关于宛县，参见王先谦：《后汉书集解 · 郡国志四》，长沙：虚受堂，1915 年版，12b；以及康达维：《昭明文选》英译第一册《京都之赋》[普林斯顿：普林斯顿大学出版社，1982 年版，第 311～314 页（Knechtges, Wen xuan I, 311～314）]，翻译了张衡作于二世纪的《南都赋》（“Southern Capital Rhapsody”）；另见桀溺：《古诗十九首（三）》，第 13 页（Diény, Dix-neufpoémesanciens No. 3, 13）。

除了与帝国的联系外，宛县还是非常重要的贸易中心。由武关朝西北，沿丹江穿过山脉，进入今陕西南部和长安。长安地处关中地区，也是秦与西汉的都城。向西，沿汉水而上到达汉中郡和益州(今四川北部)。南面是汉水下游，有长江中游地区物产，向东有汝水、应水及淮水其他一些支流，可到达长江下游。① 自西汉以来，宛县就因其民众和其对商贸的兴趣之间充满活力的交融而闻名。王莽也意识到其重要性，将其设为五大都会之一。②

在公元前二世纪的基础上司马迁进行了地理调查，在《史纪》卷一百二十九《货殖列传》，他描述"西楚"地区西起淮水上游、横越大别山以北、向南延伸至长江。由此，他认为这里有一个向南的贸易腹地通过宛县，跨越淮水上游和汉水下游东西往来不绝。百年后编撰的平行文本《汉书》卷二十八下《地理志下》确认"楚地"包括荆州在长江中游流域的所有郡，以及西边的汉中郡、东边的汝南郡，但不包括南阳郡，南阳郡和颍川郡被认为是汉朝中央政府直接管理的疆土。③《汉书》对疆域的划分和分析在很大程度上是基于古典史学和同时期的社会学与占星学理论，但是从中可以窥见西汉从南阳郡往南到荆州这一轴线的发展的痕迹，而北部地区，大约今河南南部，是东西往来的通道，也可以很好地控制南方。

除了作为交通中心的地位外，南阳郡的宛县也是西汉官营冶铁中心之一。④ 到了东汉，中央政府对这些冶铁作坊的维护和监督没有那么严格，但冶铁工作得以延续，有考古证据表明其行业规模令人印象深刻。⑤

根据公元 2 年西汉人口统计，南阳郡的人口不到 200 万人。一百五十年后，东汉进行人口统计时，郡面积只略微有所扩大，而人口数字几近 250 万。在这样一个北方腹地且靠近帝国中心的地区，这种增长几乎不能被视为移民

① 《汉书·食货志》，第 446 页(Swann, Food and Money, 446)，译自《史记》卷一百二十九《货殖列传》，第 3269 页；另见《汉书》卷二十八下《地理志下》，第 1654 页。

② 《汉书·食货志》，第 336 页(Swann, Food and Money, 336)，译自《汉书》卷二十四下《食货志下》，第 1180 页。

③ 《汉书·食货志》，第 446 页(Swann, Food and Money, 446)，译自《史记》卷一百二十九《货殖列传》，第 3269 页；另见《汉书》卷二十八下《地理志下》，第 1654 页。

④ 《汉书》卷二十八下《地理志下》，第 1665～1666 页；另参见《汉书》卷二十八下《地理志下》，第 1654 页。

⑤ 见王仲殊：《汉代文明》(纽黑文：耶鲁大学出版社，1982 年版，第 126 页)，书中所述南阳汉代冶铁作坊遗址发掘曾在《考古学报》总第 48 期(1978)刊登。冶铁作坊坐落在宛县古城的城墙内，自西汉中期到东汉一直在运转，很可能是几个由地方铁官管理的作坊之一。它有 16 个熔炉可铸铁炼钢，所用铸块外购或回收旧铁器。从发现的陶范来看，生产的铁器包括锹、镐、斧、铧等农具，马车的车辖、轴承以及鼎、镬、盆等。

扩张的结果:一部分可能是繁荣地区自然增长的结果,剩下一定是迁都雒阳的次要效应,帝国各个角落的人都被鼓励迁移到新的权力中心。① 与河南尹一样,豫州的南阳郡及东面邻近的颍川郡和汝南郡同为东汉帝国人口最多的地区。

南阳郡南临江夏郡和南郡。② 江夏郡控制了汉水下游地区以及汉水和长江的交汇处(今天的武汉)的洼地,东汉郡治设于西陵(今天的新洲,位于武汉市东北部)。汉水的下游河段也兼称夏水,郡名显然是取"夏"和长江的"江"二字混合而成。汉水入江处有一个清晰可辨的聚居地,称夏口,③向东抵达长江干流十分便捷,因此江夏郡的地理位置具有潜在的重要性。然而,大别山将江夏郡与北方分隔开来,该地区整体上是沼泽地,季节性洪涝灾害多发。公元二世纪的江夏郡人口是 265 464 人,比西汉末年的 219 218 人大幅增加了 21%;但是比起更远一些的南方疆域,这一数字并不算多。

南郡,地处江夏郡西边,北起宛县以南汉水岸边的姊妹城襄阳和樊城(译者注:今天合并为襄樊市),南至古城江陵,江陵是郡治所在,在长江之畔,紧挨今天的沙市。南郡正式的属地大部分是西部的山地,荆山山脉形成的高地一直延伸到汉水岸边,但沿汉水岸边地势开阔,现代化的铁路弯弯曲曲地从这片平原穿过。沮水和漳水发源于荆山,逶迤南去,在江陵附近注入长江,形成一条经当阳北上的水运通道。另一方面,汉水蜿蜒而东与长江交汇,虽然勾连南北交通的价值逊色,但是在两条河流之间的低洼地带很可能形成小型的陆路交通。

传统上认为,公元前七世纪和公元前六世纪时的故楚都郢位于长江边的

① 根据东汉的人口统计,南阳郡有 528 551 户,2 439 619 人;颍川郡 263 440 户,1 436 513 人,汝南郡 404 448 户,2 100 788 人。河南尹的人口是 208 486 户,1 010 827 人。见《续汉书·郡国志四》(收入《后汉书》,第 3476 页);《续汉书·郡国志二(收入《后汉书》,第 3421 页和 34324 页);《续汉书·郡国志一》(收入《后汉书》,第 3389 页)。

② 关于江夏郡和南郡,见《续汉书·郡国志四》(收入《后汉书》,第 3482 页和 3479 页);参见《汉书》卷二十八上《地理志上》,第 1567~1668 页和 1566 页。

③ 该时期汉水又称沔水,因此汉水注入长江处有时也被称作沔口。

江陵境内，但现在看来，最早的郢都更可能是在汉水之北。① 其后直至三世纪初，楚国的都城（依然称为郢）临近今湖北省宜城。② 郢都旧址之争议反映了汉代南郡后来在襄阳和江陵之间形成了分界线，襄阳位于北边的汉水边，江陵地处长江之畔，中间是水陆交通的开阔地带；南郡东部是汉水和长江之间的沼泽地，一直延伸到江夏，包括以楚王狩猎区而著称的云梦泽，司马相如在《子虚赋》里进行了赞美：

其南则有平原广泽，登降陁靡，案衍坛曼。缘以大江，限以巫山……其西则有涌泉清池，激水推移，外发芙蓉菱华，内隐钜石白沙……其北则有阴林：其树楩枏豫章，桂椒木兰，蘗离朱杨，樝梨梬栗，橘柚芬芳。③

江陵以西，沿长江上游，穿过大峡谷，有条到达益州（今四川）的路线。就目前所知，河流为当时的山区提供了一条可行的路线，因为，当时那个地区除了长江沿岸驿站外，各县之间很难取得联系。无论是和平贸易，还是军队调动，唯一有效资源就是长江：纤夫在他们自己在崖壁上凿出的纤道上异常艰苦地拉着船只逆流而上，江中的障碍物和漩涡的力量会造成纤夫极速而危险的跌落。④

另一条交通路线通过江陵，向南穿过长江。在秦始皇时代，建造了一条帝

---

① 西周初年楚国的都邑在丹阳[《史记》卷四十《楚世家》，第1691～1692页；沙畹：《司马迁的传体史》第四卷，巴黎：麦松奈夫出版社，1967年版，第340页(Chavannes,MHIV, 340)]。而对于始都的所在地，现代学术界存在争议。一种观点认为丹阳在今天的安徽境内，汉代的丹阳郡附近，该观点今天基本上已经被摒弃.目前的争论是一些学者主张在长江流域，靠近推定的最早的郢，另一些学者认为丹阳和郢都这两个早期的都邑都在北边的汉水之畔，在今天的河南（译者注：应为湖北）襄樊附近，距离第二个郢或鄢郢很近（参见下文）。目前重量级的观点支持北方说[见蒲百瑞：《楚国的地理》，收入《定义楚：古代中国的意象和现实》，第10～13页(Blakeley, "The Geography of Chu,"10-13]。

② 《史记》卷四十《楚世家》，第1695页；《司马迁的传体史》第四卷，第345页和337页(Chavannes,MH IV, 345 and 337)注释1。《史记》卷四十《楚世家》，第1716页；《司马迁的传体史》第四卷，第378页(Chavannes,MH IV, 378)。第二个郢有时被更精确地定义为鄢郢。278年和241年（译者注：应为公元前278年和前241年）楚再次迁都，分别至今河南淮阳[《史记》卷四十，第1735页；《司马迁的传体史》第四卷，第414页(Chavannes, MH IV, 414)]和今安徽寿县[《史记》卷四十，第1736页；《司马迁的传体史》第四卷，第416页(Chavannes, MH IV, 416)]，在寿县再次将都城命名为郢。以上相关史实，见《司马迁的传体史》第四卷，第337～338页(Chavannes, MH IV, 337-338)注释1。

③ 《史记》卷一百十七《司马相如列传》，第3004页；华兹生，《汉魏六朝赋选》，32页(Watson, Chinese Rhyme-Prose, 32)，稍作改编。

④ 关于长江峡谷地区传统的拉纤方法和有时令人毛骨悚然的跌落，可参见伍斯特：《长江之帆船与舢板》[安纳波利斯：海军学院出版社，1971年版，第51～56页(Worcester, Junks and Sampans, 51-56)]以及李约瑟、鲁桂珍：《中国科学技术史》第四卷第三分册[剑桥：剑桥大学出版社，1962年版，第662～664页(Needham, Science and Civilisation IV:3, 662-664)]。

国驰道，从都城咸阳，穿过武关，到达南阳宛县，再穿过襄阳的汉水，到达长江上的江陵。从江陵再一路向南穿过长沙，到达湘江。

李约瑟重新梳理了这条路线，表示这条道路到达了现今洞庭湖的东部。然而，更有可能的是，这条高速公路穿过了江陵附近的长江，然后通过武陵郡。东面的线路需要穿过云梦泽，当时，洞庭湖的主要面积集中在东部，所以西线比现在的实际情况更可行。①

此外，在东汉时期，武陵郡虽然不是特别大，人口也不是特别多，但它是荆州刺史部治所，这意味着武陵郡在南北交通线上占据重要位置。正如我们已经注意到的，西部山区的少数民众叛乱直到东汉末期都是频繁和颇有成效的。武陵郡很可能因为这一点，在行政管理方面取得重要地位，但它也遭受了潜在破坏。虽然形式上武陵郡管辖很大一片区域，从洞庭湖西南到澧江和沅江流域(在当时，澧江和沅江似乎已流入与长江交界处附近的湖泊)。但实际上，定居点的主要区域很可能集中在临沅县和汉寿县附近流域下游的狭窄街道上。临沅县是武陵郡治所，在今常德附近。汉寿县是荆州刺史治所所在地，距离武陵郡东部边界非常近。②

武陵郡是荆州人口数量最少的郡，但在东汉时期人口数量增长幅度可观。公元 2 年，武陵郡人口数量为 185 758，到了二世纪中叶，人口数量增长了三分之一多，达到 250 913 人，而且是在之前的 13 个县中，有一个县划分到北部的南郡的时候。与此形成对比的是，南郡人口数量相对稳定：公元 2 年人口普查数据是 718 540 人，二世纪 40 年代是 747 604 人，这一微小的增长很可能是由于武陵郡边界位于长江以南的衡山县人口的转移。③

然而，与沿湘江及其支流的三个南方郡的人口发展相比，长江中游地区人

① 《中国科学技术史》第四卷第三分册，第 8 页、16 页和图 711(Needham, Science and Civilisation Ⅳ:3, 8, 16 and Figure 711)。然而，谭宗义:《汉代国内陆路交通考》(香港:新亚研究所，1967 年版)，第 206 页和与 212 页相对的地图，显示了从江陵向南走的路线，经过武陵区，穿过了靠近现在的同名城市益阳的资江。这似乎是最有可能的。

② 参见《续汉书·郡国志四》(收入《后汉书》，第 3484 页)。《三国志》卷四十六《吴书·孙破虏讨逆传》，第 1096 页和第 1097 页，裴松之注二引自《吴录》，记述了孙坚于 189 年带兵从长沙出发途经此地，杀死荆州刺史王睿。另参见本文第二章。

③ 关于武陵郡和南郡，参见《续汉书·郡国志四》(收入《后汉书》，第 3483 页，第 3479～3480 页)；参照《汉书》卷二十八上《地理志上》，第 1568～1569 页，第 1594～1595 页。

口增长就是小巫见大巫了。①

长沙郡在湘江上游洞庭湖和长江交汇处流域占据着重要的战略地位。据《史记》记载，该地区是铅和锡的生产中心，但司马迁指出当时的开采所得不足以抵偿支出费用。② 有关前汉时期的考古证据表明长沙是楚文化的一个重要中心，比如在今长沙市外的马王堆墓，证实了该地区在汉初时期的财富和其重要性。③ 当时长沙称为临湘，为长沙郡治所。面对这些发现的宝藏，一个现代学者很难将《史记》和《汉书》中对该地区诸如“不为积聚，乃多贫也”这样不以为然的评论与考古学证据对应起来。

公元前二世纪，长沙郡一直处于帝国的南部边疆，紧邻跨越南岭分水岭的独立国家南越，汉武帝将南越国灭亡。南越与南方的贸易一直都很繁荣，但是在西汉末期，这一地区人口并不算多：长沙郡人口约为 25 万，南部的桂阳郡人口为 15 万，西南部的零陵郡人口更少。公元二世纪中叶，桂阳郡辖管湘江支流耒水丘陵地带和在南岭分水岭另一边的北江上游地区，当时桂阳郡的户籍人口增加了两倍多，人口数量超过了 50 万；长沙郡和零陵郡的户籍人口人数都超过了 100 万，与西汉时期相比，长沙郡人口增长了 4 倍半，零陵郡人口增长了 7 倍多，这些数字远远大于处于长江中游地区郡的人口增长数量，将长沙郡和零陵郡提升为帝国的重要领土。

这一引人注目的发展反映了帝国交通路线的重要性，以及与南海岸贸易带来的繁荣。在秦帝国统治下，南至长沙的“高速公路”继续通到湘江流域，沿着现今铁路线从东南进入零陵郡。就在零陵郡以南，即今广西兴安镇，秦始皇开凿了一条穿过分水岭、将湘江和漓江源头相连的运河。这一非凡壮观的工程就是“灵渠”，秦始皇修建它的最初目的是为了帮助军队征服较远的南方。汉政府对灵渠进行过修缮。在过去的两千年里，灵渠经历过多次修复，至今仍用于南北之间的交通。④

---

① 关于长沙、零陵和桂阳，参见《续汉书·郡国志四》(收入《后汉书》，第 3485 页，第 3482～3483 页和 3483～3484 页)；参照《汉书》卷二十八下《地理志下》，第 1639 页，《汉书》卷二十八上《地理志上》，第 1594 页和 1595—1596 页。

② 参见《史记》卷一百二十九《货殖列传》，第 3268 页；《汉书·食货志》，第 445 页(Swann, Food and Money, 445)。《汉书·地理志》和《续汉书·郡国志》(收入《后汉书》)中没有记述相关内容。

③ 参见《汉代文明》(Wang, Han Civilization)。其中关于在长沙发现的战国时期的漆器和铁制品，见第 81 页和第 128 页；关于汉代的漆器和镀金铜，见第 81～83 页，第 103 页和第 105 页；关于在马王堆墓发现的食物和陪葬品，见第 52 页和第 207 页，以及图 274～278，285～291 和其他。

④ 关于运河的运作，参见《中国科学技术史》第四卷第三分册，第 299～305 页(Needham, Science and Civilisation IV:3, 299-305)。

因此，荆州南部的主要交通线路是沿湘江流经路线和秦朝时期修建的道路。然而，汉政府以此为中心轴，修建了其他道路。其中一条路线穿过桂阳郡，沿一条较直的线路到达南方。这条线路上没有运河帮助运输货物（虽然灵渠线路更长，因此运输货物更为有效），但是这条路线为桂阳郡的发展做出了贡献。在东汉时期，出于行政管理和控制的目的，政府将道路建在河流之间的山区里或穿过山区，因此，零陵郡北部与位于武陵郡西部的沅江上游相连，东南部与桂阳郡相连。尤其是光武帝时期太守卫飒修建的桂阳郡道路，主要是为了维护帝国政府的权威，确保税收征收，并使人民处于汉政府的完全控制之下。①

卫飒是一位精力充沛的管理者，我们已经注意到他在南方推行儒家文化中所做的事情。卫飒也非常关心当地的繁荣发展，他在耒阳县重新建立了铸铁厂。西汉时期曾在耒阳县设有铁官，但后来没落了。② 新铸造工厂是当地的一项举措，它是该地区在公元二世纪的人口普查记录中唯一的产铁来源。它既满足了长沙郡和零陵郡对铁的需求，而且很可能满足了较远南部地区对铁的需求。

因此，到东汉末年，荆州南部的这三个郡依据汉中央政府的统治模式获得了长足发展。移民和扩张对当地造成了频繁的侵扰，公元二世纪 60 年代和 80 年代陆续激发了大规模的土著居民的反抗，期间有叛变的汉人加入企图与王朝对抗。处理这些麻烦要求三郡的官府通力合作，同时，尽管新修的道路分流了部分交通，但水上交通路线也倾向于促成该地区行政管理的统一。三面环山，北面跨长江可通北方，长沙、零陵、桂阳三郡不仅是向南的交通枢纽，更在经济和政治上具有显著的重要性。

交州和遥远的南海岸

中国政权对南岭以南的控制一般认为始于秦始皇。通过公元前 220 年之后的一系列战争和前 214 年的最后胜利，秦军占领了今天的广东广西的大部

---

① 伊佩霞：《后汉的经济和社会史》，收入《剑桥中国秦汉史》，第 2459 页（Cambridge Han, 614 [Ebrey, "Economic and Social History of Later Han"], citing HHS 76/66, 2459）。

② 《后汉书》卷七十六《循吏列传》，第 2459 页和《续汉书·郡国志四》（收入《后汉书》），第 3483 页。在西汉时期，此地曾设有铁官，受桂阳郡管制；《汉书》卷二十八上《地理志上》，第 1594 页。

分地区、越南北部，短暂占领福建的部分地区。① 然而随着几年后秦的灭亡，继任南海郡尉的赵佗依靠南海郡傍山靠海、有险可据的有利地形，占领和封锁穿越南岭的道路，割据岭南，建立南越国。至西元前 111 年汉武帝灭南越，赵佗和其子孙的南越国共存在将近一百年。②

马王堆三号汉墓出土的两张地图记载了公元二世纪初西汉和南越边境的民用和军事部署，展示了古代中国制图技术的高度水平。③ 然而，在大多数情况下，边境是和平的，汉人血统统治下的南越朝廷支持汉人移民到南越，所以实际上是引导南越之地融合进中原文化圈。

司马迁在描述遥远的南方时，将其视为南楚的一部分，并观察到当地居民多半是非汉族裔的越人，越人一般用以指南部和东南沿海的原住民。南海郡治番禺县位于今天的广州市附近，司马迁认为番禺是一个主要的大都会，还特别提到了珍珠、犀牛角、玳瑁、水果和纺织品的贸易。一百年后，《汉书》描述

---

① 《淮南子》卷十八《人间训》，15a-b(收入《四部丛刊》，上海：商务印书馆，1927 年版)，详细记述了这些战争；鄂卢梭《中国第一次对安南地区的征服》[载《法国远东学院学报》1923 年第 23 期，第 137～265 页(Aurousseau，"La première conquête")]对此有所讨论和翻译；戴德华《越南的诞生》[伯克利：加利福尼亚大学出版社，1983 年版，第 17～19 页(Taylor，Birth of Vietnam，17-19)]论述得较为简略。秦军派出 5 支军队，4 支从今天的湖南省南下穿越南岭，第 5 支在今江西鄱阳湖地区集结，向东跨越武夷山，抵达富春江，沿海岸线向南穿越今福建境内，经汕头附近的揭阳道向东进入广东。这次远征有可能动用了水军，最终，秦设置了闽中郡，治所为今天闽江边的福州市。参见《史记》卷一百一十四《东越列传》，第 2979 页，以及《汉书》卷九十五《西南夷两粤朝鲜传》，第 3859 页；并参见下文。

② 关于赵佗建立南越政权的历史，见《史书》卷一百一十三《南越列传》，第 2967～2978 页；及《汉书》卷九十五《西南夷两粤朝鲜传》，第 3847～3859 页；《越南的诞生》，第 23～27 页(Taylor，Birth of Vietnam，23-27)；余英时：《汉朝的对外关系》[收入《剑桥中国秦汉史》，第 451～453 页(Cambridge Han，451-453)(Yü，"Han Foreign Relations")]。关于发现南越国中低级官员墓葬群的报道，见《考古学报》总 40 期(1974)，王室墓葬的报道见《考古》1984 年第 3 期。

③ 关于这些地图，张磊夫：《马王堆地图》[载《制图学：澳大利亚地图制图学会学报》，1980 年第 11 卷第 4 期，第 211～222 页(de Crespigny，"Maps from Mawangdui")]一文中有所探讨。

“越地”时又增补了象牙、银器和铜器。① 该地区的考古发掘已经证实了番禺是当时重要的贸易中心和精美的漆器制造业中心，②同时揭示出当地存在有重要的造船业，所建造的船只能够进行沿海贸易，以及在南海进行航海活动。

东汉，汉王朝的权威在整个交州得到长足的发展和巩固。③ 在交州最东部的南海郡，溯北江而上与荆州的桂阳郡接壤，辖东江（东水）流域，向东沿海岸线延伸到今天的汕头市。苍梧郡，郡治在今梧州一带，统辖今天的西江（西水）下游流域，东汉时称为郁水，其北部支流桂江，当时称作漓水，与灵渠汇合。在公元 2 年，南海郡人口尚不足 10 万，而在接下来的 150 年里，它的人口数量翻了 2.5 倍，达到了 25 万。同一时期，苍梧郡人口的增长更令人印象深刻，从

---

① 《史记》卷一百十九《循吏列传》，第 3268 页；《汉书·食货志》，第 446 页（Swann，Food and Money，446），《汉书》卷二十八下《地理志下》，第 1670 页。孙念礼文本的注释 1 引用了公元三世纪东吴人韦昭（关于此人参见本书第九章）的观点，他把“果”解释为特指龙眼和荔枝。韦昭进一步解释了“布”的涵义，具体指的是用名为“葛”的植物制成的纺织品。葛，或葛藤，是一种豆科攀援植物，因其优良的茎皮纤维至今在中国受到青睐[野葛：《中国科学技术史》第六卷第二分册，第 536 页（Needham and Bray，Science and Civilisation VI：2，536）；E. 贝勒《中国植物志》第二卷，第 390 页（Bretschneider，Botanicum Sinicum II，390）]。然而，颜师古却认为这个词泛指各种编织样式和色彩的精美纺织品。此时的中国人已经拥有大麻和苎麻，而不是棉花；他们的其他衣服是丝绸、羊毛或毡制品，全部来源于动物[《中国科学技术史》第六卷第二分册，532-537 页（Needham and Bray，Science and Civilisation VI：2，532-537）]

② 例如，《汉代文明》，84～85 页。

③ 汉朝在最南部的疆域设置刺史负责监察，这片疆域的名称和行政级别却并不确定。《汉书》卷二十八下《地理志下》（第 1628～1630 页），列举了各郡的名称，称其属交州，《续汉书·郡国志五》也将其称作交州（收入《后汉书》，第 3533 页）。然而，也有一些记载东汉历史的文本则称其为交趾，《史记》卷十五《六国年表》（第 464～465 页），清楚地记载公元 203 年之前南越之地属交趾刺史部管辖，公元 203 年改为交州，《宋书》卷三十八《州郡四》（第 1204 页）支持这种说法：这个问题，参见下文。《后汉书集解·郡国志五》113B/23B，30b，王先谦认为直到东汉末年《后汉书》一直把这整个地区称作交趾，司马彪的陈述很可能是一个时代错误。这的确是有可能的，我们可能会接受置于刺史监察下的这个地区，在几乎整个东汉时期都被称作交趾。当然，这意味着在岭南有一个名为“交趾”的州级别的区域，由刺史进行监察，其下辖各郡中有一个郡叫交趾郡，由太守负责管理。虽然这个命名法有点令人困惑，但并不是唯一的：汉帝国的西部和西南部的益州也包含一个益州郡（例如，见《续汉书·郡国志五》，收入《后汉书》，第 3512 和 3516 页）。在大多数情况下，无论是本文，还是特指刺史或太守时，都要决定正在讨论的是哪个级别的和哪个地区的政府。[也可以观察到，西汉有一段时期和东汉初期，朔方这个名字既用以指朔方郡，又指在遥远的北方的一个短期的州级政府（例如，见《汉书》卷二十八上《地理志上》第 1543 页，和《后汉书》卷一下《光武帝纪下》，第 58 页）为了清楚起见，也因为实际上在南方发生的大部分与东吴政权有关的事件都是在公元 203 年改交州刺史部置之后，所以我通常用“交州”这一带有时代错误的形式来称呼这一地区。

不到15万激增至超过45万，接近50万，比之前增长了两倍。①

郁林郡位于苍梧郡的上游，统辖西江的干流流域，和其支流柳江流域。②郡治位于今广西省桂平市附近的河流交汇处。西汉，郁林郡人口大约7万，只是苍梧郡的一半，但东汉的人口统计数字我们已无从知晓。军事征服式的主流可能通过这片疆土，虽然很可能该地区受益于驰道和沿西江上游苍梧郡的陆路交通，翻越分水岭，到达位于红河盆地的交趾郡，即今天越南的河内周边。

李约瑟和其他学者发现，汉朝内部的交通系统可以通过水运将货物运到两千多公里以外，从南海郡的西江或从南边的郁林郡出发，沿漓江（译者注：漓江是桂江的上游，起点为桂江源头），穿过灵渠到达湘江源头，然后经过长沙郡、洞庭湖，到达长江。在长江，船只和驳船向北沿汉水到达襄阳县和宛县，期间与雒阳有一段较短的陆地连接，或者，沿长江下游航行，与华北平原南部的淮水和运河系统相连。帝国的"高速公路"和其他道路也非常发达，同时，也是水路运输的有益补充。这是一种非凡的交通系统，比埃及尼罗河水运系统更庞大、更灵活，比地中海罗马湖水运系统更容易操控。③

虽然这条内陆路线对政府来说大有用处，对旅行者和商人来说无比宝贵，但有一条可供选择的自然形成的路线，这条路线有时比较危险：海上贸易沿红河三角洲沿岸到达广州湾、杭州湾、长江入海口甚至更远的地方。正如王赓武所指出的："这一贸易是中国经济的一个非常重要的组成部分，以至于几乎没有必要提及它。"④但从一些对海军活动的描述中可以看出海上能力非常强大。公元前三世纪和二世纪，在今福建沿海有一些军事行动。在公元前111年，汉政府在番禺集结舰队，追击南越舰队至东京湾，赢得了最后的胜利。同样，东汉末期，公元196年，孙策在从杭州湾到闽江口进行了一次海上探险；公元226年，吕岱从陆路和海路攻打交趾士氏家族。这类行动需要大量的船只

① 关于南海郡和苍梧郡，见《续汉书·郡国志五》（收入《后汉书》，第3530～3531页）；参见《汉书》卷二十八下《地理志下》，第1628页和1629页。

② 关于郁林郡，见《续汉书·郡国志五》（收入《后汉书》，第3531页）；参见《汉书》卷二十八下《地理志下》，第1628页。

③ 《中国科学技术史》第四卷第三分册，第306页（Needham, Science and Civilisation IV:3, 306）和卜德：《秦国和秦帝国》（收入《剑桥中国秦汉史》，第65页）（Cambridge Han, 65 [Bodde, " he State and Empire of Ch'in"]）。

④ 王赓武：《南海贸易：南中国海华人早期贸易史研究》，载《皇家亚洲文会马来西亚支会会刊》，1958年第31卷第2部分，第29～30页（Wang, "Nan-hai Trade," 29-30）。

和海员，这就间接地证明了存在一支可以在需要的时候随时征用的商船。[①]广州（旧时番禺）古老的造船厂遗迹展示了南越时期建造船只的能力，[②]尽管被汉征服后，官方对这一领域兴趣下降，但仍有一些当地商人维护着这一事业，其中南越人居多，也有汉人。

今广州和河内之间的海岸线基本上一直属于合浦郡管辖，[③]在汉代有一段不稳定的历史。汉政府对这部分地区的扩张是有动力的，因为船舶通过海南海峡和雷州半岛之尖的徐闻县，而徐闻县是重要的转运港。[④] 对于政府来说，更重要的是中国南部海岸的采珠业，尤其是海南，是中国南海大部分优质珍珠的来源。然而，丘陵和高山将雷州半岛和广州湾之间的海岸与西江分割开来，沿海内陆地区狭窄、潮湿，不利于身心健康，不宜居住，阻碍了汉民族移民。据记载，公元 2 年，合浦郡人口数量在 8 万以下，到东汉时期，人口数量为 86 000，增幅很小。

合浦县是合浦郡治所，位于雷州半岛以西，正对东京湾，向北通过陆路，穿过低矮狭窄的分水岭到达郁林境内的西江。西汉时期，合浦县是长途海运基地，因为，据我们所知，皇宫官员被派往印度用黄金、丝绸交换宝石、古玩和一些小玩意儿，他们带回来的珍珠直径达到两英寸，远比那些在本地收集的更有价值。[⑤] 这些货物在合浦市场上进行评估和交易，然后加入当地珍珠生产，运至西江，然后沿江和运河运往北方。两汉时期，向朝廷供应珍珠是当地官员的头等大事，官员和私营商人从中获取了巨额财富。[⑥]

公元二世纪七八十年代，东汉灵帝在位期间试图通过建立高凉郡将雷州以东孤立的领土置于更有效的控制之下。然而高凉郡的发展是短暂的，几年

---

① 《史记》卷一百一十四《东越列传》，第 2980 页；《汉书》卷九十五《西南夷两粤朝鲜传》，第 3860 页和《史记》卷一百一十四《东越列传》，第 2982 页；《汉书》卷九十五《西南夷两粤朝鲜传》，第 3861 页，另见《史记》卷一百一十三《南越列传》，第 2976 页；《汉书》卷九十五《西南夷两粤朝鲜传》，第 3858 页。关于孙策，参见第二章；关于吕岱，参见第七章。

② 关于今广州发掘出秦和汉初时期的造船厂和当时船舶的性质，可以参见《文物》（1977 年第 4 期）广州学者和上海交通大学学者们的文章；另参见《汉代文明》（第 122 页）（Wang, Han Civilization, 122）。据估计，船厂的建筑平台适合建造 60 公吨，长 30 米，宽 8 米的船只。

③ 关于合浦郡，参见《续汉书・郡国志五》（收入《后汉书》，第 3531 页）；另参见《汉书》卷二十八下《地理志下》，第 1630 页。

④ 关于汉代徐闻县，参见广东省博物馆学者们发表在《考古》1977 年第 4 期的文章。

⑤ 《汉书》卷二十八下《地理志下》，第 1671 页。

⑥ 余英时：《汉代的贸易与扩张：中夷经济关系结构研究》，奥克兰：加利福尼亚大学出版社，1967 年版，第 178 页（Yü, Trade and Expansion, 178）。

之后就消失了。①

汉政府还有几次试图在海南岛建立帝国统治。公元前二世纪末期，在征服了南越国后，汉武帝派遣军队和移民进入海南岛，设立儋耳郡和珠崖郡。儋耳，意为“下垂的耳朵”，可能是指当地人的饰品。而珠崖，意为“珍珠海岸”，很好地解释了这一产业：虽然珍珠贸易给朝廷带来巨大价值和高额利益，但是直接进入生产中心并不容易。

据《汉书》记载，海南人过着简单的生活，基本上是小农经济，偶尔也会打猎。然而，由于中央派往当地的官员欺压当地居民，最终激怒当地居民，经常发生叛乱，在随后的统治时期，帝国的地位逐渐衰败。公元前 82 年，儋耳郡被废，公元前 46 年，珠崖郡也被废。② 东汉初期，重新设立珠崖县，很可能位于海南岛的北岸，据说明帝已接受儋耳蛮夷的朝贡。③ 然而直到三国时期，吴国才真正尝试恢复了汉人的权威。④

这些移民和控制的失败反映了所涉及的距离和国家的困难。直到今天，海南和邻近的海岸线仍以流行热带病而闻名，尤其是疟疾，而且在早些时候也同样令人担忧。位于西江峭壁间狭窄间隙的“鬼门关”，至今仍有据说是东汉马援将军所立的古碑。在唐代，“鬼门关”被认为是进入具有奇怪而致命空气

---

① 170 年，帝国政府控制了乌浒人，在他们的领土上设置了一个新郡。据房玄龄等的《晋书》(北京：中华书局，1974 年版，卷十五《地理志下》第 464 页)，最初郡名为高兴郡，但显然后来改为高凉郡。然而，178 年，乌浒人反叛，动乱蔓延整个地区，181 年新任交趾刺史朱俊平息叛乱(《后汉书》卷八十六《南蛮西南夷列传》，第 2839 页；《后汉书》卷七十一《皇甫嵩朱俊列传》，第 2308～2309 页；《后汉书》卷八《孝灵帝纪》，第 345 页)，但这一时期的史料中并未提及高兴/高凉郡，很可能被废。

② 《汉书》卷二十八下《地理志下》第 1670 页，描述了海南岛及儋耳和珠崖两郡。关于他们的设立，参见《史记》卷一百一十三《南越列传》第 2977 页和《汉书》卷九十五《西南夷两粤朝鲜传》第 3859 页；关于他们的被废，参见《汉书》卷七《昭帝纪》，第 223 页；德效骞：《〈汉书〉译注》第二卷，第 160 页(儋耳)(Dubs, HFHD II, 160[Dan'er])，和《汉书》卷九《元帝纪》，第 283 页；德效骞：《〈汉书〉译注》第二卷(巴尔的摩：韦弗利出版社，1944 年版)第 310 页(珠崖)(Dubs, HFHD II, 310[Zhuyai])和《汉书》卷六十四下《严朱吾丘主父徐严终王贾传下》，第 2830～2835 页；另参见《后汉书》卷八十六《南蛮西南夷列传》，第 2835～2836 页。另参见薛爱华：《珠崖：早期的海南岛》[奥克兰：加利福尼亚大学出版社，1967 年版，第 8～14 页(Schafer, Shore of Pearls, 8-14)]；《南海贸易：南中国海华人早期贸易史研究》，第 21 页(Wang, "Nan—hai Trade", 21)；余英时：《汉代的贸易与扩张：中夷经济关系结构研究》，第 192 页(Yü, Trade and Expansion, 192)和余英时：《汉朝的对外关系》(收入《剑桥中国秦汉史》，第 453 页)(Cambridge Han, 453 [Yü,“Han Foreign Relations”])。

③ 《后汉书》卷二《显宗孝明帝纪》，第 121 页；关于东汉时期珠崖县参见《后汉书集解 · 郡国志五》113B/23B, 27a-b。

④ 也就是公元 242 年。《三国志》卷四十七《吴书 · 吴主传》，第 1145 页；《南海贸易：南中国海华人早期贸易史研究》，第 33 页(Wang,“Nan-hai Trade”33)。

的土地的入口，素有“十人九还”之说（译者注：应作“十人去，九不还”）。[①] 在汉代，自然条件恶劣的合浦是罪犯及其同伙的流放之地。

自三世纪末被秦国征服以来，今越南的沿海地区一直处在中国政府的统治下，赵佗和他的南越国在这片土地上所实现的扩张和巩固[②]使西汉大受裨益。这里的主要行政单位是位于红河三角洲的交趾郡（治所为龙编县，今河内）、九真郡（治所为胥浦县，位于今越南北部的清化）和日南郡（治所为西卷县，靠近今越南广治）。[③]

公元40年和43年之间，交阯征（越南语：Trung）氏姐妹在红河流域举兵造反，马援率军平定岭南，建国伊始的东汉帝国声威得到彰显。[④] 今天在越南英勇的征氏姐妹仍然被人们缅怀为民族独立和抵抗的象征，而伏波将军马援，用刀剑强制推行汉文化，将骆越首领的铜鼓铸成用来展示胜利的骏马进献给雒阳的皇帝，在几个世纪后被奉为神和英雄。[⑤]

在中国领土的西边是一个分水岭的国家，这里曾经居住的山民有可能是今天摩伊人的祖先，也许与南方更先进更强大的占人和高棉人有关。[⑥] 与其说他们让三角洲和沿海平原的中国各级行政官和百姓感到担心，不如说他们似乎是剥削的来源。汉帝国的主要威胁正是来自这片他们想要占领的土地上

① 薛爱华：《朱雀：唐代的南方意象》，第31页（Schafer, Vermilion Bird, 31）。

② 《史记》卷一百十三《南越列传》第2969页和《汉书》卷九十五《西南夷两粤朝鲜传》第3848页，记录了赵佗征服红河三角洲地区西瓯雒国事件；《越南的诞生》，第23～27页（Taylor, Birth of Vietnam, 23-27）；薛爱华：《朱雀：唐代的南方意象》，第15页（Schafer, Vermilion Bird, 15）。

③ 霍姆格伦：《中国在越南北部的殖民统治：一至六世纪东京三角洲行政地理和政治发展》（堪培拉：澳大利亚大学出版社，1980年版，第23～52页），详细介绍了三角洲地区的河流系统重建和汉朝时期的越南境内各县遗址（Holmgren, Colonisation, 23-52）。

④ 《后汉书》卷八十六《南蛮西南夷列传》，第2836～2837页；《后汉书》卷二十四《马援列传》，第838～839页；《越南的诞生》，第37～41页（Taylor, Birth of Vietnam, 37-41）；霍姆格伦：《中国对越南北部的殖民》，第11～16页（Holmgren, Colonisation, 11-16）；薛爱华：《朱雀：唐代的南方意象》，第81页（Schafer, Vermilion Bird, 81）。

⑤ 关于征氏姐妹在后世的评价，见《越南的诞生》，第334～339页，附录K（Taylor, Birth of Vietnam, 334-339, Appendix K）。关于马援的后世地位，参见薛爱华：《朱雀：唐代的南方意象》，97～99页（Schafer, Vermilion Bird, 97-99）。关于一般认定的马援准魔幻事迹的地方传统见石泰安：《林邑：其位置、在占婆形成中的作用及其与中国的联系》（载《汉学》，1947年，第147～202页）（Stein, “Lin-yi,” 147-202）。《后汉书》卷二十四《马援列传》第840页告诉我们马援善别名马。在平定南越的叛乱之后，马援得到了象征异域宗教和权力的骆越铜鼓，熔炼以铸造成骏马的标准像，进献给东汉皇帝，皇帝将其安置在雒阳南宫的宣德殿（毕汉斯，《东汉的洛阳》，第25～26页（Bielenstein, Lo-yang, 25-26）。

⑥ 薛爱华，《朱雀：唐代的南方意象》，第16～17页（Schafer, Vermilion Bird, 16-17）。

的居民。

在马援镇压征氏姐妹的叛乱之后一百年里，尽管发生过地方性的小规模叛乱，这样的叛乱大多数是因朝廷派去的官吏横征暴敛、治郡无方造成的，帝国的权威基本上没有受到任何损害。然而，公元136年，爆发了一次大规模的起义，起义军主要是南部来的占人，占领了日南郡的大部分地区，对九真郡造成严重的袭扰。此外，当东汉朝廷在交趾当地招募军队来对抗反叛者时，这些军队反过来爆发哗变，使得整个帝国在该地区的统治地位受到威胁。

朝廷上的讨论承认，南越之地资源匮乏不足以解决军事方面的问题。有一种建议是，应该从荆州招募军队，但是这个计划被明智地否决了。一方面，热带的地形、炎热和疾病，会造成难以估量的非战斗减员，北方的军队能否有效地部署也值得怀疑。此外，众所周知，在荆州的南部弥漫着不满情绪，所以这种大规模的征兵很可能会引发另一场兵变，甚至会把更严重的麻烦引到中原腹地。南方的叛乱展现了皇权的局限性，而大将军从事中郎李固则认为，最好的办法是通过政府的管理、外交手段和施计谋瓦解敌人来解决这一问题，计谋可是用来对付边境上的蛮族的一剂古老良方。①

这个方案取得了成功，至少它平息了危急的战局，东汉帝国的统治得到了正式的恢复。不过，越南地区在144年、157年和160年继续动乱不断，今天的广西和贵州地区的北方山民祸事连连。② 在帝国的最南端，北纬16度以南的日南郡似乎已经失去了，顺化地区建立了非汉人的国家林邑，辖境向南一直

① 《后汉书》卷六《孝顺、孝冲、孝质帝纪》，第266～268页，卷八十六《南蛮西南夷列传》，第2837～2839页；《越南的诞生》，第61～62页，第341～342页(Taylor, Birth of Vietnam, 61-62, and341-342)，附录L翻译了李固的奏折。参见，鲁惟一：《政府的管理与存亡攸关的问题》(收入《剑桥中国秦汉史》，第310～311页)余英时：《汉朝的对外关系》(收入《剑桥中国秦汉史》，第454～455页)(Cambridge Han, 310-311 [Loewe,"The Conduct of Government"]; and 454-455[Yü, "Han Foreign Relations"])，另参见《南海贸易：南中国海华人早期贸易史研究》，第26页。

② 《越南的诞生》，第63～67页(Birth of Vietnam, 63-67)。

延伸到今越南岘港。① 更远的海岸附近，地处湄公河三角洲的扶南国定期与汉交易往来，正在沿马来半岛的东部海岸壮大政治权威，占据地区贸易的主导地位，已经足够强大，地势也足够偏远，能够避免任何军事对峙。②

不幸的是，我们今天没有东汉交趾郡的人口普查数据，但是公元二世纪其登记人口大约有七十五万，超过各郡之和，似乎可以肯定到公元二世纪居民的数量一定已经达到一百万以上。九真郡人口从 166 013 增长到 209 894，增加了四分之一，日南郡人口的增长率逾 40 %，从不足 70 000 增长到超过 100 000：不过，这里最后一个数字很可能反映的是日南郡最繁荣的时期，即公元二世纪 30 年代末叛乱和部分撤军之前。③

然而，当时交趾郡是今属越南的这片区域里最重要的疆土。虽然红河三角洲还没有像今天这样延伸到北部湾，但这片土地广阔肥沃，为贸易提供了一个繁荣的内陆地区，既连接内陆又面向海洋。陆路交通发达：东北方向越过现代边境线，可抵达西江上游流域；西北方向可进入益州，今天的云南昆明由益州郡管辖，东汉朝廷宣布了对哀牢地区和大理湖边新设立的永昌郡的主权。此外，治所龙编是南中国海主要的贸易港口，沿海岸线东连南海郡，向南经东南亚半岛和岛屿、海峡，通往印度洋。④

在《汉书・地理志》中最早的关于海上贸易的描述强调了合浦郡的重要

---

① 姚思廉：《梁书》（北京：中华书局，1975 年版）卷五十四《诸夷海南诸国东夷西北诸戎》，第 784～787 页记载了关于林邑国的描述和历史。现代学者的观点，见《林邑：其位置、在占婆形成中的作用及其与中国的联系》，尤其见 130～147 页（Stein, "Lin-yi," particularly at 130-147），以及桑田六郎：《关于蜑族源流文献的考察》（载《台北帝国大学文政学部史学科研究年报》，1942 年第 7 期，第 3～46 页）（Kuwada 1941）（译者注：作者疑弄错了年份，应为 1942 年）。

刘昭集注《后汉书志・郡国志五》，第 3533 页，注释 2，认为公元五世纪时林邑国占领了昔日东汉日南郡的象林县。石泰安认为这个兴起的国家代表了土著的形成，这些人长期居住在这片被中国人视为帝国领土的地区：他们并没有越过边境线，而是作为土著群体在这个时期获得了独立，当然石泰安的观点肯定是正确的。

② 关于扶南国，见《梁书》卷五十四《诸夷海南诸国东夷西北诸戎》，第 787 页；伯希和：《扶南考》（Pelliot, "Fou-nan"）；现代学者关于东南亚的讨论，见肯尼斯・R・霍尔：《古代东南亚的海上贸易和国家发展》，第 38 页和第 48～68 页（Hall, Maritime Trade and State Development, 38 and 48-68）。

③ 关于交趾郡、九真郡和日南郡，见《续汉书・郡国志五》（收入《后汉书》，第 3531～3533 页）；参见《汉书》卷二十八下《地理志下》，第 1629 和 1630 页。

④ 余英时：《汉代贸易与扩张》，第 177～178 页（Yü, Trade and Expansion, 177-178）；另参见第五章。龙编即西方通常所说的卡蒂加拉。

性，航海距离显然是按距离该地计算的。[1] 然而，至公元一世纪，土地肥沃、地形开阔适宜居住以及交通网络四通八达，这些自然优势，正是龙编这座城邑值得骄傲的地方：关于汉末太守士燮统治下的这座城邑的描述，以及关于交趾的人口和繁荣情况的记录，都表明了龙编作为海陆货物交易市场和中转港的主导地位，这里贸易繁荣，云集着各种通过陆路和海路沿中国海岸而来甚至远至东南亚和印度洋的货物。

利用季风的交替变化，对外贸易基本上是季节性的，冬季船只向南航行，跨过历年的年尾，夏季再向北航行。从理论上讲，船只从嘎那角出发，往北驶向海南，或者向东航行，在广州湾登陆，应该是有可能的。然而，实际上，除了远离陆地航海的正常困难之外，西沙群岛和其他小岛屿的礁石和浅滩也大大增加了风险，因而常规的航线都是沿着弯曲的海岸线，第一个登陆的港口就是龙编。

没有证据表明，在东汉官方直接参与了海外贸易，大部分交易可能是在少数民族的越人的船只上或来自南方、东方的外国货船上进行的。然而，桓帝在位期间，有一系列的官方承认的来自遥远西方的觐见，这些使臣从日南的南部乘船而来。公元 159 年和 161 年印度的使团在朝堂上得到接见，166 年来自大秦（罗马帝国的古称）的"使者"抵达。很有可能这些只是寻求贸易优惠条件的个体商人，而东汉朝廷为了自己的威望接受了这种冒名顶替的骗局。然而，无论这些旅行者的真实身份如何，他们确实来自非常遥远的地方，他们来访的

① 《汉书》卷二十八下《地理志下》第 1671 页，《南海贸易：南中国海华人早期贸易史研究》第 26 页有论及。其他关于汉代海上对外贸易的研究，参见韩振华：《公元前二世纪至公元一世纪间中国与印度东南亚的海上交通——汉书地理志粤地条末段考释》(1957)。

记录显示了大汉帝国与南海以外的世界进行交流的范围和程度。①

扬州刺史部和长江下游地区

在汉代，政府对今福建沿海地区的居民和贸易干预得很少。帝国的前哨基地设在位于今福建闽江口的东冶县和侯官县，两县很可能是交通要冲和本地及过往贸易费用征收点。② 台湾当时称为“夷洲”（译者注：也有学者认为应作“夷州”），意为“蛮族人的岛屿”，但官方对这个地方没有兴趣。再往北，是永宁县（今浙江南面的温州），从顺帝时期起就位于瓯江口。然而，沿海定居点似乎并没有对依靠其供应的内陆地区实施名义上的控制权，而且好像也没有动力这样做。中国东南部的大部分山区地带，包括福建全省、广东东部的大部分

---

① 印度（古称天竺）“使者”记录于《后汉书》卷七《孝桓帝纪》（第 306 和 309 页），卷八十八《西域传》第 2922 页。大秦“使者”记录于《后汉书》卷七《孝桓帝纪》第 318 页，卷八十八《西域传》第 2920 页，《后汉纪》卷十五《孝殇皇帝纪》，7a-b。公元 159 年汉桓帝在宦官的协助下发动政变，成功推翻了大将军梁冀的外戚专权，实现亲政；166 年，因为太学生和大臣们反对他的政策和宦官干政，他的统治承受了诸多批评和压力。[参见张磊夫：《汉桓帝和汉灵帝》，第一卷，第 11～14 页，第 69～85 页（de Crespigny, Huan and Ling I, 11-14 and 69-85）]。携带着贡品的大使自遥远的异域而来，这对于汉桓帝来说是一个宣传自己政权的有利资源。关于大秦的文本在大量的外文二手资料中都有论述，这里我只提及夏德：《大秦国全录》，第 47、82、94～95 和 173 页（Hirth, China and the Roman Orient, 47, 82, 94-95 and 173）；伯希和：《交广印度两道考》，第 132～133 页（Pelliot, “Deux itineraries,” 132-133）；裕尔：《东域纪程录丛——古代中国闻见录》，第 281 页（Yule, Cathay and the Way Thither, 281）；白鸟库吉：《西域地理》，第 145 页（Shiratori, “Geography of the Western Region,” 145）；李约瑟、王铃：《中国科学技术史》第一卷（剑桥：剑桥大学出版社，1954 年版），第 197～198 页；李约瑟、王铃：《中国科学技术史》第三卷（剑桥：剑桥大学出版社，1959 年版），第 174～175 页（Needham, Science and Civilisation I, 197-198, and III, 174-175）；《南海贸易：南中国海华人早期贸易史研究》，第 28 页（Wang, “Nan-haiTrade,” 28）；拉西克：《罗马东方贸易新探》，第 853～855 页（Raschke, “New Studies in Roman Commerce with the East,” 853-855）。另参见卢弼：《三国志集解》卷三十、六十二下，引用丁谦的观点。我有幸请教过唐纳德·莱斯莉教授和加德纳教授（Dr Donald Leslie and Dr K. H. J. Gardiner），他们关于中国来源的罗马帝国的著作正在酝酿中。

② 关于东冶县和邻近的候官县（译者注：清以后通作“侯”），参见毕汉斯：《唐末前中国在福建的移民活动》[收入《高本汉纪念文集》，瑟伦·埃盖罗德和埃尔塞·格拉赫恩合编，哥本哈根：埃及纳·蒙斯卡出版社，1959 年版，第 121～122 页（Bielenstein, “The Chinese Colonisation of Fukien,” 121-122）]。《续汉书·郡国志四》（收入《后汉书》，第 3488 页）中涉及两县的资料非常散乱，需要参照《后汉书集解·郡国志四》，47a-b 中的注解。候官县也叫东候官，很明显，名字源于它最初作为一个军事驻地的作用：“候官”很可能意为“指挥官的办公室”或“公司”。“候官”似乎是帝国沿北部边境一些县的名字或名字的一部分[参见《北部边疆：后汉帝国的政策和策略》，第 457～458 页注释 38，和鲁惟一：《汉代的行政记录》上卷，剑桥：剑桥大学出版社，1967 年版，第 76 页和第 96 页（de Crespigny, Northern Frontier, 457-458 note 38, and Loewe, RHA I, 76 and 96）]。前缀“东”用于区分帝国北部和西北部其他名字一样的地方或有类似名字的地方。

地区、江西东南部和浙江南部，都在帝国的边界之外，甚至不在汉王朝的利益范围内。

但是，有确凿的考古证据证明了中国中部和长江中下游地区之间长久以来的联系。在周朝时期，越国已经在杭州湾地区发展起来，事实上，他的统治阶级已被汉化。公元前五世纪初，越国击败了竞争对手吴国（当时，吴国的领土在太湖地区，国都为吴，今苏州），后成为楚国的敌人，直至公元前334年被楚国灭亡。[①] 公元前223年，秦灭吴国，越国先前的领土并入会稽郡，郡治在吴县。不久之后，一支秦军从江西向东挺进，越过武夷山分水岭，沿海岸向南，到达今广东省。在这条线路上，秦军路过并征服了今温州和福州附近两个越人小国，并宣布福建地区归入闽中郡管辖。

秦朝灭亡后，这些领土重获独立，两个越人国家得以重建：福州的闽越国和温州的东瓯国统治者都得到了汉政府的认可并封王。[②] 然而，大约138年，闽越国入侵东瓯国，围攻其都城。东瓯国向汉廷告急求救，后要求"举国徙中国"。东瓯国民众向北迁徙至江淮流域间的东海郡，东瓯国领地被闽越国所占领。

过了一代人之后，西汉武帝征服南越国之后，闽越国（现在也称为东越），也遭受了相同的命运。豫章郡的陆军和杭州湾的舰船联合将其摧毁，民众向北迁徙至江淮流域。

很难相信，整个福建和浙江南部的人口都被强行带走。几乎可以肯定的是，迁徙的两国人当中有皇室和贵族，他们的离开解除了对当地人的文化和政治领导，而此后由汉帝国辖管的县域很难有任何复兴的政治独立运动。此后300年里，没有汉族军队驻扎在沿福建江河和武夷山以东一带，也不必这么做。两国没有迁徙的民众散居在山区，他们无力制造麻烦，对帝国政府也没有产生任何影响。直到东汉顺帝时期的公元138年，东瓯国之前的领地（今温州）才从一个附属军区变为一个独立的县——永宁县。[③]

---

① 关于越国和吴国历史，参见《史记》卷四十一《越王勾践世家》；《司马迁的传体史》第四卷第418～448页（Chavannes，MH IV，418-448）和《史记》卷三十一《吴太伯世家》；《司马迁的传体史》第四卷，第1～33页（Chavannes，MH IV，1-33）。关于楚国历史，参见《史记》卷四十《楚世家》；《司马迁的传体史》第四卷，第337～417页（Chavannes，MH IV，337-417）。

② 关于两国历史，参见《史记》卷一百十四《东越列传》和《汉书》卷九十五《西南夷两粤朝鲜传》，第3859～3863页。

③ 《续汉书·郡国志四》，收入《后汉书》，第3288页。关于汉代闽江口县域，参见《唐末前中国在福建的移民活动》，第101～103页（Bielenstein，"Colonisation of Fukien"，101-103）。

再往北，杭州湾区域相当安定，南部沿岸有几个县，在主要河流以南的山谷中进行移民扩张，比较著名的是浦阳江和浙江（译者注：河流名），都流入今杭州钱塘江河口。从杭州湾南部区域，北至长江入口，会稽郡辖境太湖地区和地势低洼地带，虽然低洼地带大部分是沼泽地，但土地肥沃。公元2年，会稽郡人口数量超过了100万。①

当时，长江口海岸线地区远不如现在发达。现在的大都市上海在当时处于大海浅滩处，如今地处长江口的崇明岛在当时尚未形成，长江北海岸的转弯处似乎靠近如今的江苏如皋。此外，长江在最初的几百年里已经形成其流经路线，因为有证据表明，至少还有另外两条主要支流，即所谓的中江和南江，在公元前一千年间流经太湖地区，是在长江主要干流在最后两千年形成集中向北的流经路线之前。②

司马迁在《史记》中把该地区称作“东楚”，《汉书》卷二十八《地理志》称之为“吴地”，这两部书都描述到此“三江和五湖”之地低洼潮湿，人多早夭。然而，因为生产海盐和开采鄣山的铜矿获利，自然也十分富庶繁荣，所辖吴县是东汉帝国最重要的大都会之一。③

吴郡以西是丹阳郡，位于长江南岸，治所在宛陵，今安徽同名城市（译者注：应为今安徽宣城市）境内。④ 长江向东北方向流经今天的芜湖，潮汐水域在此界止。丹阳郡辖领的大部分地域分布在长江干线和今称为黄山的高地之间，东南各县相互孤立。

---

① 关于会稽郡和吴郡，参见《续汉书·郡国志五》（收入《后汉书》，第3488～91页）；另参阅《汉书》卷二十八上《地理志上》，第1590～1592页。

② 北江目前是长江的主要流经线路（译者注：北江指今长江下游）。关于北江、中江和南江，还有一条分江水，参见《汉书》卷二十八上《地理志上》，第1590～1591页毗陵以下，第1592页芜湖以下，第1590页吴县以下，和第1592页石城以下。另参见王先谦：《汉书补注》（台北：艺文印书馆，1972年版），卷二十八上《地理志上》28A（3），11a，20a，10a and 19a。关于溪流流经路线的梳理，参见杨守敬：《历代舆地沿革险要图》（前汉）（鄂城刊，1906-1911年版），47a—48b和《长江之帆船与舢板》，第5页（Worcester，Junks and Sampans，5）。很可能，南江和分江水在汉代末期已经干涸，至于中江在东汉末期是否不仅仅是遗迹，还有待考证。另见谭其骧：《中国历史地图集》第二册（上海：中国地图出版社，1982年版），第24～25页和第51～52页。关于杭州湾、长江口和北至山东沿海地区大致海岸轮廓线，我认可《中国历史地图集》第二册第24～25页和第51～52页以及谭其骧：《中国历史地图集》第三册（上海：中国地图出版社，1980年版），第27～28页中的描述。

③ 《史记》卷一百二十九《货殖列传第六十九》，第3167页；《汉书·食货志》，第444～445页（Swann，Food and Money，445），《汉书》卷二十八下《地理志下》，第1666～1668页。

④ 关于丹阳郡，见《续汉书·郡国志四》（收入《后汉书》，第3486页）；另参见《汉书》卷二十八上《地理志上》，第1592页。

在秦汉和西汉初期，丹阳被称为鄣郡，所以上文所述《汉书》中提到的鄣山可以被认为是这一地区。[①] 据记载，丹阳是西汉的铜官所在，显而易见是根据当地的矿产，王莽时代的一些铜镜刻有由丹阳铜制作而成的铭文，以示夸耀。此外，东南部地区因铜镜的质量和独特的设计风格而闻名于世，铜镜上表现着男女神仙和西汉，或是乘坐车马的人类形象。这种风格于公元二世纪发展起来，在中国其他地区流行开来，会稽便是其中一个知名的制造中心。[②]

一般来说，长江以南一些地方出产一种特有的陶器，尤其是所谓的"硬陶器"，由高密度黏土制成，需要比普通灰陶更高的烧制温度。此外，尤其在会稽郡还出现了最早的青瓷发展的证据。此前，二十世纪 50 年代南京和武汉地区墓葬里发掘的贮盛器可追溯至三世纪的吴国时期，一度被认为是同型器物的最早范例。然而，最近，在杭州湾以南的绍兴地区发现了二世纪晚期的陶瓷，窑炉的设计适宜于更高的温度，空气循环良好，陶瓷碎片中还发现了一些绿色釉面的陶器，这是标准的青瓷。[③]

汉顺帝在位期间会稽郡分郡而治，划出长江入海口和杭州湾之间狭小的区域成立新郡（译者注：即吴郡），辖领范围一直到西南的河流浙水和小县富春，吴县改为吴郡郡治。南部地区沿用会稽郡名称，移郡治杭州湾南岸的山阴县（今绍兴附近）。

根据东汉的人口普查记录，汉顺帝在位末期，吴郡的人口超过 70 万，吴会分治之后的会稽郡人口略少于 50 万，两郡之和是 1 181 978 人，相较于公元二世纪的统计增加了约百分之十四。人们认为这是自然增长的结果，而不是因为大量的移民。事实上这一地区的辖县数量是减少的。尤其是，钱塘县（今杭州）曾是西汉会稽郡西部都尉的治所，却在东汉某个时期失去了这一地位。很明显到东汉末年，钱塘县的地位又得到恢复。后来钱塘县成为南宋国都并被马可·波罗赞誉为世界上最伟大的城市，当然保留了其局部重要性，但这种地位的下降很难被视为帝国政府感兴趣或关心的标志。

同样，在西汉和东汉两次人口普查之间，丹阳郡的人口从公元二世纪的

---

① 公元前 109 年，改鄣郡为丹阳郡（《汉书》卷二十八上《地理志上》，第 1592 页）。

② 《汉代文明》，第 105 页（Wang, Han Civilization, 105）。

③ 《汉代文明》，第 143 和 145 页（Wang, Han Civilization, 143 and 145）引用了以下文章：关于三世纪的吴国墓的青瓷，见武汉市文物管理委员会：《武昌任家湾六朝初期墓葬清理简报》（1955），倪振逵等：《无锡青山湾明许姓墓发掘简报》（1955），以及南京博物院：《江苏省出土文物选集》，图 127 和图 128。关于绍兴周边地区发掘的窑炉以及青瓷发展的证据，见叶宏明等：《关于我国瓷器起源的看法》，载《文物》，1978 年第 10 期，第 84～87 页。

405 171 人上升为二世纪 40 年代的 630 545 人，增长率超过了百分之五十。尽管如此，丹阳郡正式辖领的范围没有增加，县的数量也减少了。

丹阳郡和吴郡毗邻，从两郡北部跨越长江就到了隶属于徐州刺史部的广陵郡。东汉长江入海口十分宽阔，广陵郡占据了入海口的北岸。广陵郡郡治广陵县(今江苏扬州附近)的境内似乎修筑有运河和水道，向北与淮水连通，大致上是按照今天的大运河的流线，只是它们蜿蜒着穿过射阳县的沼泽向东流去。①

然而，长江入海口并不像现在这样有天然屏障，并且帝国的中心并不在北方，而是在西北方向。因此，与广陵的交通联系主要是地方性的，而中国东南部和中部地区之间的主要交通线路要经过今天南京西南上游的长江渡口。然而，与此同时，丹徒、曲阿和毗陵三县地处吴郡和广陵郡交界处，南部是丘陵和沼泽地，只给长江入海口南岸留下一小片相对狭窄的开阔地，因此，要进入吴郡和会稽郡的中心地区，无论是经河道或陆路，这三个县的位置都举足轻重。

丹阳郡的上游西南方向是豫章郡，辖领今天江西省的大部。② 司马迁记述到豫章郡属于南楚，出产黄金。但据他观察，就像长沙郡的锡一样，豫章金的提炼成本超过了市场价格。《汉书》在关于吴地的章节中沿用了司马迁的观点，和东北部的丹阳郡一样，“江南卑湿，丈夫多夭”。③

在汉代，今鄱阳湖的大部分地区都是沼泽地，整个今江西省境内的河流都流向这里，但最明显的是来自于南部和西部的赣江。所有这些溪流在鄱阳湖的沼泽中混合，然后汇入长江，并且在交汇处形成一个巨大的湖泊和沼泽，即彭蠡泽，延伸到干流的北部和南部流域。湖泊和沼泽地四周有汉人的聚居地，城邑建在南部支流上游的山谷里。④

在豫章郡，移民化的发展是引人注目的。在公元 2 年，全郡有 18 个县和人口总数 351 965。至二世纪中叶，东汉人口普查显示豫章郡有 21 个县，人口则多达 1 668 941，增长了近五倍。因此，豫章郡增加的汉人人口数量相当于

---

① 《中国科学技术史》第四卷第三分册，第 271～272 页(Needham, Science and Civilisation IV:3, 271-272)。另见《中国历史地图集》第二册，45 页。

② 关于豫章郡，见《续汉书·郡国志四》，收入《后汉书》，第 3491 页；参见《汉书》卷二十八上《地理志上》，第 1593 页。

③ 《史记》卷一百二十九《货殖列传第六十九》，第 3268 页；《汉书·食货志》，第 445 页(Swann, Food and Money, 445)，《汉书》卷二十八下《地理志下》，第 1668 页。关于西汉时期豫章郡鄱阳县的金矿资源，见《汉书》卷二十八上《地理志上》，第 1593 页。

④ 关于该地区排水模式的重建，见《中国历史地图集》第二册，第 24～25 页和 51～52 页。

长沙郡的汉人人口总数，仅略少于零陵郡的汉人人口总数，是长江以南地区面积最大、人口最多的郡。

豫章郡的移民化取得了飞跃性进展，也提升了豫章郡的湖河系统的重要性，这里是通往遥远南方的重要交通线路。西部的宜春县距离荆州的长沙县并不遥远，从长沙出发只需沿湘水南下再翻越群山即可到达，①但最重要的发展是沿着赣江的干流继续南下。沿这条路线，旅行者从淮水和长江下游地区出发，经过彭蠡泽的交汇处可以进入豫章郡，再沿赣江而下，经过郡治南昌县（今南昌市附近），到达西南部的赣县。从这里有一条驿道穿越群山，可以到达荆州桂阳郡的曲江县，曲江位于北江的上游，顺流而下最终可以到达南海郡和郡治番禺。

在唐代，公元809年，既是学者也是官员的李翱沿着这条道路去任职。他从雒阳出发，向东南，经淮水，到达长江，再向南到杭州，经过浙江（译者注：河流名），翻过一个山口，到达鄱阳湖以南、位于赣江流域的洪州。李翱于6月12日抵达洪州，整整一个月后，7月12日穿过位于赣江上游的大庾岭山口，7月17日到达曲江，一个多星期后，7月25日，李翱和他的家人到达广州。②

在汉代，沿浙江（译者注：河流名）出行这条路线既不可行，也不可取，通往豫章郡必须经过长江流域的湖区和沼泽地，不是水路就是羊肠小道。唐初，人们不再走汉代时期的大庾岭山道，选择更容易走的新路，但大庾岭筑路工作主管官员张九龄，留下一段描述旧时岭东道路状况的诗句：

> “初，岭东废路，人苦峻极，行径夤缘，数里重林之表，飞梁嶪巘，千丈层崖之半。……”③

因此，人们并不爱走这条路。这条路上的栈道和走廊间有回声，帝国西北部的汉人在这些栈道和走廊的基础上建成了渭水和汉水之间越过秦岭的褒斜路和其他一些线路。④ 对于主要交通工具或是军队的调动来说，这条路并不那么好走；但是对于那些携带既轻且贵重货物（诸如珍珠和其他来自南方的异域商品）的商人来说是很方便的，而且这条道路证实了政府在该地区的权威，

---

① 因此，公元189年前后，宜春县衙被叛军包围，驻扎在湘水岸边的长沙郡太守孙坚能够派兵驰援，见第二章。

② 李翱在行旅日程安排中描述了路线，参见薛爱华：《朱雀：唐代的南方意象》，第22～24页(Schafer, Vermilion Bird, 22-24)。

③ 诗句译文出自薛爱华：《朱雀：唐代的南方意象》，第22页(Schafer, Vermilion Bird, 22)。

④ 关于汉代道路的栈道工程，参见《中国科学技术史》第四卷第三分册，第20～24页(Needham, Science and Civilisation IV:3, 20-24)。

至少具有军事行动的潜力。

隶属扬州的庐江郡和九江郡地处长江以北，从两郡发展历程可以看到豫章郡移民发展的成功经验。西汉时期，庐江郡和九江郡辖地划分为三部分，庐江郡、九江郡和六安国（今安徽北部），总共32个县，人口总数为140万。东汉时期，六安国领地并入庐江郡和九江郡，县总数减少到28个，人口总数减少50多万，下降到857 109。[①]

在整个淮水流域和长江以北地区也出现了类似的人口急剧下降现象。汝南郡，地处庐江郡以北，户籍人口数量从250万减少到200多万；邻近的沛国，户籍人口数量曾经超过200万，后来减少几乎一半；徐州辖管的海岸线从山东半岛向南延伸至长江口，人口数量从大约480万减少到280万，减少了40%，而所辖县的数量也减少了一半，从西汉时期的130多个县减少到东汉时期的62个县。[②]

毕汉斯在探讨王莽垮台原因时，解释了户籍人口数量灾难性下降的原因，他认为黄河两岸决堤，以及由此导致的华北平原南部洪涝是主要原因。[③] 在论证过程中，毕汉斯的人口统计学证据令人印象深刻。看来，在公元一世纪上半叶的大部分时间里，洪涝在这一地区肆虐，迫使人们逃到北部、西部和南部避难。洪涝直到东汉明帝时期才得到控制。短时期内，由于绝望和混乱，引发了进入帝国中心地带无家可归的难民们的暴行和叛乱，但从长远来看，洪涝也会驱使人们和他们的家人迁徙到长江以南，尤其是豫章郡和丹阳郡，毫无疑问，人们也会迁徙到靠近上游一点的荆州新大陆上。

庐江郡与豫章郡北部接壤，治所在舒县，今安徽庐江县附近。庐江郡紧靠大别山山脉，占据东边山势较低的部分，即长江和淮水的分水岭淮阳山。[④] 因

---

① 参见《汉书》卷二十八上《地理志上》，第1569页、第1568页，卷二十八下《地理志下》，第1638～1639页和《续汉书·郡国志四》（收入《后汉书》，第3485～3486页，第3487页）；另参见《中国历史地图集》第二册，第24页和第51页。

② 关于汝南郡和沛国，参见《续汉书·郡国志二》（收入《后汉书》，第3424页和第3427页）；《汉书》卷二十八上《地理志上》，第1561～62页和第1572页。东汉时期，沛国有200 495户家庭，人口数量仅有251 393人；西汉时期，有409 079户家庭，人口数量为2 030 480。东汉时期记录的人口数量很少，有点儿不可思议，不仅与西汉时期的记录相比少了很多，而且相对家庭户数来说也非常少。《公元2至742年中国的人口统计》，第159页（Bielenstein，"Census"，159）指出，东汉的人口数量应为1 251 393；极有可能这是正确的。

③ 《公元2至742年中国的人口统计》，第140页（Bielenstein，"Census"，140）和《汉代的中兴》第一卷，第146～151页（Bielenstein，RHDI，146-151）。

④ 关于庐江郡，参见《续汉书·郡国志四》（收入《后汉书》，第3487页）；另参阅《汉书》卷二十八上《地理志上》，第1568页。

此，庐江郡境内，在分水岭这边，就有一条自北向南最便捷的陆路通道。庐江郡地处长江中段，具有相当重要的战略地位。西汉时期在庐江郡设有"楼船官"，很可能是一个海军训练基地，当然也是用于建设和维护的海军造船厂。这一基地的船只，不仅可以在长江下游运行，还可以运行至上游江夏郡周边地区，甚至远在汉水口还有一个巡逻区。很可能，在东汉的大部分时期里都保留了这种设置。①

九江郡位于淮阳山尽头，隐没在湖水、沼泽地和河滩地以东的开阔地带，其治所在阴陵，今安徽省凤阳县附近。② 在庐江郡和九江郡边界有大型湖泊——今合肥附近的巢湖和其北边的位于淮水以南的芍陂。《史记》和《汉书》都有记载，这一地区是江淮之间的交通要道，合肥是重要的大都市和集市。《汉书》中也提到，位于九江郡北部，淮水边，芍陂附近的寿春县与合肥共享贸易线路和繁荣。③ 合肥是两条路线的重要枢纽。巢湖以西，有条正南方向的交通线路，沿现代铁路线经过庐江郡的舒县，到达长江流域附近的皖县（靠近今安庆），然后上行向南和向西分别到达豫章郡和长江中游周边地区。另一条路线几乎是正东方向的，穿过巢湖北部，到达在今芜湖和南京之间的长江向北流动河段。长江流域上的历阳县和其北边的阜陵县都有渡口和河港口，货物和人都可以通过陆路进入丹阳，或者通过水路顺流而下到达河口。从这个意义上说，尽管只是偶尔有运输需求，合肥仍是中国中部和东南地区、南部地区之间的主要交通枢纽。尽管也经历了人口普遍下降的情况，但似乎这一地区的城市在东汉一直处于繁荣状态。④

我们已经注意到徐州的人口有所减少。徐州地处长江入海口以北，横跨

---

① 在《剑桥中国秦汉史》中，"楼船官"被描述为造船厂，而船只是在那儿建造的事实可能确实是真的。参见西嶋定生：《前汉的社会经济史》（收入《剑桥中国秦汉史》，第582页）(Cambridge Han, 582 [Nishijima, "Economic and Social History of Former Han"])。然而，西汉帝国征兵训练的可能性之一是水手或海军在"楼船"（塔式战舰）上训练。参见严耕望：《中国地方行政制度史》上编卷上《秦汉地方行政制度》（台北：中央研究院历史语言研究所，1961年版，第204页）和《北部边疆：后汉帝国的政策和策略》，第48页(de Crespigny, Northern Frontier, 48)。很可能，庐江郡是作为基地全面建设的，它是长江流域海军活动总部，是补给点和建造要点，也是应征士兵培训地。东汉很大程度上摒弃了西汉的征兵制度（见下文），但是总部和造船厂的功能很可能得到了维护，而且很可能是训练志愿者的。

② 关于九江郡，参见《续汉书·郡国志四》（收入《后汉书》，第3485～3486页）；另参阅《汉书》卷二十八上《地理志上》，第1568页。

③ 《史记》卷一百二十九《货殖列传第六十九》，第3268页；《汉书·食货志》，第445页(Swann, Food and Money, 445)；《汉书》卷二十八下《地理志下》，第1668页。

④ 关于这一地区路线图，参见《汉代国内陆路交通考》，与212页相对的地图。

淮水下游流域，沿海岸线向北一直延伸到山东。东汉，该地区对于朝廷来说似乎比较无关紧要。然而，位于山东半岛南部的琅琊郡，却以民间宗教中心而闻名，那里有魅力非凡的道长，也有经常发生的叛乱或其他骚乱。当然，宗教思想沿着海岸线向南北传播，相传著名的干吉扩写的《太平经》影响了中国北方，他还曾到会稽郡、吴郡和丹阳郡等地传道。我们前文提到过干吉，在下文里还将提到。①

然而，更重要的是，与九江郡和庐江郡北部接壤的豫州是东汉帝国最主要的地区之一，治下沛郡和汝南郡地域广阔，举足轻重。因为淮水的支流一般都是东南流向，便于通往上游的黄河和雒阳，所以从合肥县和寿春县往北交通非常便利，畅行无阻。

此外，被称作"鸿沟"的巨大系统极大地提升了汉代的自然水系，"鸿"通常指"大雁"，这里应该理解为"鸿大"或"大运河"。就汉代的重修工程而言，鸿沟由两套不同的运河构成，它们都集中在今郑州以北、黄河岸边的荣阳（译者注：应为荥阳），大型皇家粮仓——敖仓建在这里，用来向上游的雒阳运送物资。其中一条运河叫蒗荡渠，自荣阳（译者注：应为荥阳）弯曲而南，与几条淮水支流的上游相连接，提高了这些河段的航运能力，并使它们与北边的黄河相沟通。第二条运河，距离更长，将一条天然河道向东引入徐州的下邳县，汇入泗水，向南与淮水贯通。各种不同的文本将其描述为河水或沟渠，称作汳水（译者注：作者误译为 Ban），或汴水，隋唐时期又整修为汴渠，是早期的京杭大运河必不可少的河段。② 王莽掌权时期，黄河决口改道，汴水成为黄河泄洪的水道。东汉这些水道成为重要的防洪工事，旨在防止灾难的重演。③

因此，从帝国的都城和黄河流域到东南的淮水之间有着非常良好的水运交通。徐州境内的淮水下游周边，从下邳沿泗水顺流直下，再顺着广陵郡的河流、运河和湖泊一直向南，抵达长江流域，其间保证水路持续畅通是有可能的。然而，更为直接的方式是，沿汝水和颍水等河道通往寿春县附近的淮水，然后向南经过合肥县和大小湖泊，偶尔需改走陆路，最终可到达长江。就像我们看到的那样，这里有水路和陆路通往最遥远的南方，这是一个蔚为大观的政府和商业运输系统。然而，在此基础上，由于东汉末年时局动荡，九江和庐江二郡

---

① 见上文以及第三章。

② 《中国科学技术史》第四卷第三分册，第 270 页（Needham，Science and Civilisation IV：3，270）。

③ 《后汉书》卷二《显宗孝明帝纪》，第 116 页，卷七十六《循吏列传》，第 2464～2465 页；《汉代的中兴》第一卷，第 147～150 页（Bielenstein，RHD I，147-150）。

的大小城邑在南北对峙的边境战争中战略意义举足轻重，其繁荣也因不确定性和战火蹂躏而蒙上了阴影。

权力的执行

在以上几节中，我们考虑了移民和人口动态、汉人南迁以及商贾往来、官吏出行和军队行军可能的路线。然而，必须强调的是，华夏文明是建立在农耕经济基础上的，尽管人们可能会迁往南方，但他们旅途的终点一定是寻求一片可以耕种和定居的土地。

就绝大部分而言，南方的农业主要是基于稻田种植的水稻，稻田沿河谷延伸，或者是沿山坡修筑梯田。在政府间或的帮助和鼓励下，豪强会修筑小型的水坝、灌溉水渠和其他水利工程用以维护低洼地里的农作物，就像北方的小米和麦子一样，一年一季播种、移植、除草、收割，他们代表了人们的基本职业和个体视域的常规局限。对于农事和衣食的关注永无止境，与此相比，商贾、官吏、将军、士卒不仅寥寥可数，而且几乎无关大体。

定居是中国南方一个优先解决的问题，东汉政府对南方的管理对此做出了响应。两个世纪内行政单位几乎没有任何变化，也没出现什么新的地方政府的中心。例如，尽管豫章郡的人口增加了将近 5 倍，但所辖县数从 18 个增加到 21 个，仅仅增加了 3 个。

在中国中部和东部地区，东汉政府撤销了许多前朝设立的县，①甚至在不断扩张的南方版图中，设立了新的县以监督新安定的地区，而不是为了开始殖民或加强地方控制。尽管移民带来了种种变化，但中央政府对南方边境问题并没有加以关注，相反其政策是保守的，而不是扩张主义的。

整个南方地区的行政建制和安定的中原地区一样。② 最大的行政单位是州，派刺史进行管理，品秩六百石，其品级由正式的俸禄来体现。州下设郡、王国，郡的最高长官称太守，王国的最高长官称国相。实际上，王国级别和郡相同，和郡的区别仅仅在于是刘氏皇族成员名义上的封地，并且王国的高级官员的头衔也和郡不同；和太守一样，国相由朝廷直接任命，对中央政府负责。

---

① 关于光武帝的经济举措和东汉初年撤销的各县，见《汉代的中兴》第一卷，第 141～145 页(Bielenstein，RHD I，141-145)，以及地图 19。

② 在其后的讨论中，我主要参考了《汉代的官僚制度》(Bielenstein，Bureaucracy)，同时参考了《汉书》卷十九上《百官公卿表上》、《续汉书·百官志一》至《续汉书·百官志五》(收入《后汉书》和其他古籍资料)，以及《中国地方行政制度史》上编卷上《秦汉地方行政制度》，该书也特别关注了一些轶事证据和碑铭。

往下，郡和王国又划分为若干个县；有的县是列侯的封地则称侯国，也由相进行管理，常规的县则根据人口，万户以上的置县令一人，万户以下的县置县长一人。县令、县长和侯国相的官秩六百到三百石不等，太守和王国的相秩两千石，接近于都城朝臣的地位。

刺史六百石，太守和国相二千石，二者官秩的差别是有意为之。刺史在一个广大的区域内被赋予了权力，但是在正常情况下并没有执行权力。地方政府受由郡或王国的控制，刺史仅仅有上报不法行为的权利，通过刺史的上报中央政府的高级权力机构能够调查情况，并采取适当的惩罚措施。唯一的例外是，由于远离国都，交趾刺史被授予黜陟之权，这是一种特别的权力，允许他在没有上奏皇帝的情况下采取行动。①

东汉末年，灵帝在位的最后几年，出现了一种变化，允许部分州任命州牧，卿级，可以对所监察的各郡实施直接控制。西汉末年也曾尝试过设置州牧，时间十分短暂，然而，尽管命令的直接下达有利于提高地方政府的效率，却具有相当大的危险性，可能会造成州一级的政府获得极大的权力，足以独立于皇权之外。② 事实上，在东汉末年的割据战争中，州牧的地位确实为政治和军事力量提供了必要的基础，恰恰相反的是，上文所揭示的充满矛盾的刺史监察制度，却非常好地服务了中央集权政府的利益。

然而，尽管品级上存在差异，刺史的权力受到正式的节制，但是只要凭借刺史介入人事任免的能力，和以更广阔的视野整体把握地区事务的能力，州府的重要性至少是可以和郡、国相比的。截至王朝后期，甚至在公元 188 年任命第一批州牧之前，这两级机构的有效影响力还是非常相似的。太史慈成为孙策麾下都尉之前，曾经做过东海郡（译者注：作者有误，应为东莱郡）的下级郡吏，太史慈传中提到一则趣闻轶事，是关于他如何用计欺骗了职务相当的徐州（译者注：作者有误，应为青州）州吏，从而使得东海郡辩解争端的奏章首先上报朝廷，获得中央政权的支持。书中这样明确写道："会郡与州有隙，曲直未

---

① 关于交趾见上文脚注；关于黜陟之权和刺史的特殊权力，见《汉书》卷二十八上《地理志上》，第 1543 页[注释 1，引自胡广（91 年～172 年）：《续汉书·百官一》，收入《后汉书》，第 3618 页]。本注引自班固等：《东观汉记》（引证为《东观书》）（收入《四部备要》，上海：商务印书馆，1937 年版）。

② 《后汉书》卷八《孝灵帝纪》第 357 页，《后汉书》卷七十五《刘焉袁术吕布列传》第 2431 页，《三国志》卷三十一《蜀书·刘二牧传》第 865 页；同时参见张磊夫：《两汉时期的监察官员》[收入迪特尔·艾克梅尔和赫伯特·弗朗克编：《东亚的国家与法律，卡尔·布恩格尔纪念文集》，威斯巴登：赫赫索维茨出版社，1981 年版，第 59～60 页，第 62～63 页，第 67 页（de Crespigny, "Inspection and Surveillance," 59-60, 62-63 and 67）]。

分，以先闻者为善。”①

然而，在军情紧急时，情形就大为不同了。地方官员只能在自己辖区内采取军事行动，这是汉代的基本原则，因此，县级官员只能处理本县内的匪患或与土著的纠纷，太守也只能在本郡辖区内采取行动。然而，如果叛乱或其他骚乱波及一个郡以上，那么该州的刺史就有权指挥并协调军队的招募和调拨。在这种特殊情况下，刺史拥有正式权力直接向太守下达命令。

地方军队的兵源和素质是值得关注的问题。西汉时期，有正规的征兵制度，据此，大约十八岁左右的男子被征召入伍，接受基础训练，在帝国内某个地方担任守卫工作，也可能需要完成戍边守卫任务，或者出钱代役。经过这些最初的训练和积累经验后，身体健壮的男子仍然可以作为民兵在当地或更远的地方服役。

不过，东汉在很大程度上摒弃了这个体系，但并未废止征兵制度。然而，对于帝国内地郡国民众来说，军事训练都是最简单和基本的，应征士兵也只负责最基本的守卫。遇到大型军事行动，政府会抽调卫戍部队的职业军人或京师北军出战，“夷兵”和边郡民兵协助。②

郡太守的高级军事顾问的权利变化体现了两汉军事体制差异。西汉时期，每郡设有一名或多名都尉，王国最高军事长官为中尉，有的郡不止一名都尉，各个都尉掌管一部，按照方向分为北部都尉、南部都尉、东部都尉、西部都尉和中部都尉。然而，到了东汉，只在边郡和其他有特别军事需求的领地保留了都尉。③ 很有可能，那些设有都尉的郡保留了训练有素的常规民兵组织，但是，帝国在训练有素的士兵方面并没有迫切需求，安保问题主要由郡县领导下

---

① 《三国志》卷四十九《吴书·刘繇太史慈士燮传》，第 1186～1187 页。

② 我在《北部边疆：后汉帝国的政策和策略》，第 48～50 页（de Crespigny, Northern Frontier, 48-50）讨论了这个问题，我接受贺昌群：《东汉更役戍役制度的废止》（载《历史研究》1962 年第 5 期，第 96-115 页）的论证；另参阅《汉代的官僚制度》，第 114 页（Bielenstein, Bureaucracy, 114）；近来，陆威仪：《汉废除普遍兵役制》[收入《中国历史上的战争》，方德万编，莱顿：布里尔学术出版社，2000 年版，第 33-75 页（Lewis, “Han Abolition”）]更深入地探讨了这个主题。

③ 参见《后汉书》卷一百一十八《百官志五》第 3621 页，《汉代的官僚制度》第 96 页（Bielenstein, Bureaucracy, 96）以及《中国地方行政制度史》上编卷上《秦汉地方行政制度》第 153 页和第 167～171 页的“两汉边郡诸都尉表”。在帝国的北部和西部边界设置了属国，管理以少数民族为主的居住地区，由都尉统领[《北部边疆：后汉帝国的政策和策略》，第 2～3 页（de Crespigny, Northern Frontier, 2-3）]。然而，这个制度并没有应用到帝国南部各州。在帝国内因遭遇叛乱或贼党而临时设都尉的例子有：155 年至 166 年，琅琊国设都尉，155 年至 162 年，泰山郡设都尉（《后汉书》卷七《孝桓帝纪》，第 301 页、第 311 页和第 314 页）；和 145 年，九江郡设都尉（《后汉书》卷三十八《张法滕冯度杨列传》，第 1275 页）。

的规模较小的地方警卫负责，有时候，由大量未经训练的招募兵协助。帝国政府认为，帝国内部地区的主要危险是当地的贼党，如果当地人未经教化也会成为贼党。此外，西汉和王莽时期，秋季检阅时，政府会担心不满者的暴动和兵变；或许，一个较钝的武器比一个能反叛统治者的武器好得多。

与西部和北部边界不同，南部驻军较少，大多数骚乱是通过在当地招募部队处理解决的。然而，由于汉人定居地靠近少数民族居住的山区，所以设置郡都尉一职非常有必要。有证据表明，在靠最南边的交趾郡和九真郡都任命了郡都尉。由于交州情况比较特殊，因此，每个郡都委派了郡都尉，并有固定的征兵和训练制度。①

再向北，我们有记录表明，会稽郡设有东西都尉，似乎这一体系在这个边疆地区相对固定地保留了下去。② 然而，没有证据表明其他地方有这些机构，尽管长江南部的扬州或是荆州的任何郡的边界上都有未同化的少数民族。没有任何关于这一地区都尉的记载，这使得人们认为这一地区没有都尉，多半，汉人与蛮夷之间没有什么值得政府关注的重大军事问题。在当地，有大量的招募兵处理发生在二世纪期间的叛乱，如六十年代荆州南部叛乱和七十年代会稽郡的叛乱，但显然，这些都是临时安排，早期关于处理荆州叛乱的记录表明招募士兵并非训练有素。到了汉代末期，需要士兵处理的叛乱数量众多，这意味着有相当数量的平民男性在使用武器方面都有经验。

最后，我们必须关注在进一步发展过程中日益突出的问题。在越来越多的时间和地方，无论是否得到了政府的资助，人民都普遍缺乏安全感，汉人或是少数民族纷纷携手寻求互保。家庭或宗族是自然单位，实力较强的家庭或宗族常常会通过嘉奖吸引弱势群体或个人，这样，地方官吏将门客、仆从和家

---

① 例如，《后汉书》卷七《孝桓帝纪》第302页和《后汉书》卷四十四《邓张徐张胡列传》第1504页，严耕望在其作品《中国地方行政制度史》上编卷上《秦汉地方行政制度》，第162页进行了引用。第七卷中是描述了都尉对某个确切的骚乱采取行动，但是在卷四十四中只是略为提及，与任何具体的事件或者运动并无关联。

② 《中国地方行政制度史》上编卷上《秦汉地方行政制度》，第162页。

属聚集起来，增强他们的实力。①

东汉时期，即使在和平年份，这种现象依然存在。因为在自给自足的经济中，拥有大量土地的家庭可以通过租金和高利贷将他们的佃户与他们的利益捆绑在一起，他们可以雇佣家丁，支付昂贵的教育费用，想办法得到官府职位。最有权势家庭的成员可以通过州郡官员的举荐到朝中做官，而影响力较小家庭的成员可能会在本郡县的班房和文书处谋得职位，并在那里谋求关注和认可。反过来说，这些职位的人选在任何层面上都会影响地方政府在氏族中的利益，因为任何地方治安官都急于获得当地权贵的帮助，他们在与某些人打交道的过程中也非常谨慎，因为这些人的亲属可能在某段时间对自己的民众和任职的地区拥有管辖权。当地豪族与朝中官员之间的联系是中央政府持续关注的问题，中央政府认为这是一个重要问题，在各州任命刺史管控此事。地方豪族是限制东汉帝国政府权力和能力的主要因素之一，与其最后的衰败有很大的关系。

很自然，全国最强大和最具权势的家族分布在帝都地区和华北平原的繁盛地区。在这两个地区，豪族已经通过规模巨大的庄园资产占据了经济和社会主导权，他们在庄园中从事粮食投机，对经济作物如靛蓝的专门研究以及农作技术的实验。开阔的南部边疆的情况限制了权贵发展的机会，在那儿，通常在最新声称获取的土地或是在定居点发展水稻种植，此外，距离都城较远，限制了他们对中央政府的影响力。然而，据我们所知，东汉初期，吴郡阳羡许氏家族数名成员被举荐到官府，其中许馘在 181 年官至太尉，太尉是官僚机构中的最高级职位；而庐江郡舒县周氏家族向朝廷输送了多位官员，其中两位官至太尉。② 影响力相对较小的如，吴郡吴县的陆氏家族是当地几代人的领导人，

① 早在二世纪七八十年代，汉朝军方官员就认为利用他们的个人家兵对充实帝国军队是很有帮助的。例如，180 年，朱俊在会稽郡集合家兵，前往交州平息了当地叛乱（参见《后汉书》卷七十一《皇甫嵩朱俊列传》，第 2308 页）。后来，很自然地，每一级领导都依赖追随他们的人而让他们成为军队的核心。关于整个发展过程参见伊佩霞：《后汉的经济和社会史》（收入《剑桥中国秦汉史》，第 622～631 页）（Cambridge Han，622-631 [Ebrey，“Economic and Social History of Later Han”]），唐长孺，《魏晋南北朝史论丛》（北京：三联书店，1955 年版，第 3～29 页）也有相关论述[参见贺昌群关于唐长孺分析的评论：《关于宗族宗部的商榷》，载《历史研究》，1956(11)]。在 629 页，伊佩霞特别列举了涉及到孙策的鄱阳地区大姓，但也可以观察到在吴郡和会稽郡有类似的地方和宗族群体，他们也试图反对年轻的军阀力量（见第三章）。

② 《后汉书》卷七十六《循吏列传》，第 2471～2472 页；《后汉书》卷八《孝灵帝纪》第 345 页；《三国志》卷五十四《吴书 · 周瑜鲁肃吕蒙传》第 1259 页。

而且造就了一些官员；①吴郡的高氏和严氏宗族，会稽郡的焦氏和贺氏宗族在县里甚至是郡里都有相当大的影响力。②

然而，在二世纪后半叶，骚乱不断，政府显得力不从心，人们聚集在一起寻求保护和支持。在整个帝国，有或大或小的领导人拥有私人权力，但他们并不一定是官方任命的。这些地方力量最初是因为相互防卫聚集起来的，但随后可能会部署更加雄心勃勃的行动。③ 189 年，灵帝驾崩后整个帝国就走向了衰败，那时起，帝国已经为内战做好了准备。

然而，重要的一点是，东汉末期的冲突与之前两百年前王莽政权瓦解后的冲突不同。刘秀创立东汉，史称光武帝，他是中国北方的霸主。在西部，光武帝必须对付一个主要的对手公孙述。中国长江以南没有出现重要的政治或军事集团，整个领土自然落入北方的胜利者手中。

但到了东汉末期，长江以南地区移民化和定居过程为帝国带来了新格局。这两个世纪以来，沿北部边界草原一带一直是帝国势力的弱点，再加上东汉中部豪族对人们长期的压迫，更多奋进的帝国臣民到南方寻求出路。新移民们有时能够得到政府的帮助，但更多时候是寻求逃避这种干预，他们给开放的南部边疆带来了新的活力和定居农业新技术。在持续两千年不动声色的扩张中，这种移民化的压力篡夺了原著居民的土地，使他们流离失所。对于中国的未来，这一积极的发展巩固了汉人及其文化对东亚地块的统治地位。更直接的后果是，到了二世纪末，南方的日益繁盛和持续增长的人口创造了新的权利平衡。长江流域以外的土地以前曾经受到北方政治和经济主导地位的影响，属于从属地位。现在，虽然在语言、文化方面仍然受到心脏地带的影响，但南方人民有可能摆脱统一帝国，为自己的利益实现政治独立。

---

① 《三国志》卷七十六《吴书·虞陆张骆陆吾朱传》，第 1343 页，裴松之注一引自关于陆氏家族的记录《陆氏祠堂像赞》，另参见第八章。

② 关于高氏家族，参见《后汉书》卷三十七《桓荣丁鸿列传》，第 1250 页，注释 1 引自谢承《后汉书》。关于严氏，比较著名的有严白虎，是孙策的对手，参见第三章和《三国志》卷五十六《吴书·朱治朱然吕范朱恒传》，第 1310 页。焦氏是步骘的赞助人，而步骘后来成为吴国重臣。关于焦氏参见《三国志》卷五十二《吴书·张顾诸葛步传》，第 1236 页。关于贺氏，参见《三国志》卷六十《吴书·贺全吕周钟离传》，第 13 页以及第三章。

③ 早在二世纪中叶，《四民月令》中提到，第三个月是准备针对可能在食物短缺和春季饥荒中出现的盗贼的安全措施的时候(3.6;《汉代农业:早期中国农业经济的形成》，第 220 页)；第九个月，家庭应该修复武器和练习军事技能以便准备好迎接因冬天的穷困而出动的土匪的袭击。(9.1;《汉代农业:早期中国农业经济的形成》，第 225 页)。另参见贺昌群:《论两汉土地占有形态的发展》，上海:上海人民出版社，1956 年版，第 60～61 页。

中国封建社会初期的建筑原理:结构问题及其解决方案[①]

罗伯特 L.杜朴　著　　房立政　译
(中国矿业大学　外文学院)

虽然中国封建社会初期,即秦汉两代(公元前250年[②]—公元200年)的建筑无一保存至今,但是新的考古学信息——连同文学以及图像的数据——使我们对于中国这一段早期历史的建筑原理有机会进行初步的探究。本文就五个重要的遗址进行分析,特别是它们的规划设计和结构特征。人们对于夯土层、核心、地基、壁柱以及独立柱廊还有木构架和托架的处理使得封建社会初期既有别于之前的青铜器时代,也不同于被现存结构所证明的后代的做法。

在现代野外考古学出现之前,所有关于秦汉建筑学的讨论基本都来源于文学经典作品的描述。本世纪[③],中西方的学者开始把文字艺术与这一材料中的线索放在一起,期望将经常混淆的文本和术语厘清。如今,使用各种语言编写的(尤其是英语)二次文献当中多数都是基于这两种证据的客观结合。[④]即使是用中文编写的材料,也只有极少数研究涉及到新的考古学数据。[⑤]

秦汉文学作品包括严肃的技术词典,还有绚丽的口头作品,以及包含华丽修辞的狂诗(即"赋")。其中不少作品以汉朝的两座都城及宫殿作为它们虚幻

① 原文出处:Thorp, Robert L. Art Bulletin. Sep. 1986, Vol. 68. Issue 3.

② 译者注:应为公元前221年。

③ 译者注:指二十世纪。

④ 比如,A.索珀:《从秦朝到六朝时代》;L.希克曼,A.索珀:《中国的艺术与建筑》,哈蒙兹沃思,1956年第三版,1971年版,第373~397页;水野主编:《世界艺术概略》,第13期,中国,第2页,秦汉,东京,1962年版,第148~154页,第179~186页;梁思成:《中国建筑学绘画史》,坎布里奇,马萨诸塞,1983年版。

⑤ 刘的作品是目前描述最为完整的,但是在1980年出版之前就被编辑完善了。本文所讨论的所有遗址中只有明堂遗址出现在该研究中。

的主题。[1] 汉代诗人不厌其烦地赞美王宫的奢华壮观，并常常颂扬它们的木工手艺以及设施。如：

> “正紫宫于未央，表峣阙于阊阖。疏龙首以抗殿，状巍峨以岌業。亘雄虹之长梁，结棼橑以相接。蔕倒茄于藻井，披红葩之狎猎。饰华榱与璧珰，流景曜之韡晔。”[2]

我们不应当臆测这种文学作品的真实与否。如果说类似珍贵玉石的基座结构几乎不存在的话，我们就可以大致推测这些最为壮观的工程是被装饰出来，其目的是取得诗人所赞美的效果。与考古学数据不同，文学作品帮助我们把秦汉时期那些已消失的建筑想象成五彩缤纷的环境，从而对它们的创造者“巧夺天工的技艺”产生些许敬畏。

如果必须对那些“赋”进行贬低的话，那么在正史当中对于宫廷建筑以及它们的建造过程简洁、附带的描述就急需加入具体细节了。[3] 在几乎所有的例子当中，历史仅仅记录了有关建筑工程的简要信息，这一现象常常只是因为一个重要的历史事件就在那一特定环境当中发生的。退一步说，假设没有发生那一历史事件，即便这种偶然的信息也就不复存在了。仅凭文学作品中的证据，我们对于秦汉时期建筑的图像就会偏离到极尽奢华的帝国工程，并被当时诗人插上想象力的翅膀所误导。但是词典、历史和诗歌中的语言的确证实了大量建筑形式和结构特征的存在。在将一个给定的模糊定义与真实存在的手工艺品的名称相匹配的过程中，肯定会遇到应用原文资源的方法论之两难处境。困难在于如何将古代汉语翻译为现代汉语这一挑战。[4] 在建筑学术语当中很多地区性的差异可以在汉代文献中找到证明；此外，在历代史官和创造性文学家的笔下体现出了很大的灵活性。近期的考古学发现为澄清一些术语方面的问题带来了希望，同时结构分析也能做出进一步的贡献。

在视觉艺术方面的证据也出现了一些问题。描述的可靠性有多大？视觉数据被艺术加工习惯歪曲了多少？如图 1 所示纳尔逊美术馆当中展出的壮观

---

① 关于汉代建筑学术语概论，参见林巳奈夫《汉代文物》，京都，1976 年版，第 155～198 页。本文所使用的术语都在参考书目之后标注了汉字对照。一些重要的赋是由康达维提供的，《昭明文选英译》第一册《京都之赋》，普林斯顿，1982 年版。

② 康达维(同注 3)：第 119 页，翻译了班固的《西京赋》。

③ 刘敦桢：《大壮室笔记》，《刘敦桢文集》第一卷，北京，1982 年版，第 129～167 页，其中有来自汉代与建筑学相关的摘要。

④ Glahn 做出了先驱性的研究。

图 1　陶制房屋模型　东汉　大约公元 100 年
（照片来源:纳尔逊美术馆）

的多层建筑模型是符合理想还是现实?[1] 又有多少城市居民或是大地主能住得起这样的房子? 较为合理的说法是,把这种和其他类似的模型认为是一种理想化的产物,它们是在当时那个时空环境中出现设计和结构原理之后被建造出来的。这种房屋造型的很多成分都是可信的,而且其中的很多元素都出现在东汉时期的流通货币上。不幸的是,多数汉画像石由于受到当时设计和绘画习俗等客观条件所限而存在瑕疵。位于山东省嘉祥县附近的武氏宗祠墙

① 对于河南省焦作县相关的一处挖掘遗址,参见杨焕成:《河南焦作东汉墓出土彩绘陶仓楼》,《文物》1974 年第 2 期,第 70 页,第 14 页。焦作古墓可追溯至东汉中期,约为公元 100 年;纳尔逊美术馆保存的实物很有可能也来自同一时期和同一地区。更多有关类似墓室构造的信息,参见杜朴《中国封建社会初期的墓室艺术与建筑》,堪萨斯大学博士论文,1979 年。

壁上的装饰绝对是一个可靠的例证,它证明了公元二世纪的建筑原理。[①] 图 2 当中的汉画像石展示了一个两层的大厅,表现出该大厅一种固定风格的前视图,及其毗邻的几座小楼被压缩到一个单层的平面,而大量的细节信息却被消

图 2　山东嘉祥武氏宗祠画像石摹拓　东汉　大约公元 150 年
(感谢普林斯顿大学远东论坛)

除了。该时期的两层厅堂建筑事实上是建造在一个黏土心墙的周围,但是那种建造方式在这些汉画像石上反映得并不显著。究其原因,只不过是由于绘画艺术习俗所造成的歪曲的一个例子。在缺乏考古学证据的年代,类似的描述一直都被误解为使用木质框架结构建造的两层厅堂,其上面一层被建造在柱网之上。另一方面,图 21 所示在四川出土的铭文黏土瓦片(见下文 230 页)展示出复杂的绘画工艺,对于传递有价值的信息必不可少。由于它们对于细节从多角度给予了关注,促使我们对汉代建筑有了更多了解。[②] 博览汉代文学作品,同时研究汉代视觉艺术,一直以来都是一种行之有效的方法,使得我们能够探索早期中国建筑传统的某些特征。

与文学和视觉数据相反,对于一个遗址的考古工作则能够提供有关一项建筑工程的具体信息。我们能够测量其数据,并且可以详细勘察所使用的材料和建造方法。如果幸运的话,还可以推测出它的用处和历史,甚至它的出资

① 有关这些宗祠的信息,参见费正清:《武梁祠祭祠》,《哈佛亚洲研究学报》,第 6 期,1941 年版,第 1～36 页,以及蒋英炬,吴文祺:《武氏祠画像石建筑配置考》,《考古学报》1981 年第 2 期,第 165～184 页。

② 重庆市博物馆:《四川汉代画像砖选集》,北京,1957 年版。也可参见 K. Finsterbusch, Verzeichnis und Motivindex der Handarstellungen, 2 卷,威斯巴登,1966 年—1970 年版。这种瓦片安装在拱形砖头墓室的墙壁上,可以追溯至公元 1 世纪的最后几十年。

者或工匠。[①] 这些优点弥补了多数文学作品描述当中的模糊性,以及大量视觉艺术作品中的概括性。一个建筑遗址,即使已被破坏得面目全非,仍然可以找到夯土、灰泥、瓦片或灰烬。同样可以推测出空间、材质、外观和颜色。我们需要跳跃式的想象力才能将建筑本来的结构复原出来,而那些富有跳跃性的想象力如果没有文学和文字材料的支撑是不可能的。最好的复原是基于现实基础之上的;无论对于存在争议的考古现场还是被建造的结构本身,这些复原都是可信的。当学者们以存在争议的文化传统为基础而创造出类似的复原模型,他们对于已消失的大型建筑的猜想就起到了很有价值的作用。然而,一种复原结构不应当与现实相混淆。复原是一连串假设和推论的最终结果。学界必须对它们进行严苛地评估,并且要特别关注那些作为先决条件的假设,由此开展研讨工作。[②] 在本项研究中我使用了几项近期的复原工作,同时我尽力确认它们的优缺点。

对于封建社会初期建筑结构的关注是很值得做的一项工作。遗址考古工作揭示出一栋建筑是如何被建造的,它是如何屹立不倒并承受自身重量的。此外,设计和结构特征可以通过时间来追溯,这样的话那些在时间上不连续的考古现场当中,其特性就可以被放置在建筑实践的历史长河里来研究。另外,对于结构的关注使我们能够解释大量的证据,包括文学和文字材料,这些证据在数量和细节上是不均匀的。通过提出结构的问题可以使我们将那些不相干的材料应用上,有助于提高对于考古现场的理解。

封建社会初期对于中国建筑的历史产生了深远的影响。虽然秦朝的大一统很短命(即公元前 221 年—公元前 210 年),取而代之的汉朝统治者却把坐稳江山变成了持续数百年的现实。至汉武帝统治时期(即公元前 141 年—公元前 87 年),中国建立了一个统一的政体,其中都城长安的管理规则和影响力已深入人心。然而即使在秦朝第一位皇帝在位时期,建筑设计与施工相统一的效果早已被确立。来自全国各地的大地主被要求迁往都城附近。"每当秦朝军队打败别的封建领主时,他们就会模仿对方的宫殿和民居形式,并且在渭河附近的咸阳城北郊修建相应的建筑。"[③]历史证据充分地证明了秦政府开创

① 作坊与工匠的名字一般被记录于汉代手工艺品之上,特别是由政府控制的工厂制造。参见陈直:《两汉经济史料论丛》,西安:陕西人民出版社,1958 年版,第 209~235 页。对于负责建筑工程的宫廷人员,参见毕汉思:《汉代官僚机构》,剑桥,1980 年版,第 80~82 页。

② 参见南茜·莎兹曼·希坦哈特:《中国传统建筑学》;纽约,1980 年。中国建筑历史学家所建议的大量修复工作,其中很少在重新出版时被严格分析。

③ 司马迁:《史记》,卷六《秦始皇本纪》,第 239 页,北京:中华书局,1959 年版。

了帝国建筑风格，而且我们有理由相信这一过程在汉朝得以延续。另外，当汉朝统治者把都城的宫殿建造在先前秦朝旧址之上时，他们寄希望于自己的宫廷建筑能够超越之前的秦朝统治者。事实上，在汉朝初期所使用的很多工匠和建筑材料必定是秦朝所遗留下来的。此时，大量来自全国各地的地主阶级仍然被迫迁徙至都城长安，给帝国的建筑风格加入了别样的工艺技巧和格调。这一过程在都城进行得如火如荼，与此同时，其他地区各大城市也在进行重建工作。全国统一对于这些地区的建筑的影响尚待商榷，但是毋庸置疑的是都城长安的建筑设计形式可以说产生了重要的影响。截至西汉末期（公元前206年—公元9年），封建社会初期的增效作用已创造出了一种新的建筑风格，它将会对后代中国建筑传统打下坚实基础。

秦汉时期的宫廷建筑师和帝国的出资者们特别钟情于两种建筑形式：大型宫殿和多层的“台”或“楼”。① 在中国建筑和文学历史当中这样的例子不胜枚举，但是在考古学方面其中多数的提法还有待合理地发掘和提供准确的报告。② 汉代开创者为了自己的使用而在秦朝宫殿旧址上重建的长乐宫（重建于公元前202年—公元前200年）被载入史册，并受到当时诗人们的崇敬。③其中的前殿在整个西汉时期长期作为皇家宅邸。汉代灭亡之后汇编的史料记载该殿的外围长114米，深28米，两者之比为4:1。④ 仅仅几年之后建造的未央宫更为庞大，它成为汉代宫廷仪式的主要处所。据说汉代都城总面积的六分之一都在其宫墙之内，但是前殿仍然较之更大。⑤

不幸的是，这两处当时的大型建筑至今仍未被合理挖掘。据我所知，只有一位日本学者于1906年至1910年间对于未央宫前殿的黏土心墙进行过表层勘察，然后将其调查报告公开发表。⑥ 而其他的宫殿和塔楼只在汉代资料中

---

① 有关这些术语，参见林巳奈夫：《汉代文物》，京都，1976年版，第157页和第160～161页。

② 此处没有涉及到的多层塔楼应当区分对待，必须等待挖掘遗址。参见雷德侯：《中国宝塔的标准典范》，A. Dallapiccola 主编：《佛塔：宗教、历史以及建筑学重要性》，威斯巴登，1980年版，第238～248页。

③ 《史记》卷八《高祖本纪》，第385页；华兹生：《史记》第二卷，纽约，1961年版，第110页；班固：《汉书》，北京，1962年版，第64页；德效骞：《汉书》卷三，巴尔的摩，1938年—1955年，第118页。

④ 《三辅黄图》卷二，1b—2a，其中描述大殿东西长度为49丈7尺（即497汉尺），深12丈（120汉尺）。西汉的一尺大约为0.23米。参见天石：《西汉度量衡略说》，《文物》1975年第12期，第79～89页。

⑤ 《三辅黄图》卷二，2a—b。东西长500汉尺；南北深150汉尺（115乘以34.5米）。

⑥ 安达：《长安历史遗迹研究》：东京（1933年），再版于1983年，第74～76页和第40页。参见王仲殊，《汉代文明》，纽黑文，1982年版，第4～5页。

被提及,与以上所涉及的两个例子相同它们并没有详细描述,也没有在史料中有关于它们建造的简明介绍。如今人们对于最著名的秦汉时期建筑物也仅仅是一知半解,与古希腊或古罗马重要的建筑遗迹所使用的史料典籍和现代考古学研究相差甚远。

对于秦汉时期建筑的考古学证据在过去的几十年间逐渐地积累起来。考古学家对于两汉的都城(长安和洛阳)都进行了研究,并且在两座城市都获得了关于其城墙、城门、街道布局和一些重要或非重要遗址位置的信息。① 长安城外同样发掘出了大量的不同类型的遗址,其中最重要的当属西汉帝陵。②此外,近期的考古工作也已发现了汉代疆域内其他地区较为分散的遗址:长城沿线的城墙和烽火台、铸铁和其他作坊、普通民居、粮仓等等。无论较之先前的青铜器时代或是其后的分裂时期,关于封建社会初期建筑的考古学记录提供了更好的证明材料。③ 但是配有充分的文献而允许深度分析的,仅有五处遗址的考古报告已被公开发表。这五处遗址当然并不能代表秦汉建筑的总体特点,但不管怎么说它们作为最好的数据有利于我们进一步开展工作。每一处遗址都为封建社会初期华北地区大型建筑的设计和建造提供了很好例证,尤其是那些皇家建筑。此外,在某些案例中中国建筑史学家已亲自尝试以挖掘数据为基础的复原工作。这种复原工作尽管受到各种条件限制,但是为我们了解地面建筑可能的外貌提供了很有价值的借鉴意义。这五处遗址分别为:

(1) 今陕西省咸阳市东郊的宫殿遗址,被认为建于秦朝统一之前;④

(2) 建于公元前 198 年西汉都城长安的“武库”遗址;⑤

(3) 今陕西省华阴县的“华仓”遗址,可能建造于汉武帝时期(公元前 141

① 王仲殊:《汉代文明》,纽黑文,1982 年,第 1～51 页,提供了汉代两个都城调查与挖掘工作简要且有用的总结。参见 T. K. Cheng:《秦汉建筑遗址》,《中国文化研究所学报》(香港中文大学)1978 年第 9 卷,第 515～526 页,第 557～565 页,第 569～573 页。本人已准备了关于秦汉都城的研究。

② 刘庆柱、李毓芳做出了目前最好的描述:《西汉诸陵调查与研究》,《文物资料丛刊》1982 年第 6 期,第 1～15 页。

③ 关于青铜器时代,参见杜朴:《青铜器时代的建筑传统》;南西·莎兹曼·希坦哈特:《中国传统建筑学》,纽约,1984 年,第 59～67 页。

④ 秦都咸阳考古站:《秦都咸阳第一号宫殿建筑遗址简报》,《文物》1976 年第 11 期,第 12～24 页,第 41 页。陶复:《秦咸阳宫第一号遗址复原问题的初步探讨》,《文物》1976 年第 11 期。

⑤ 汉代城墙队:《汉长安城武库遗址发掘的初步收获》,《考古》1978 年第 4 期。

年—公元前 87 年);①

(4) 建造于公元 4 年,位于西汉都城长安南郊举行仪式的建筑,现通常被认为是"明堂"遗址;②

(5) 建造于公元 56 年,位于东汉都城洛阳南郊的"灵台"遗址。③

其中仅有一处建筑,即咸阳东郊的秦宫遗址,成为了出资者和使用者们虚构的汉代宫殿。相反,武库与华仓遗址呈现出完全不同的特征;由于它们在设计和建造上的某些方面可以被应用于任何大型建筑(包括宫殿),所以它们具有相似性。而汉代两座都城南郊举行仪式的建筑在中国古代建筑遗迹方面是最为独特而罕见的。设计这些汉代的建筑是为了保存古代辉煌绚丽的仪式设施的原则,但是因为有关其设计方面大量的(常常是相互矛盾的)史料记载,造成它们一直以来都是争论的主题。④ 不过,它们的结构特征也可以服务于其他目的,所以在这项调查当中应当把它们考虑在内。

在评估这五处遗址的过程当中,为了澄清和扩大讨论范围,其他有关青铜器时代和封建社会初期的考古学证据也将会被引用。我们将从地表层特征和建筑平面图着手分析,然后向上分析包括墙体、木质框架以及屋顶等等。目的是为了确认封建社会初期建筑的典型特征,从而评估其在更加漫长的中国建筑传统当中的地位。在这一过程中出现了不少问题:秦汉两代宫廷建筑师和工匠是如何设计出伟大的宫殿,以至于引起了当时的文人无限的遐想?他们的技术有哪些潜在优势和局限性?他们的解决方法哪些是借鉴古代的,同时古代的技艺在当时又是如何被改进提高的?哪些秦汉时期的技术创新在后世又被延续下去?所有这些疑问都能通过今天我们已掌握的考古学数据得到解答。

夯土层、核心和地基

秦汉遗址展示出人们使用了几种不同的基础结构。一些可以追溯至中国

① 华仓挖掘队:《汉华仓遗址发掘简报》,《汉华仓遗址一号仓建筑复原探讨》,《考古与文物》1982 年第 6 期,第 29～32 页。

② 南茜·莎兹曼·希坦哈特,《中国传统建筑学》,纽约,1984 年,第 69～77 页;以及王世仁:《汉长安城南郊礼制建筑(大土门村遗址)原状的推测》,《考古》1963 年第 9 期。

③ 洛阳工作队:《汉魏洛阳南郊的灵台遗址》,《考古》1978 年第 1 期。参见毕汉思:《后汉时期的洛阳》,《远东古董博物馆公告》,第 48 期,1976 年版,第 61～65 页。

④ 参见王世仁:《汉长安城南郊礼制建筑(大土门村遗址)原状的推测》,《考古》1963 年第 9 期。他试图利用遗址数据合理解释文学作品。

最早的建筑遗址,而其他的是封建社会初期技术发展的结果,它们可以被如今的证据所证明。从历史学的角度出发,地基的发展可以根据几次重要的发明而分为几个阶段。青铜器时代初期(公元前2000年—公元前1000年)的主要特征是出现了坚硬的夯土做成的低地基平台。① 这种地基之上是“堂”,周围一般是同种材料做成的更大的土层,其功能为“厅”。封建社会初期第二项重要的发明是黏土心墙,也就是可以堆的很高的一大堆夯土,它能够作为“堂”和“室”或者四围走廊的地基。类似的核心经过东周时期漫长岁月(公元前8世纪—公元前3世纪)的检验,但是这段早期的历史却很模糊。② 深墙地基(条状的夯土被限制在结构的边缘)代表了第三个重要的革新,如今依然经得起检验,不比此处所讨论的遗址更早。不过它们很有可能来自于青铜器时代初期的“室”,③这种地基形式的历史延续现象表明了在封建社会初期人们对建筑进行着完善补充。一项工程可能使用任何一个或所有的地基形式,将古代的与当代的技艺相融合从而实现其设计意图。即使出现了新的工艺和材料,旧的技术仍然会保持相当长一段时期。所以封建社会初期的很多建筑都载于史册。

对于封建社会初期遗址的考古工作使我们相信任何一处大型建筑都是建造于大面积的夯土基础之上。如明堂遗址(如图3)大约205平方米,完全是由超过一米厚的坚硬夯土铺成的。青铜器时代初期的史料记载了铺设庭院的做法,最好的例子是今河南省偃师市二里头遗址的大型“宗庙”。④ 明堂遗址的中心平台是一个直径为60米的圆形,本身就是一个将近三米深的夯土堆。无论是青铜器时代还是封建社会初期,先推平一块地,然后挖掘一个比一般厅堂建筑大得多的土层,再将大量的泥土填充进去一般来说就是建筑工程的最初几步。汉朝史料记载了数以万计的民夫被强征服徭役,所以可以肯定的是

① 参见杜朴:《骊山陵的考古学重建》,桑山主编:《中国伟大的青铜器时代:一场盛宴》,洛杉矶,1983年版,第72～83页,1983年版,第24～25页,第27～28页,第32～33页。“夯土”是河南省安阳地区当地的表达方式,中国考古学家于1928年到1937年对于商遗址进行挖掘工作时首次使用。更为普遍的现代汉语是“版筑”,意为“使用木板作为框架,其中用松土填实”。参见单士元:《夯土技术简谈》,《科技史文集》,第7期,1981年版,第119～123页。

② 东周中期的几个世纪出现的陵寝可能是建筑学上黏土心墙近似的来源。如果这一说法成立,那么通过中国西部和北部草原地区传入的外国模式就有相当大的重要性。参见杜朴:《中国封建社会初期的墓室艺术与建筑》,堪萨斯大学博士论文,1979年版,第42～45页。

③ 杜朴:《骊山陵的考古学重建》,桑山主编:《中国伟大的青铜器时代:一场盛宴》,洛杉矶,1983年版,第29页。

④ 同上,第23页。

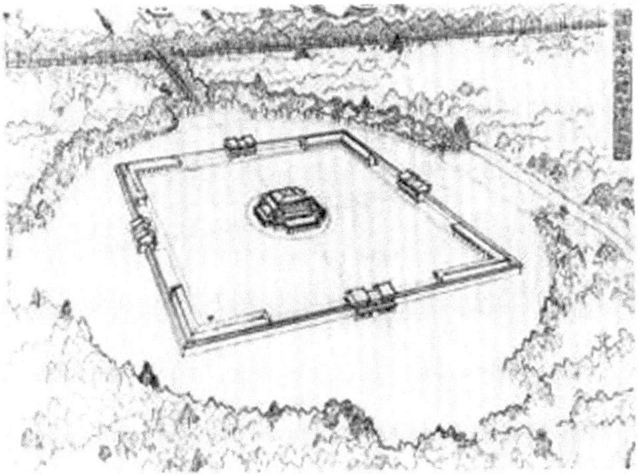

图 3　王世仁绘制明堂遗址复原图
（王世仁:《汉长安城南郊礼制建筑（大土门村遗址）原状的推测》，
《考古》1963 年第 9 期，第 515 页）

挖掘、搬运和夯土这些工作是不愁人力的。[①] 大土堆之下夯土层的使用早在至少公元前五世纪就有记载。当时燕国的“下都城”（今河北省易县）就有使用这一地基形式的皇室陵寝。其中一个面积为 35 平方米，坐落于一个夯土层之上，向外延伸 16 米，自身厚度 1—3.5 米。同样的技术在西安近郊的西汉皇陵也被发现，其夯土层非常坚硬，即使在今天人们在其周围的农田里耕种都几乎是不可能的。[②]

在类似陵寝的又大又重的夯土堆当中，其下方的土层吸收并向四周大面积分散重量以防止沉降。较大的建筑核心同样可以从如此宽阔的地基当中受益，但是此时土层也起到了承受相邻庭院的作用。要想了解古代劳动人民在开工建造之前是如何平整一大块土地的，除非考古挖掘者把一处秦汉遗址的所有土层清理为不毛之地。不幸的是文献记载并没有足够详实地描述整个施工过程，尤其关于是否有充足时间允许夯土充分沉降仍是未知数。有关汉代

① 关于秦始皇骊山陵建造的讨论，参见杜朴:《骊山陵的考古学重建》，桑山主编:《中国伟大的青铜器时代:一场盛宴》，洛杉矶，1983 年版，第 72～83 页。

② 杜朴:《中国封建社会初期的墓室艺术与建筑》，堪萨斯大学博士论文，1979 年版，第 42～43 页，第 104～121 页。Tian Xingnong（陕西省文物古迹保护委员会），提供了关于西汉古墓的个人见解，1980 年 10 月 10 日。

都城长安城墙建造的描述反映出大量劳动力在相对较短的时期内(季节性的短期劳动)被要求在不同的处所劳动,[1]这可能就是为了那些大型建筑而做的准备工作。

在设计大型宫殿时,秦汉宫廷设计师使用不同的方案,他可能要求手下的民夫将一大堆夯土抬升作为建筑的核心。黏土心墙最早在战国时期(公元前5世纪—公元前3世纪)的建筑当中兴盛起来,当时各诸侯建造起宏伟的平台式宫殿。[2] 例如齐桓公的宫殿(在今山东临淄)是一处南北长为86米的椭圆形建筑,共有三层,最高14米。而舞阳宫(位于燕下都)长140米,宽110米,共两层,最高11米。还有更多的例子,不胜枚举。黏土心墙、多层地基结构具有多方面优点:丰富的原材料,所使用的技术能够充分利用劳动力,效果很明显。这些大型建筑拥有多个正殿,周围有厅堂,在总体规模和华丽装饰方面已超越先前存在的其他任何建筑结构。

咸阳秦宫遗址拥有各种厅堂和走廊,它们都被建造在一个黏土心墙之上、之中或周围(如图4、图5所示)。该核心大约为60米长,35米宽。这种建筑的地基为5米深,从周围的地表层向上,最大高度不少于5米。因此核心本身

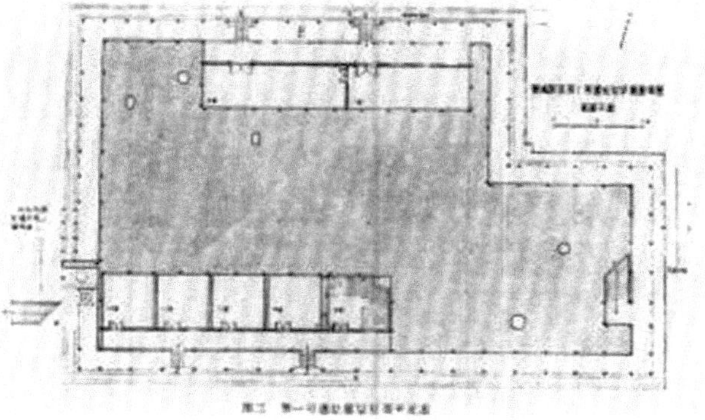

图4 陶复绘制咸阳宫底层复原平面图
(陶复:《秦咸阳宫第一号遗址复原问题的初步探讨》,
《文物》1976年第11期,第34页)

---

① 公元前192年春,146 000名民夫被征召修筑城墙长达30天;当年六月,200 000名民夫被征召。公元前190年春正月,共有145 000名民夫被征召。

② 关于该证据的总结,参见K. C. Chang:《古代中国考古学》,纽黑文,1977年版,第321～350页。

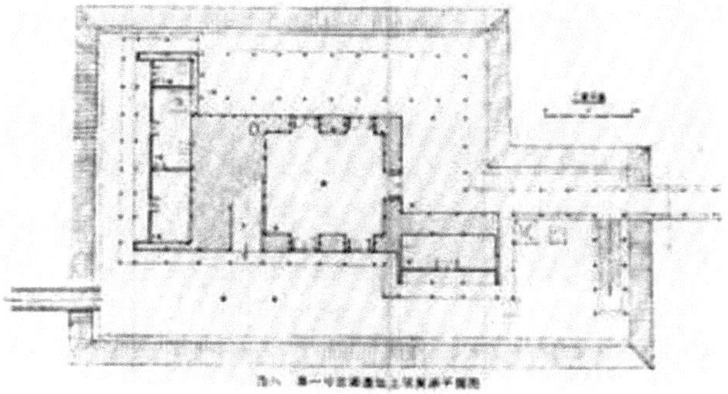

图 5　陶复绘制咸阳宫上层复原平面图
（陶复:《秦咸阳宫第一号遗址复原问题的初步探讨》，
《文物》1976 年第 11 期，第 36 页）

就超过 10 米厚。南边的地表层走廊长度超过 70 米，而西边的超过 40 米。这些走廊围着 7 间屋子，都被置于核心之中，两间在北，其余五间（包括一间沐浴室）在南。所有这些房间都通过狭窄而平行的过道与走廊所隔开。① 其基准标注（走廊）与其高度达到最高一层 17 米的房梁造就了全部三层的体量。② 这种大规模的堆土并非独立存在的，附近就有很多其他核心和地基。③ 另一个镜像的核心与之相隔一道沟渠，这条沟渠如今在东面把这处遗址截断了。大量的宏伟而又壮丽的建筑结构在战国时期的城市遗址非常有代表性，不过对于咸阳宫殿的挖掘考古工作第一次展现了对称现象。这些建筑位于高于渭河的天然黄土平台之上，人们站在这里对于都城地区一览无余。

两汉举行祭祀仪式的遗址（位于长安的明堂和洛阳的灵台）同样是沿着黏土心墙建造的，均为正方形设计，而非秦宫那样不规则的矩形。明堂遗址核心的中心大约为 17 平方米（见图 6）；每个角落各有两个较小的正方形基座，在

① 图 4（陶复所修复的基座层规划）展现了几种合理的解释：(1) 走廊沿着沟渠区域的核心东侧建造，破坏了遗址边缘；(2) 如今消失的东北角房间的大小和规划与相邻的房间相等；(3) 沐浴室侧面的所有四个房间与其隔壁房间同等大小。关于挖掘阶段该遗址的状况，参见秦都咸阳考古站：《秦都咸阳第一号宫殿建筑遗址简报》，《文物》1976 年第 11 期。

② 地基规模与房梁高度的估计值均来自于陶复：《秦咸阳宫第一号遗址复原问题的初步探讨》，《文物》1976 年第 11 期，第 36 页。

③ 刘庆柱：《秦都咸阳几个问题的初探》，《文物》1976 年第 11 期，第 25～30 页。

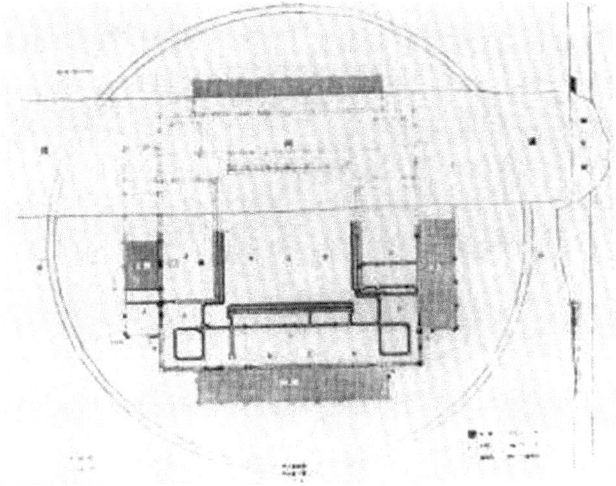

图 6 明堂遗址黏土心墙平面图(Tang)

每一边将核心的总长度扩展到大约为 42 米。[①] 在考古挖掘之前大规模的破坏妨碍了我们对于核心最初高度的可靠估测。就在明堂遗址西侧的大型仪式性建筑群中,我们发现了类似的设计。该建筑群当中保存最为完好的甚至更大,中心区域面积为 27 平方米,在四个角落都只有单个的基座,每一边核心的长度为 55 米。[②] 在进行挖掘过程中,这处夯土核心仍然超过 4.5 米高。这些汉代仪式性建筑结构的核心是否支撑超过一层的地面建筑仍未可知。由王世仁先生于 1963 年在其复原图中提出的第三层建筑是由文字而非遗址本身的数据推理得出的。[③] 这些仪式性的建筑结构将四间房屋沿着核心对称排列,同时延伸了四角的夯土地基从而决定了其空间总量。与咸阳秦宫类似,明堂遗址的这四间"室"也被隐蔽在门廊之后,而不是向外开放的。

这些西汉仪式性建筑与秦统一六国之前的宫殿相比最明显的差别是其规划方面的严谨对称性,既作为独立的构造,同时也是大型院落中的元素。在不

① 据挖掘人员报告,土堆在开始建造之前有 5 到 7 米高,揭示出建筑遗址的存在。

② 汉城墙挖掘队:《汉长安城南郊礼制建筑遗址群发掘简报》,《考古》1960 年第 7 期第 36～39 页。

③ 王世仁:《汉长安城南郊礼制建筑(大土门村遗址)原状的推测》,《考古》1963 年第 9 期,第 503～509 页。

同的季节和方位，庄重的典礼都会在明堂遗址举行，这造就了它的对称性。① 然而从结构上说，所有这些例子使用黏土心墙都是为了两个目的：作为一大堆夯土地基可以承受多个地表层房间，使它们的侧墙和后墙顶住核心；可以作为一个高高的地基平台，附着的或独立的房间能够建于其上。黏土心墙形式使得这些方案在同一个建筑结构中能够和谐存在。

东汉时期的灵台则是黏土心墙形式更简单的表现形式。这一皇室的瞭望台完全就是在较低层走廊之上抬升的一个平台。其核心（如图 7）起始于边长

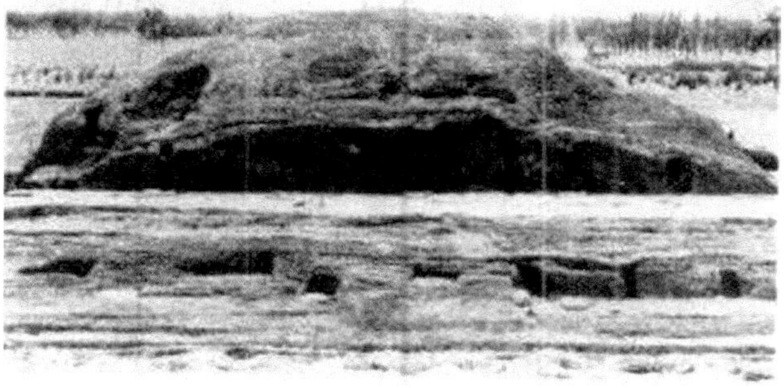

图 7　灵台遗址黏土心墙（从北侧看）
（洛阳工作队：《汉魏洛阳南郊的灵台遗址》，
《考古》1978 年第 1 期，第 2 页）

为 50 米的正方形地基，然后边长逐渐缩减到 27 米。逐渐缩小的核心周围的走廊高于地平面 1.8 米，由北侧的一条坡道进入。这个核心顶部的实际高度仍然无法准确推测，但是在挖掘之前它有 8 米高。当时的宫廷占星家们在这块露天平台上进行他们重要的观察工作。② 与灵台相似的建筑形式当属公元前 4 世纪建造的祭庙了。③ 有可能明堂和灵台遗址在其设计与施工工艺方面

① M. Loewe：《汉代中国的危机与冲突》，伦敦，1974 年版，第 164～186 页。关于明堂遗址的英语研究的典范是 H. J. Wechsler：《玉石与丝绸的供奉：唐朝合法化当中的礼仪和象征》，纽黑文，1985 年版，第 195～211 页。

② 汉代典籍描述灵台的高度或为 7 米，或为 14 米。洛阳工作队：《汉魏洛阳南郊的灵台遗址》，《考古》1978 年第 1 期。

③ 罗伯特 L. 杜朴：《中国封建社会初期的墓室艺术与建筑》，堪萨斯大学博士论文，1979 年，第 65 页。

都算得上过时了,它们都不得不符合当代专家学者对于古代仪式性建筑最好的估测。这些精通礼仪的人对于早期周朝建筑一定有着渊博的知识,甚至对于更加久远的商朝和夏朝建筑风格也有崇敬之心。我认为咸阳宫不是出于类似的仪式性考虑而建造,而是黏土心墙形式潜在的更加“现代化”的应用而造就。

关于另一处封建社会初期的黏土心墙结构(即长乐宫前殿)我们也掌握了初步的信息(如图 8),其地基核心部分南北长大约 350 米,东西宽 150 米,[①]平

图 8　未央宫前殿核心(从北侧俯瞰)
(王仲殊:《汉代文明》,纽黑文,1982 年,第 11 页)

台明显的有三部分组成。南边有一个相对较低的平台,高 1～1.6 米,南北长大约 115 米(图 8 上方所示)。相邻的是一个倾斜的中央区域,它逐渐升高,共延伸超过 165 米。北侧的另一部分(图 8 下方所示)高达 10～15 米,其实只不过是一个较浅的基座,108 米宽、10 米深。这种三重核心结构表明了由南到北有三个独立的建筑逐步抬升。文献中所记载的前殿完整规模(长 115 米,宽 34.5 米)可能仅仅与北侧的“基座”水平相吻合,而前殿本身很可能已超过了这一最高的级别,并且周围被一个廊道所环绕。从这个核心的较大规模角度来看,传统上对于更为庞大的建筑结构的描述(如秦始皇的阿房宫)就可以理解了。[②]

武库和华仓体现了秦汉宫廷建筑的另一种形式,它们并不是在一个较低

① 安达:《长安历史遗迹研究》,东京(1933 年),再版于 1983 年,第 74～76 页。王仲殊:《汉代文明》,纽黑文,1982 年,第 4 页,描述的尺寸为 350 乘以 200 米。

② 《史记》卷六《秦始皇本纪》描述阿房宫的大小为 575 米乘以 115 米(第 256 页)。

的地基平台上或沿着黏土心墙周围建造的。在这两处遗址，人们使用又厚又深的墙体基础来界定建筑物的周长，然后建造起边长较长的正方形结构。有一个武库结构（如图 9）东西长超过 197 米，南北宽 24 米，[①]其墙体厚 4.5 米，

图 9　武库遗址一号建筑，从西南侧看基脚
（汉代城墙队：《汉长安城武库遗址发掘的初步收获》，
《考古》1978 年第 4 期，第 9 页）

地基为深 4 米的沟渠。这种结构被分为两个室，每间室的墙内长度超过 90 米，深 16 米。在两侧屋檐墙体中各有一排壁柱，连同两排平行的空柱在内部空间创造出了三开间的深度。另一排空柱横跨建筑物的正面，在两侧端墙的延长线上隔出一个走廊。空柱直径为 70～90 厘米，安放于地表层平滑的石头地基之上。两柱之间的横向跨越大约等于 4 米，而横跨的深度大于 5 米。从已公开的图片判断，很明显该遗址在挖掘之前已被推平。几乎没有上层墙体保留下来。

此处武库建筑包含了两种结构方案：一种四方形、墙体很厚的“室”深深地固定在地面；同时在内部两排空柱与屋檐墙体平行。这种建筑的地面墙体不可能与其地基墙体一样厚，但是这种假设还有待商榷。与古代的“室”相反，长安武库的地基部分又深又宽。这种设计创造了坚固的地表层以下的地基，而不需要建造牢固的地基平台。事实上，该建筑物的地面只是 40 厘米厚的夯土层，也就是薄薄地铺设一层，而非一种结构组成。造成这种设计可能有以下几种因素：地基深度必须符合长安地区每年的冰冻及融解交替现象；其次，大面积的地基很可能要符合它们所要承载的重量，即墙体和屋顶的固定负载。这

① 汉代城墙队：《汉长安城武库遗址发掘的初步收获》，《考古》1978 年第 4 期，第 263 页。

种结构的总规模表明了在封建社会初期人们可以实现类似的设计方案。如果皇家武库的一处建筑（总共至少有七处）都可以如此庞大，那么更重要的前殿会有多么更加庞大、多么更加复杂呢？①

今陕西省华阴县境内的华仓遗址相比长安武库遗址晚建了至少半个世纪，②它同样也采用了正方形的设计，从外部尺寸上看，东西长 62 米，南北宽 25 米，但是入口位于东端而非较长的南侧（如图 10）。

图 10　华仓，从东侧看地基
（华仓挖掘队：《汉华仓遗址发掘简报》，
《考古与文物》1982 年第 6 期，第 3 页）

此处四个厚墙地基被平行修建，从而划分出了两条较浅的外部走廊和一个较宽的中殿。其建筑原则也是深墙地基与壁柱和空柱体系的结合。然而华仓的设计要比武库更加复杂。尽管该粮仓的地基又深又厚，但是它在地表以上的部分特别薄，这一点比武库的更加明显。因此两堵内墙只有 1.4 米厚，位于 4.8 米宽的地基之上。中殿深度最大的跨越大约 3.5 米，由一排窗间壁支撑着一个单独的内部柱廊。这些窗间壁就是直径 2.5 米、深 3.8 米的夯土堆，这两个数据（与墙体地基的尺寸一样）表明这种结构可以承载较大的房顶负荷。与武库类似，粮仓室内地面也只是薄薄的一层夯土。但是与之不同的是，有清晰的证据表明在粮仓的墙体地基当中存在被抬升的木板地面。

华仓遗址代表了在长安武库发现的深层环形地基的升级改良。在武库

① “室”同样应用于普通百姓的小房子。比如洛阳市中州路发现的一处半地下的房子（H1101），面积大约为 10 平方米，夯土墙厚度为 1.2～1.5 米。参见苏秉琦主编的《洛阳中州路西工段》，北京，1959 年版，第 10～12 页，以及第 1 页。

② 华仓挖掘队：《汉华仓遗址发掘简报》，《考古与文物》1982 年第 6 期，第 20～28 页。

中，所有四个墙体缺一不可，只是在相对较为狭窄的门窗留有缺口。而在华阴，这种形式被改造从而造就了更好的结构。粮仓只需要四个平行的地基，而非一个完整的回路。东端墙体实际上被三处入口分隔开，使人能够进入中殿和侧殿。① 东端被设计为一个走廊，与武库中的前廊类似，南北都有坚固的墙体。宫廷建筑师和工匠们当然不会忽视这种建筑体系的潜在优势。如果这种地面设计不能很好地适应汉朝宫殿，那么人们就会为了达到目的而使用坚固的墙体和成排的廊柱。华仓最吸引人而又令人费解的就是其中殿和走廊的地面设计，我们可以将它比作古罗马的长方形廊柱大厅。由于前无古人后无来者，至今仍未可知这一设计方案是否最早出现在汉武帝时期，或是更早就被发明出来，抑或它是典型的或不循常理的设计。然而汉武帝时期的确提供了更多与西域各国交往联系的机会。②

除了平行地基结构，华仓也采用了窗间壁来支撑内部柱廊。中心间隔 5 米，上面覆盖着一大堆乱石，作为木质柱身的基座。这些基座的面积大约有 1 平方米，高于地面仅仅几厘米。这些窗间壁并非史无前例，虽然被公开的早期几个例子已被从汉武帝时期删除。这些案例是在今陕西省扶风县召陈村的西周（公元前 11 世纪—公元前 8 世纪）遗址发现的。③ 在这处遗址中，窗间壁就是由夯土和河流中的石头组成的圆柱体。人们在地基中挖出一个深槽，直到冻深线，然后将七层石头与夯土的混合物注入槽中，顶部盖上较大的基座。汉代与西周使用窗间壁的不同之处就在于后者把它们放置在坚硬的地基平台之中。尽管目前的考古学证据仅仅局限于这两处遗址，但是我们可以推测皇家建筑师们如果不知道窗间壁，并将它们应用于宫廷建筑以及更多民间的粮仓，那么这一点也是说不通的。

墙体、壁柱和柱廊

要建造“室”可以使用几种结构体系。坚固的承重墙和柱廊都可以作为黏土心墙的补充，以及其他结构形式的内部元素。此处所讨论的几处建筑中，坚固的墙体是“主室”必不可少的部分。然而在西汉以后，由于木质框架能够依靠自身承受屋顶的负荷，所以承重墙就没有什么用处了。这一前提就使得设

---

① 该遗址的西端在挖掘时已不完整了。同上，第 21 页。

② 何四维：《亚洲中心的中国，早期阶段：公元前 125 年—23 年》，莱顿，1979 年版。尽管古罗马长方形廊柱大厅的设计方法在这一时期应当是已传入中国了，但是在我看来能够展示出其扩散传播或者对于中国建筑的影响尚缺少具体例证。

③ 周原考古队：《扶风召陈西周建筑群基址发掘简报》，《文物》1981 年第 3 期，第 10～22 页。

计者们可以更加灵活地处理地面,使用独立于承重柱的分隔墙自由地开放或封闭空间。内外柱廊是任何坚固的木质框架柱网的基础组成部分。但是,本文所研究的所有秦汉建筑中的柱廊都与核心或是坚固的墙体相连,而且在结构上附属于它们。

在咸阳宫和明堂遗址,人们使用坚固的土墙与黏土心墙相连。在前者那里,一个大约13平方米的较大房间建于接近5米高的核心之上(如图5)。这间屋子三面都是坚固的夯土墙,而第四面墙(西侧)毗邻核心,屋子中央竖着一根大柱子。在东端保存最为完好的墙大约有两米厚。东西两面墙都是由夯土和土坯混合在一起建造的。下层为夯土(大约高1.5米),在它的上面按照一定顺序铺设土坯。屋子的三面墙上开了五扇门,每一扇门大约三米宽。除了复合型的结构之外,这些墙同样与正方形的壁柱相吻合,间距为1.7～2.6米。墙上以及石头基座的沟槽在这些墙体内外两侧的下层夯土当中保存了下来。屋内的墙面和地面都被刷上石灰并涂上颜料:地面为朱红色,而墙体上都是多彩的装饰性图案。在附近的另一处秦宫遗址,有着丰富图案(包括战车)的大量碎片重见天日。[①] 咸阳宫的这间房屋建于黏土心墙之上;有人认为在它的基础之上就是木质框架房屋,不过现场证据尚不足以得出以上推论。[②] 黏土心墙同样可以在西侧和南侧承载其他三到四个房间。在这些房间中,四边薄薄的夯土墙体决定了空间总量。在正方形的大屋与西侧的那些房屋之间堆满了大堆夯土,所以需要一个坡道或是台阶才能到达第三层。[③]

人们使用土坯来建造墙体。长安城南郊的明堂遗址表明土坯被用来作为坚固的黏土心墙的防护物,以及薄薄的分隔墙。三层土坯(外面两层水平铺设,中间一层竖直铺设)被用来保护北屋后面的黏土心墙墙面。在土坯下面、夯土地面之上放置了木质滑槽。将内室与走廊分开的分隔墙就是大约40厘米厚的单层结构,这些土坯在木头柱子之间形成了分隔墙。与咸阳宫一样,所有这些墙体也都被刷上石灰、涂上颜料。尽管土坯自从青铜器时代和封建社

---

① 咸阳文物保护委员会:《秦都咸阳第三号宫殿遗址发掘简报》,《考古与文物》1980年第2期,第34～41页。

② 陶复:《秦咸阳宫第一号遗址复原问题的初步探讨》,《文物》1976年第11期,第40页。我们在华仓已发现在墙基脚之上进行建造是可能的。此处一个层面的墙可能成为下一个更高层面的基脚。

③ 这种复原方案(见图5)其中的几个部分是推测出来的,但是也具有可信度。具体如下:(1)西侧房间的确切数量和尺寸;(2)较低层房间所承载的平台规模;(3)是否存在抬升的通道,向东延伸将这个宫殿与另一处相连接。比较已发掘出的核心;秦都咸阳考古站:《秦都咸阳第一号宫殿建筑遗址简报》,《文物》1976年第11期,第14页。

会初期就一直在使用(即使今天在华北地区仍可见到),而砖最早并非是用于建筑的目的。用于建筑的陶器,如屋顶和地面使用的瓦片,在青铜器时代末期很常见(公元前1000年—公元元年),但是直到公元前1世纪用于墙体和其他建筑功能的砖才大规模的出现。当时,在建造地下拱形墓室中,砖作为上好的建筑材料而备受青睐。[①] 后世除了寺庙中的宝塔,人们就不怎么使用土坯了。

使用壁柱与墙体连接梁有两个方面的原因:首先,增强在它们后面的黏土心墙和夯土墙的立面;其次,营造一种能够承载天花板上其他横梁的结构框架。虽然在几处遗址对于壁柱较低层的沟槽都有报道,中墙连接梁在挖掘过程中尚未得到确认。汉代典籍将墙柱称为"樽",中墙连接梁为"壁台"。[②] 秦汉考古遗址出土的这种壁柱常常出现于绘画作品中,与之类似的还有在地面、中墙或屋顶连接这些柱子的横梁。这种被安装于墙体结构当中的柱子和连接梁最明显的代表是在四川乐山一处从岩石中挖掘出来的东汉墓室(如图11a—b)。45号墓室入口处的供奉室的地面安装有滑槽、与中墙等高的横梁以及其他低于屋顶的过梁,全都做成浮雕效果,为了使木材与抹过石灰的墙体表面形成鲜明的对比。此处,垂直支撑物都是半圆柱形,或者从地面到中墙连接梁,或者到屋顶。房屋模型(如图1)显示这些立柱和横梁都被刷成明亮的颜色,尤其是朱红色,并且人们将粉刷过的墙安装上框架。

壁柱和连接梁有时会使用金属环和套管来增强它们的连接(如图12)。在汉代文献中这种结构被称为"釭"。在1973年至1974年间位于陕西省凤翔县附近的一处春秋时期(公元前8世纪—公元前5世纪)宫殿遗址的挖掘中发现了大量的这种结构,均为统一六国之前秦国历代国君下令建造的。[③] 在所有六十四个出土的遗址当中有十种不同的类型。其中一些为放置在壁台或过梁端部的金属环,而其他的套管被放置在两根木梁相交处。还有一些属于双层金属环在角落处连接而被放置为适合的夹角(如图12)。此处遗址与其他相关的发现明显地证明了金属配件早在秦朝统一之前就被使用了。

---

① 罗伯特L.杜朴:《中国封建社会初期的墓室艺术与建筑》,堪萨斯大学博士论文,1979年版,第172～185页。骊山一号堑壕(包含与真人外形相似的兵马俑)东端建造的小型加固砖墙。这是作者已知的中国北部地区最早的砖墙。参见袁仲一:《秦始皇陵兵马俑》,北京,1983年版,第98页。该墙应当最晚建造于公元前210年。

② 东汉典籍《说文解字》将"樽"定义为"壁柱"。唐代评论家颜师古将"壁带"定义为"墙内的横梁,像一条带子一样展开"。参见林巳奈夫:《汉代文物》,京都,1976年,第182页。

③ 凤翔县文化馆:《凤翔先秦宫殿试掘及其铜制建筑构件》,《考古》1976年第2期,第121～128页。

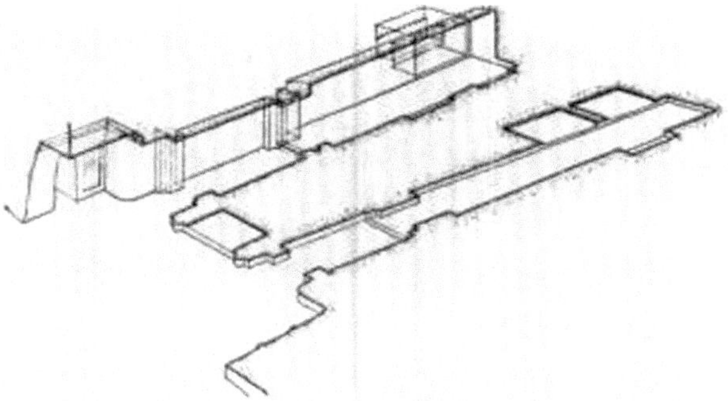

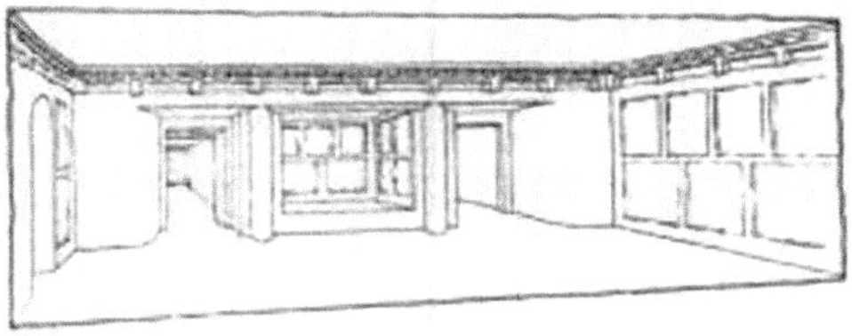

图 11　四川乐山 45 号墓。(a) 概要图(Liu,第 59 页)。(b) 供奉室
(谢阁兰,《中国考古纪行 1914—1917》,
巴黎,1923 年—1924 年,第 1 期,第 66 页)

人们在两种结构方式当中使用了柱廊。在明堂遗址,成排独立的柱子建造在地面之上,在每一侧营造出了前廊(如图 6)。在东、南和西侧,它们有 8 个跨度(24 米长、4 米深)。而在北侧,走廊只有 4 个跨度(12 米),两侧分别与

图12　陕西省凤翔县青铜建筑构件，公元前8世纪—公元前5世纪
（东京国家博物馆主编，中国古代青铜器展，东京，1976年，第53页）

较小的房间相接。不论哪一种情况，牢固的端墙所包含的面积都有屋顶，并有柱廊支撑。因此明堂遗址的所有走廊一起构成了较低水平面的外观，将实际埋入黏土心墙的房间掩饰起来。在早年建造的咸阳宫也使用了几乎相同的原理，其核心在地平面被走廊所包围（如图4）。洛阳的灵台遗址也有一个环形的走廊，从地面向上抬升1.8米，被放置于核心的架子上。在所有这些案例当中，秦汉两代的建筑师们都使用简单而又规则的柱子、扶手和屋顶等外部景观将里面的东西遮掩起来，从而也就将坚固的核心与其房间都隐藏了。由此，黏土心墙与粉刷过以及绘画过的表面就与各种元素隔绝开来了。坡道、台阶和栏杆的开口处反过来都可以决定内室的入口。如果走廊的跨度与上层任何独立的木质框架厅堂中的跨度尺寸相同的话，那么建筑师就给人一种错觉，令人以为整个建筑都是同样的造型。因此绘画艺术的标准（如图2）就表明两层结构是完全使用一个木质框架建造而非建于黏土心墙周围。

武库与华仓的内部柱廊很可能在宏伟的大殿当中起到了柱子的作用。这两处都利用了又长又浅的空间：武库建筑中为40个跨度长，深为3个跨度；而在华仓长为13个跨度，深4个跨度。前者内部的跨度近似于4.1—4.7米，深5米（如图9）。它的内部被两个深大约16米的柱廊所分割。而华仓的中殿为7米深的空间，被一个简单的柱廊沿着中线分割开；两侧的跨度为5米（如图10）。根据史料记载，在长乐宫前殿，我们可以想象两侧为20～22个跨度，深5～6米。这一数字表明可能存在大量的柱子，但是将近四五米的跨度又应当有大量的地面空间。实际上，后代唐朝（公元7世纪—公元9世纪）大殿的跨度就是这个数值。① 这里讨论的结构都没有长乐宫前殿的外观看起来那样深。通过在中殿和通道建设方案中增加走廊,或者其他附加方案,就可以建成如此之深的殿堂。在武库遗址,长度与深度之比,即正面与侧面之比,为8:1,而在华仓该比例仅仅为2.5:1。长乐宫的前殿比例居中,其长度与深度之比为4:1。

为了建造一个带有开口向南的厅堂,必须将带有坚固墙体的内部和屋檐柱廊相结合。这种形式在唐代大明宫含元殿遗址(建于公元663年左右)被发现。② 该大殿宽为11个跨度,4米深(如图13,中间顶部)。十二根立柱构成两个内部柱廊,每一个柱廊前方都有屋檐柱廊,在其两端和后面都有超过两米厚的土墙所围绕。这个内核的四面都有走廊,由此将地面设计增加到总共13个跨度,6米深。坚固的端墙和后墙也有壁柱,包含了填土。我不禁假设任何汉代大型宫殿都有着类似的设计。在这一模式中,内部空间必定被几排柱子所隔断,而屋顶的负荷就落在了那些柱廊和坚固的外墙之上。所增加的走廊

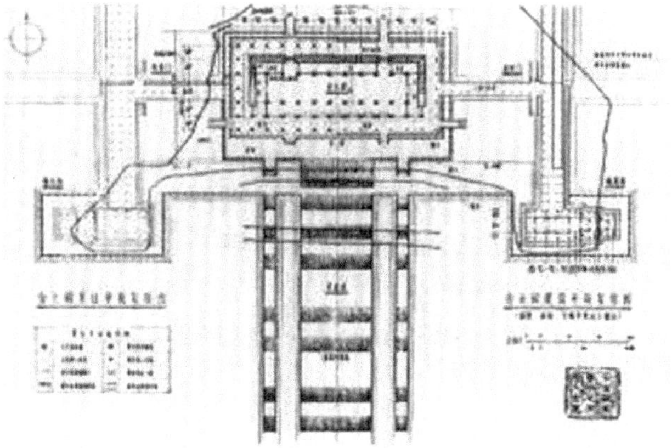

图13 傅熹年绘制含元殿遗址复原图
(傅熹年:《唐长安大明宫含元殿原状的探讨》,
《文物》1973年第7期,第34页)

① 如大明宫的含元殿。傅熹年:《唐长安大明宫含元殿原状的探讨》,《文物》1973年第7期,第30～48页。关于此殿,也可参见南茜·莎兹曼·希坦哈特:《中国传统建筑学》,纽约,1984年,第92～99页。

② 同上。也可参见D. Z. Ma:《唐长安大明宫》,北京,1959年版。该书报道了该遗址的挖掘,但是没有涉及含元殿。

既扩大了可利用空间，同时也创造了第二层屋檐。这一假想的汉代宫殿结构（至今仍无从考究）与后代大殿之间的区别主要在于柱网与外墙的作用。经年累月，很明显大型殿堂能够不依赖承重外墙而承载屋顶的负荷。不过这一关键性的变化具体何时出现不得而知。晚唐时期保存至今最古老的宫殿就包含了这种设计。

与中间分隔出来的端室在汉代典籍中被称为“序”、“房”或“厢”。[①] 这些空间可能或未曾受到结构墙体的横向限制。对于长乐宫前殿的描述将端室之间中央区域的尺寸设定为 350 汉尺（80.5 米），要比总宽度少 147 尺（即 497 尺，大约合 114.3 米）。此处假设两间端室[每个大约 70 尺宽（16.1 米）]是合情合理的。[②] 在我假设的汉代宫殿当中，我将会设想三处空间——中心部分和两端的，都处于同一屋檐下，无论走廊是否被添加到部分或所有的边。更早期的一处遗址也印证了这一观点。西周时期召陈遗址的几个大殿也有坚固的横向分水墙。[③] 这一设计在端室之间创造出了大约 156 平方米的大空间。

直到它们的屋顶层，此处所研究的封建社会早期建筑完全都是整体的土木结构。它们并没有达到当今作家们所高度赞扬的结构复杂性。承重墙和核心都是必不可少的，开放更大空间和展示结构部件的能力都留给了后代。更加精致的汉代宫殿的总体量必定远远地超出任何早期建筑，但是由于封闭式的墙体和密集的柱廊，其内部空间仍然相对较为有限。已挖掘的遗址中有限的例子令我们很难判断在东汉时期（公元 25 年—公元 220 年）究竟取得了多大的进步。不幸的是，文学和绘画材料几乎不能阐明这些问题，但是在理解木质框架和屋顶的其他特征当中它们还是很有帮助的。

木质框架和托架

秦汉建筑的木质框架、托架和瓦片屋顶都没有保存下来。任何规模的宫殿都必定有一个很大的屋顶所覆盖，而在多处考古遗址发现的大量破碎屋顶瓦片表明这些覆盖物很有可能造成很大负荷。这一时期建造者们所面临的一大挑战就是如何使用木质框架（柱子、连接梁、横梁、斗拱以及屋顶）来承受如此巨大的负荷，并且作为黏土心墙和承重墙的补充。虽然垂直木柱的抗张强

① 林巳奈夫：《汉代文物》，京都，1976 年，第 178～179 页。

② 《三辅黄图》卷二，2a。参见 A. 索珀：《从秦朝到六朝时代》，第 381～382 页。对术语有不同解释，以及汉代厅堂的可能地面设计。

③ 周原考古队：《扶风召陈西周建筑群遗址发掘简报》，《文物》1981 年第 3 期，第 13～14 页。

度很大,但是水平木梁的拉力却小得多。柱子与柱子之间以及墙体与核心之间过长的水平梁由于重负荷可能会弯曲甚至折断。通过建筑遗址的地面设计可视立体图中,可知建筑者成功地解决了这一难题。在大型结构当中四到五米的跨度非常普遍,这表明了一种支撑体系(斗拱)能够减少净跨,并且将负荷传递给了墙体和柱子。文学作品和绘画艺术都提供了重要线索,从而证明了秦汉框架与托架的特点和作用。

汉代所有文学和绘画作品当中最明显的特征之一就是使用了大量的词汇对于木质框架结构当中的元素进行描述。汉代词典的命名法表明一个柱子(如图 14)就包括几个独立的部分:碣、坯、楮、斗。汉代词汇将“柱”与“欂”,以及“碣”与“楮”分得很清楚。① 除了视觉数据外,这些用词也存在地区差异。正方形或圆形截面的柱子通常都是在建筑遗址处被发现,而多面的和具有刻纹的常常出现在石头墓室中,其中柱子的基座通常被刻上几条类似经典的具有西方特征的座盘饰和凹形边饰(如图 14)。遗址处的石碣基本都被放置在固定的位置。在武库和华仓遗址,这些碣都是加工粗糙的圆形石头,上面是平顶表面,正适合安放柱子的基座。而在明堂遗址的北室则发现了将正方形与圆形相结合的石碣。这种碣上面有两个并排安放的柱子,正方形的那个被埋在了墙体里,而另一个圆形的独立放置。咸阳宫和明堂遗址的一个共同特征是在各个角落都有成对的方形碣,表明了两个壁柱一起支撑着墙角上的屋檐。这种双重支撑形式反过来也证明了墙角的斗拱并不足以承受来自单一柱子顶部的墙角屋檐的负荷。②

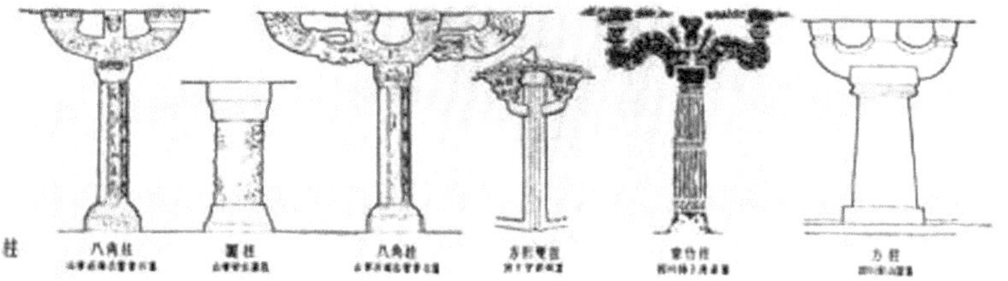

图 14　汉代石柱

① 林巳奈夫:《汉代文物》,京都,1976 年,第 182～184 页。《说文》将“基座”定义为“柱子下面的石头。古代是由木头制成;今天由石头制成”。该辞典的编纂者(大约公元 100 年)犯了个错误。石头基座在青铜器时代最早期的遗址就出现了。

② 秦都咸阳考古站“《秦都咸阳第一号宫殿建筑遗址简报》,《文物》1976 年第 11 期,第 15 页;咸阳文物保护委员会:《秦都咸阳第三号宫殿遗址发掘简报》,《考古与文物》1980 年第 2 期,第 35 页。

柱楮上面“斗”的演化发展由于缺乏汉代以前的资料而不详。[①] 有详细的史料记载，早在西周时期，柱子的顶部放置有成堆的木头，用来将上面的负荷传递给下面的楮，但是那个时期没有保存下来任何的实物例证。后代东周时期青铜器皿上的绘画设计图案清晰地展示了柱子与过梁或屋檐之间成堆的木头，不过这一表现形式过于粗略，很难得出更多的信息。在河北省出土的一处四世纪末期墓室遗址的一个青铜台（如图 15）是最早的做工精致的“堆臂式”

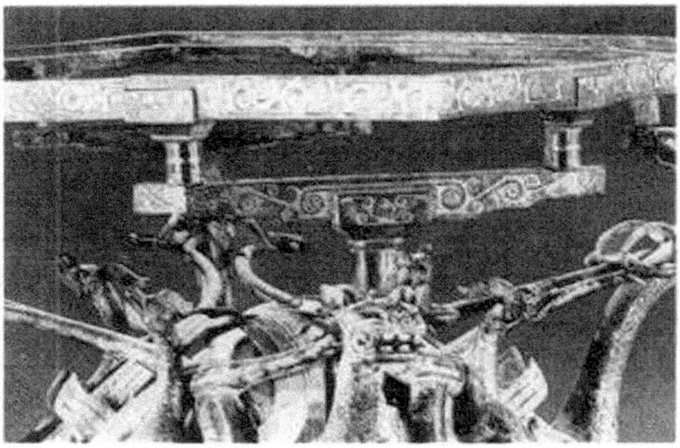

图 15　青铜台之上的斗拱，河北平山，公元前 4 世纪末
（东京国家博物馆，《中山国文物展》，东京，1981 年，第 4 页）

斗拱的证明，也是将其所有元素连接在一起所必需的细木工制品。[②] 这个青铜台的斗拱是由一个较大的承重堆、一个臂和在该臂一端的两个较小的堆所组成。堆本身有四个斜面，下有一个模塑，而它们所承载的几根梁是被安放在沟槽里面，与堆的表面平行。圆形横截面的几根短柱支撑着每一个堆。

在汉代绘画艺术当中出现了很多不同形状和大小的堆，但是它们所表现的最明显的一个方面就是其结合得很紧密。令承重堆与宋廇（梁）和壁带相互咬合是可能的，从而使得木质框架的上层部分非常坚固。这些连接对于由地面或中墙的壁带在较低层所造成的木质框架起到了加固的作用。到了汉代，柱子以上的部分由墙面和横向的深度切面中的梁所牢固连接。汉阙（模仿墓

① 对于此部件汉代没有统一的术语。汉代典籍《释名》中将“lu”（櫨）定义为“空柱的端点……承载房间的重量”。唐代典籍《仓颉篇》将“jian”（枅）定义为“建造于空柱之上的一块正方形木头；墙壁柱上面的 lu（櫨）”。参见林巳奈夫：《汉代文物》，京都，1976 年，第 184 页，以及 Glahn，E.：《周朝和汉朝一些建筑学术语》，《远东古董博物馆公告》，第 1 期，1978 年，第 106～108 页。

② 东京国家博物馆编辑：《中山国文物展》，东京，1981 年，第 4 页。

图 16　沈君阙,四川渠县,东汉
(谢阁兰:《中国考古纪行 1914—1917》,
巴黎,1923 年—1924 年,第 1 期,第 16 页)

葬遗址所放置的木门楼形状)表明了堆和梁之间紧密的结合(如图 16、图 19)。[①] 如果这些类似石头的雕刻准确无误,那么其连接就是简单而有效的,取决于承重堆顶部纵向和横向的沟槽。连接是这样的:交叉的横梁能够相互扣紧,并被放置于承重堆里面所挖出的沟槽。人们使用榫来加强这些连接。不论何种情况,这些连接处既坚固又灵活,即使发生地震也仍然可以发挥作用,如果有必要也易于拆解。

在一些唐末宋初(8 世纪—11 世纪)的建筑结构中——中国至今仍保存完好的最古老的木质框架建筑,较低层的宗廇(梁)穿过屋檐墙体平面起到托架臂的作用。[②] 这一设计将屋檐斗拱与横梁相连接,穿透整个结构,并承载了屋

① 关于石阙最好的介绍当属陈明达:《汉代的石阙》,《文物》1961 年第 12 期,第 9～23 页。

② 与五台山南禅寺相同。参见祁英涛,柴泽俊:《南禅寺大殿修复》,《文物》1980 年第 11 期,第 61～75 页。

顶重量。很多汉代模型中发现的“枕梁”臂可能显示出了这一工艺的历史渊源(如图 17、图 20)。类似于一个单一的枕梁臂,从墙面伸出来,实际上可能是受

图 17　陶制粮仓模型,河南荥阳,东汉,大约公元 100 年
(《中国古建筑》,香港,1982 年,第 44 页)

到了横向宋廇(梁)穿过建筑物深度从而延伸出来的影响。东汉几处石阙都明显地展示出前后屋檐墙体之间的宋廇(梁)被“锁在”堆之中,而这些堆都被放置在托架下层的壁带之上(如图 16)。在石阙当中,这个部分可能包含几层堆和梁;它成为了一个坚固的柱环,一方面固定了柱子的顶部,另一方面作为斗拱的基座。延长的横向宋廇(梁)也可以在多层结构中起到支撑平台的作用(如图 17)。当然了,我们不能观察一个房屋模型或石阙的性质,但是使用横向宋廇(梁)要比单独使用枕梁臂能更好地承载屋檐负荷。

“拱”的设计用于减少柱子之间的净跨,但是它在汉代并没有统一的标准。① 无论是直的还是弯曲的拱都被用于承重堆上面(如图 18),而且两到三个更小的“升”堆可能被放置在拱之上。② 成套的堆和拱都可以直接放置在柱

① 其名称也没有统一的标准。参见林巳奈夫:《汉代文物》,京都,1976 年,第 185 页。被使用的名称包括 bian,ji(枅)或 jian, ta,luan(欒)和 chujian(曲枅)(译者注:有些古代汉字已查找不到)。其中一些名称表示承重块和承重臂。Glahn,E.:《周朝和汉朝一些建筑学术语》,《远东古董博物馆公告》,第 1 期,1978 年,第 108 页,做出了合理的解释:把这些名称按照它们所使用的时间顺序排列,托架臂似乎从直的变为弯曲的(“欒”)。

② 刘叙杰提供了一个有帮助的研究:《汉代斗拱的类型与演变初探》,《文物资料丛刊》1978 年第 2 期,第 222～228 页。

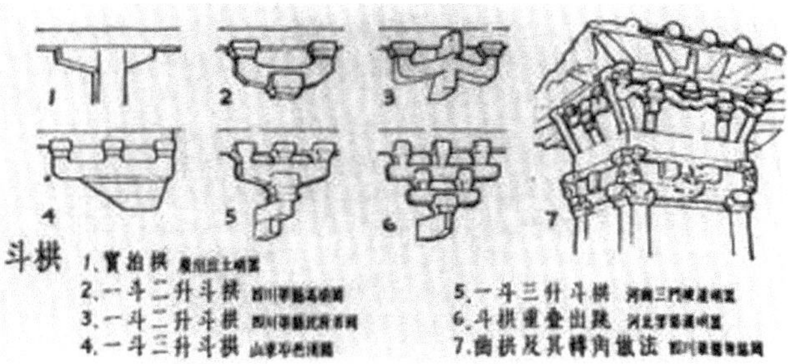

图 18　汉代斗拱

子顶部，在垂直支撑（柱子之间的部分）的中间，以及屋顶墙角附近。视觉证据表明墙体平面中柱子顶部的斗拱不如或者高一层或者从墙体向外伸出一个梯级的斗拱重要。如果在秦汉建筑结构中这是的确存在的，那么它就是封建社会初期与后代一个主要的差别。在两种情况下，这些斗拱与屋顶面水平连接梁的硬质框架或者下面的柱子都不连接。例如高颐石阙遗址（如图 19a、b）斗拱层就与下面的柱子分离，每个斗拱的最低堆是由放置在连接梁硬质框架之上的一根短柱所承载。只有石阙的中心斗拱与一根柱子相连接。而在沈君石阙（如图 16），两个相邻的斗拱是通过它们的臂相连而连接，这反过来又支撑了一个较小的堆。即使这种等级的横向连接也很少见，它只是加固了从墙体平面伸出去的斗拱。东汉时期民居和宝塔模型中有代表性的多层结构更不稳定（如图 1、图 20）。这些斗拱一般包括三层堆，支撑着上方的两个臂和檐檩（比较图 18 第 6 个模型）。由于这些斗拱都是从墙体平面伸出一个梯级，同时却只与其上的檐檩相连接，所以它们就会将大量的压力传递到下面的“枕梁”臂。汉代斗拱似乎互相之间以及与屋顶框架之间连接不够紧密，使得每一个斗拱都像弹簧床垫里的线圈一样，互不相连。从墙体平面伸出的单个梯级限制了投射屋檐的能力，这一点在后代才得到解决。由于如此有限的屋檐投射，汉代的屋檐在带走径流方面一定不如后代的结构更加有效果，同时也不引人注意。

对于屋檐墙角的支撑有如下几种方式。一种在建筑遗址有记载的技艺是墙角的一对柱子。每一根柱子很可能支撑了一个臂（或宗庙梁延伸）来承载墙角附近的屋檐部分。一个多层宝塔模型解释了这一解决方案（如图 20）。它支撑的是屋檐的每个端点部分，而不是墙角自身。其他解决方案，比如在墙角

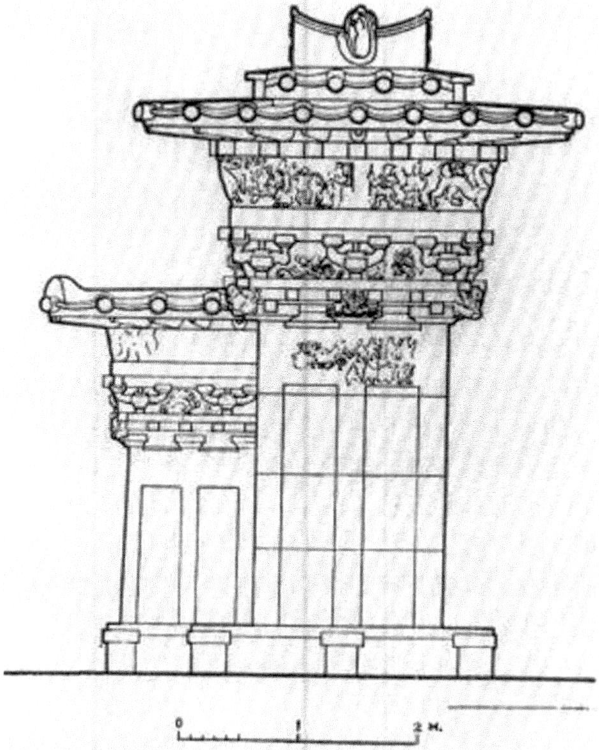

图 19　高颐阙，四川雅安县，东汉，公元 209 年

下方支撑堆的每个面上的托架臂，我们将会借助于石阙进行观察。① 虽然汉代工匠继承并发扬了斗拱的基本结构元素，他们仍然改进工艺，将这一体系发挥到最大的效率。即使在后代的六朝和唐朝时期，斗拱一直都相对简单。所以，在后代中国的建筑当中有代表性的屋顶轮廓线和深屋檐并非封建社会初期的特征。

屋顶框架和覆盖物

到了封建社会初期，瓦已被使用了将近一千年。广泛的建筑陶器制造术，包括空心砖、铺地砖和水管自从战国时代就成为了标志并延续至秦汉时期。

① 谢阁兰：《中国考古纪行 1914—1917》，巴黎，1923 年—1924 年，第 1 期，第 31 页。

图 20　陶制塔楼模型,河北望都,东汉,约 150 年
(河北博物馆:《河北出土文物选集》,北京,1980 年,第 254 页)

各诸侯国经营的作坊大量地生产瓦片,与政府规划的大规模建筑工程相适应,这就是封建社会初期的代表。实际上,秦朝首都地区对于汉代开创者的一个吸引之处就是其大量建筑材料的供应能力。西汉初期很多建筑遗址(包括武库)都显示出秦代遗留下来的屋顶瓦片被新朝代的统治者所使用。[①] 一个盖满瓦片的屋顶负荷很重,而在其下方铺上厚厚的泥灰层又增加了重量。所以对于任何建筑的成功建造最基本的就是坚固的屋顶框架。

汉代建筑学专业术语和文字资料记载了屋顶框架当中横梁、椴檽、梧、栋

① 汉代城墙队:《汉长安城武库遗址发掘的初步收获》,《考古》1978 年第 4 期,第 268 页。

梁、檩和椽的使用。① 屋顶以下的梁被称作“宗廇”或“梁”(现代术语)。根据《释名》所载,主梁(棳儒)就是“宗廇(梁)上面放置的一根短柱”。并且,“棳儒类似于侏儒。由于侏儒矮小,所以棳儒由此得名”。其他如“梧、檼、望、栋、桴、桷、椽、榱”都是汉代的词汇。专业词典《说文》写道,“桷指的是一个方形(部分的)椽”,这表明了当时既有方形又有圆形。我们在绘画艺术当中能够发现很多对于这些木材的描绘。如四川出土的一块铭文瓦片(如图21,中间上方)清晰地展示出类似盒子形状的宗廇(梁)的框架。所有的桷由檼所连接,并且支撑着瓦片覆盖物。

图21 铭文瓦片(庭院和塔楼设计),四川成都,东汉

(《中国古建筑》,香港,1982年,第46页)

文字材料同样证实了三种主要的屋顶设计方式:两边斜坡、有山形墙的屋顶;四面斜坡、有斜脊的屋顶;包含两个部分的可变化形式屋顶。第一种屋顶

① 林巳奈夫:《汉代文物》,京都,1976年,第186~188页。

设计形式最好的例子出现在出土于河南省荥阳县的东汉时期一处粮仓遗址(如图 17)。在这一形式中,屋顶的斜坡和屋檐都呈直线。椭很可能是从檼延伸出来直至屋檐支撑(由斗拱所承载的檩),而椭之间的角度决定了屋顶的外形。屋檐线是从天花板连接梁之上的箱形框架和整个建筑从前屋檐到后屋檐深度的衍生物。虽然不如三角形山墙墙架牢固,但是它的视觉效果是很好的。第二种屋顶形式也不少见,如果绘画作品可信的话(如图 22)。它们内部的框架必须支撑比整个建筑物的长度较短的檼,以及从檼的两端下降到屋檐墙体

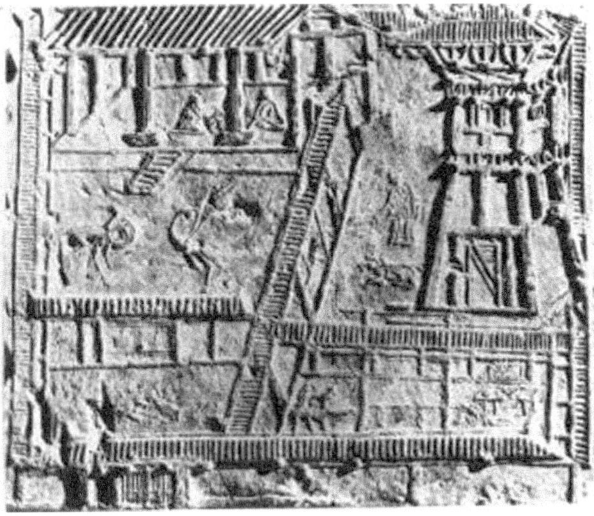

图 22　陶制房屋复合模型,广东广州,东汉
(秋山:《中国的艺术》,东京,1968 年第 321 期)

四角的每一根梁。虽然汉代墓室和绘画作品中很多有斜脊的屋顶都突出了这些线条,但是屋顶表面的瓦片是否复制了内部的大梁就不能确定了。有斜脊的屋顶很有可能最早出现于青铜器时代,但是其最早使用的确切时间就不得而知了。青铜器时代的很多建筑结构都有散水坡,它们在厅堂所有四个方向的地面上,据推测是为了带走斜脊屋顶上的径流。此外,在西周时期的召陈遗址,地面设计表明所有的柱子都各承载了一个比厅堂长度更短的檼,并且辅助所有的梁延伸向屋子的四角。

两个部分的屋顶看起来是一个铰接式的屋顶框架的第一步,它能够营造

出一个可变的斜坡和轮廓。① 这种类型中，屋顶上半部分遮住了最高点，并且与包围它的下半部分壁脚板有着不一样的坡度(如图 23)。可以推测，每个部分的分离的桷在檩处相交，并且与櫼和屋檐平行，处于两者之间。支撑榝樗的

图 23　陶制房屋模型，四川牧马山，东汉
(秋山:《中国的艺术》，东京，1968 年，第 319 期)

箱形框架当然要承载檩的重量。这对于有屋顶的更大更深的厅堂是一个有效的解决方法。建造者可以减少屋顶框架的垂直提升，同时又能涵盖更深的空间。屋顶上半部分更陡的斜坡能够加快雨水的排放，而下半部分较小的夹角能增加径流的向外投射。这种屋顶框架结构经常出现于东汉墓室模型和绘画艺术之中。而秦朝和西汉时期缺乏代表作品，因此就无法确定这种结构在当时是否存在。

先唐时期的木质结构在中国内地未被保存下来，而的确存在的早期厅堂——无论在日本还是在中国——已被修复了若干次。由于瓦片屋顶覆盖物必须定期更换，而且屋顶框架遇火易燃，所以很可能东亚地区所有现存的木质框架结构都不完全是最初的样子。因此，对于任何早期结构屋顶的修复都充满了困难。对于秦汉两代，我们知道那些建筑结构的名字，它们能被组装成一

① 杨鸿勋:《中国古典建筑凹曲屋面发生发展问题初探》,《科技史文集》第二辑，1979 年版，第 107～119 页。

个屋顶框架以及它们的外观。我们可以确定的是在公元8世纪和9世纪,才真正出现了屋顶的建造。

结　论

考古遗址已很大程度上提供了对于封建社会初期建筑学的重要研究所需要的证据。但是这些数据在很多方面仍然有未知因素:它们在时空上的分布、建筑形式的选择、遗址的环境以及报道的真实可靠性。通过强调每个因素的结构作用,现实的遗址和文学绘画艺术都能为我们提供大量的真实证据。把它们综合在一起,遗址和文字或者遗址和图像就能使我们对于秦汉建筑设计和建造的原理有了更多的认识。文学和绘画作品中的描述必须借助于考古遗址的证据加以证明。以上所得出的结论只是相对较长一段时期(公元前3世纪—公元3世纪)可能性范围的假设性描述。更细致的区别,如确定地区差异和革新方法的更加确切的时间,都超出了现有资料和分析方法的范围。

而从历史的角度出发,封建社会初期的建筑原理就成为了焦点。使用黏土心墙而实现多层设计方案、坚固的承重墙的重要性、柱廊的附属作用、对于屋檐线的限制以及斗拱明显的简单化所带来的屋檐投射,所有这一切都使得这一时期的建筑完全区别于后代。建筑设计的开放性和灵活性仍被现代作家所称颂。壮观的屋顶轮廓线、深深的屋檐、多层的和多梯级的斗拱都不像是秦汉时期建筑环境的一部分。然而不可否认的是秦汉时期建筑结构元素对于后世的基础性作用。唐宋年间的大殿就是汉代宫殿的完整翻版,对于后者本文已进行了深入的探讨。如果没有秦汉时期宫廷建筑师和工匠的创新改良,后代的建筑结构就无从谈起。

在封建社会初期所有的文化成就当中,国家统一发挥了十分重要的作用。在一片大陆之上统一的政体能够召集并安排全国的人力物力——到了西汉末期全国人口达到大约六千万,从而为秦汉时期的建筑设计师完成浩大工程创造了条件。有史以来第一次,拥有不同传统的地区能够融合在一起,大规模的、充满惊人创造力的工程能够在一片富足而又和平的疆土之内实现。建筑在很多方面都反映了社会。而封建社会初期的建筑就反映出了秦汉时期前所未有的国力和创造力。

罗伯特 L. 杜朴(索普)教授致力于中国青铜器时期和封建社会初期的艺术与考古学研究。他的文章发表在很多期刊上,包括《亚洲艺术》和《亚洲艺术档案》。他与几个展览目录合作,如《中国伟大的青铜器时代》(1980)、《中国传统建筑学》(1984),并且刚刚出版了一部专题著作,《太阳下的掠夺:马王堆旗帜与西汉风格》(华盛顿大学艺术历史系,1189信箱,圣刘易斯,密苏里州,63130)。

上古汉语之构拟①②③

西门·华德 著　　李红 译

（中国矿业大学　国际汉文化比较研究中心）

高本汉（Bernhard Karlgren）教授自1923年起开始尝试构拟隋代汉语，或者更准确地说，即构拟约公元600年前后中国首都的方言——长安（今西安）方言。他编著的《中日汉字分析字典（Analytic Dictionary of Chinese and Sino-Japanese）》由两部分组成：一是对其著作《中国音韵学研究（Études sur la phonologie chinoise）》④前三部分研究成果的总结；二是将此研究成果应用于构拟约6000汉字，并由此得到印证⑤。高本汉在其著作《中国语言学研究（Philology and Ancient China）》中认为他所采取的构拟方法无可挑剔。主要问题在于对陈澧韵书（公元601年）中约200个韵母的构拟——相比较而言，声母构拟更容易——他觉得这个数量与当时长安方言的韵母数量相差无几，因为通过分析书中反切也可得出相同数量的韵母。就目前可利用的线索，高本汉的研究一是依据3000字在30种方言中的现代方音，二是依据古代韵图，韵图将发音相似的音节归类分组，还能区分某个音节是否含有由i或u构成的双元音。除了现代方音，高丽汉字音（Sino-Korean）、日译吴音、日译汉音（Sino-Japanese, Goon and Kanon）以及汉越音（Sino-Annamite）也是尤其重要的材料，因为它们的时代与隋代最近。总之，高本汉以敏锐的洞察力考量各种可能的构拟形式并做出最终决定，笔者愿将之称为最不违背语音规则的底线。他所构拟的音值既可视为现代方言的中古音，又与古代韵图相符合，还与

---

① 原文出处：Simon, Walter: The Reconstruction of Archaic Chinese. Bulletin of the School of Oriental Studies, University of London, Vol. 9, No. 2 (1938), pp. 267-288. ——译者注

② B. Karlgren《诗经研究（Shi-King Researches）》，Stockholm, 1932 (repr. from Bulletin of the Museum of Far Eastern Antiquities, No. 4, pp. 117-185).

③ B. Karlgren《汉语词族（Word Families in Chinese）》，Stockholm, 1934 (repr. from No. 5 of that Bulletin, pp. 9-120).

④ Archives d'Études Orientales XV 1915-1919

⑤ 见《德意志文献报（Deutsche Literaturzeitung）》1924年，1905卷等。

陈澧韵书及当时的反切所反应的语音差别相符。因此，从数学的角度看，每一个音值都是所有因素导出的必然结果；它们相互联系、密不可分。构拟本身是完整的体系，任何一个音值被其他音值替代都会导致整个体系的颠覆。无论我们是否如高本汉本人一样相信构拟的真实性，无论我们是否宁愿将这些音值视为概率值或者部分地仅视为方便的符号，我们都已普遍利用了高本汉的构拟，并且无限感谢他在其中遇到的特殊麻烦。

然而，高本汉编的字典并未局限于公元 600 年的语音形式。其中的汉字是按照谐声编排，换而言之，即汉字部首暗示着汉字读音，因而这部字典在很多情况下都给出了更加古老的语言形式，高本汉称之为“上古汉语（archaic Chinese）”。他的结论涉及于公元 600 年前后脱落或元音化的声母或韵尾。如果同一谐声系列中的一部分字以某个辅音开头或结尾，而另一部分字却没有，则高本汉推断：另一部分字原本也是由这个辅音开头或结尾的。由此而知：舌尖音韵尾元音化成 i，舌根音韵尾一部分元音化成 i，一部分元音化成 u，一部分完全脱落。不过，高本汉在该字典中对上古汉语的构拟仅局限于上述情况，即当同一谐声系列的一部分字以某个辅音开头或结尾时。

以高氏字典为基础，笔者冒险进一步研究上古汉语韵尾的构拟①。一些谐声系列内同时存在韵母-ə̯u、-uâi 和-wi，高本汉的解释是-ə̯u 后面原本还有个插入音-i，而笔者则提出假设：原来的舌根音发生元音化，同时分别变成了 i 或 u；结果成功推断：没有保留辅音韵尾的谐声系列原来也曾存在辅音韵尾。由此证明，高本汉推断曾发生韵尾脱落或元音化的谐声系列是特类。共有 75 个舌根音谐声系列和 45 个舌尖音谐声系列（含子系列）②部分地保留着韵尾，因此被高氏推断曾发生韵尾脱落或元音化现象。除了这些特类，还存在大量相对“正常”的谐声系列，它们的辅音韵尾在整个系列内或还留存，或已脱落，或已元音化。笔者没有将辅音韵尾构拟成浊爆破音（-g，-d，-b），而是构拟成浊擦音（-ɣ，-đ，-ß）。引入《诗经》押韵（下文简称“诗韵”）很容易增加谐声字的数量。通过确定-i 和-ə̯u 的互补关系，可以洞察谐声系统结构和双元音-ə̯u（-i̯ə̯u）的来源。之后更进一步，合理推断所有谐声字中-ə̯u 的韵尾-u 都源于舌根音，而且《切韵》中-ɑu、-âu、-ieu 和-i̯äu 这些韵母的韵尾-u 也源于舌根音，它们在诗韵和谐声系统中都呈现-i 和-u 的互补关系。此外，通过观察诗韵而知：

① 《上古汉语辅音韵尾之构拟（Zur Rekonstruktion der altchinesischen Endkonsonanten）》i，ii，Berlin，1928-1929。

② 见《上古汉语辅音韵尾之构拟》i，第 3～4 页。

《切韵》中大量以-i̯u、-ɑ 或-uo 结尾的字原本都曾有一个舌根音韵尾。笔者在《上古汉语辅音韵尾之构拟》ii 中，同样通过将诗韵分析与谐声字互补关系观察结合起来的方法，为大量谐声字构拟出上古舌尖音。由此可得：(1) 有些韵尾只含有元音化舌尖音(无舌根音)，即-ɑ̄i、-i̯ăi、-i̯ɒi 和-e̯i；(2) 有两个 i 韵，在《切韵》中是分为两个韵的，而高本汉在其字典中却未加区分，因为他不确定真正的区别在哪里，笔者认为它们分别源于舌根音和舌尖音；(3) 脱落的不止舌根音，还有舌尖音。

然而笔者只构拟了辅音韵尾系统，将其用于藏汉词汇比较式①，并由此在一定程度上得到验证。高本汉先是(至少部分地)强烈反对我的构拟②，又在上述两篇论文里完整地构拟了公元前 900 年前后的汉语，也用到最近其他学者针对该问题的研究成果③。《诗经研究》首先讨论上古舌根音和上古元音系统。《汉语词族(Word Families in Chines)》④补充上古舌尖音的构拟，并进一步完善了上古元音系统。该书后半部分有一个很重要的做法，就是将古汉语词汇按照韵母划分为几大类，再将这几大类分别划分为众多词族。高本汉认为同一词族的词可能是同源关系，或者至少值得讨论。高本汉新构拟的上古音系已成为研究基础，他认为以元音结尾的字都被排除在外。《汉语词族》的后半部分无疑是历经旷日持久、殚精竭虑的搜集工作而取得的成果，要进行讨论必须另外撰文。本文将讨论高本汉构拟的上古音系，对韵母问题的探讨会比对元音系统和声母更加细致。

一、韵母问题

(一) 综合观察

如果不考虑发音方式(擦音和爆破音相对，舌尖擦音还和-r 相对)，现阶段

① 《藏汉词汇比较集(Tibetisch-Chinesische Wortgleichungen)》柏林，1930 年。我在《藏汉词汇比较式》构拟的上古汉语，元音都印成斜体，以表示我并非要对其上古音提出建议。

② 见《上古中国音当中的几个问题(Problems in Archaic Chinese)》JRAS.，1928 年，759 页等；《中国古书的真伪(The Authenticity of Ancient Chinese Texts)》，Bull. of the Mus. of Far Eastern Antiquities，i，1929 年，183 页注释 1。

③ 龙果夫(A. Dragunov)《古汉语构拟研究(Contribution to the Reconstruction of Ancient Chinese)》《通报》26 期(1929 年)第 1～16 页；李方桂《切韵 ậ 的来源》《中央研究院历史语言研究所集刊》第 3 本第 1 分第 1～38 页；李方桂《东冬屋沃之上古音(Ancient Chinese-*ung*，-*uk*，-*uong*，-*uok*，etc.，in Archaic Chinese)》同上第 3 本第 3 分第 375～414 页；林语堂《支脂之三部古读考》同上第 2 本第 2 分第 137～152 页。

④ 高本汉在《汉语词族》参考书目页上有一个印刷错误，应该加上数字 8。

韵母问题可以简述如下：高本汉接受我构拟的所有舌尖音[1]，只反对我在-a、-uo、-i̯u 和-ə̯u[2] 后面构拟的舌根音。

正如高本汉自己判断只有包含入声字的谐声系列在上古时期才有辅音韵尾，他便将是否与入声字相谐作为验证我所构拟辅音韵尾的绝对标准。他这样做是始于两个想法：一方面认为，他假设插入音-i 和我假设同时元音化成-i 和-u 都是很好的解释；另一方面，我们不得不处理《诗经》中经常出现的“宽松韵(loose rhymes)”[3]，而它们作为证据远不及与入声字相谐有说服力。因此他从那些一部分辅音韵尾曾发生元音化或脱落、而另一部分存留下来的谐声系列或诗韵中寻找证据，这些谐声系列或诗韵恰恰被我认为是特类。如果无法确定与入声字相谐，则高本汉不但非常怀疑是否曾有辅音韵尾，而且甚至常常认为是曾有元音韵尾的证据。他在《诗经研究》中仍然坚持入声字证据的优势地位[4]，虽然由此得出与诗韵迥异的判断。他从段玉裁和王念孙的汉语著作中看到异常严格的押韵，并据此构拟上古元音系统。以不与入声字相谐为理由而拒绝承认上古辅音韵尾，从逻辑上来讲证据不确凿，因为它的前提错误。押韵和谐声系统越见得严格，高本汉的论据就越缺乏说服力。构拟上古元音系统应该启发他换一种想法：如果某个辅音韵尾不与入声字相谐，问题很可能不是出在辅音上，而是出在元音上。我们已经想到，入声字证据一定会在《汉语词族》中丧失优势地位，高本汉在该书中在不与入声字相谐的情况下也认可了我构拟的舌尖音，它们在之前[5]可是被他断然否认的。尤其当我们阅读《诗经研究》时，不禁觉得，高本汉甚至想消除他认为属于开音节的谐声字与入声字相谐的事实[6]。

至此，才能讨论已脱落或元音化辅音的发音方式问题，这个问题也许永远无法明确解决。如高本汉认为，保留至公元 600 年的爆破音很可能在公元前

① 李方桂在早些时候已经赞同我构拟的齿音(《切韵 â 的来源》18 页)。我最近构拟的-â 和-i̯e 后面的齿音见下文“舌尖音”部分。

② 仅限-ə̯u$_2$，见下文“舌尖音”部分。

③ 李方桂反对关于《诗经》大量“糊弄局儿的韵(hedge rhymes)”的假设(《切韵 â 的来源》26 页)，指出《诗经》押韵严格。

④ 例如《诗经研究》132 页“加、麻、沙、差”四字下面，即我构拟上古齿音韵尾处，他写道：“这些韵在写法和押韵上都无一与入声字相关联，见 JRAS.，1928 年 783 页。它们毫无疑问从不曾有任何辅音韵尾。”

⑤ 《中国古书的真伪》第 183 页。

⑥ 例如第 132 页注释 2、134 页注释 1 和 137 页注释 1；还可参见下文。

900 年就已经是清音，这条假设和与之对立的理论一样需要被证实。如果我们假设保留下来的爆破音源于公元前 900 年的浊爆破音(-g，-d，-b)，元音化或脱落的辅音源于浊擦音(-ɣ，-đ，-ß)，那么可以得出：(1)对大量元音化成-u 和-i 现象的合理解释；(2)与藏语连接的桥梁：所有存留的爆破音在藏文中都写作浊音，而且以元音结尾的字在古藏文中常常带韵尾ᨕ，该符号明显表示原本此处有一个挤压的浊下滑音(off-glide)①，今天这个音做声母时还读作挤压的浊上滑音(onglide)；(3)构拟多音节汉语的关联：我们可以假设汉语原本有多音节字，那么出现在两元音中间的-g-，-ɣ-，-d-，-đ-，-b-，-ß-就能够十分简单地构拟成-k-，-g-，-t-，-d-，-p-，-b-；(4)一种较好的解释可能性与设想，解释汉语中什么音可能与藏语的-r 和-l 相对应，也许还包括藏语的-s；设想这一类音可能在汉语谐声系里与舌尖音及舌根音互补②。

在此，高本汉引入汉语舌尖音韵尾-r 应该算得上《汉语词族》中最有趣的想法之一。他假设-r 常常元音化成-i，但是在某些情况下也会脱落。他认为通过这个-r 能够解释元音化或脱落的舌尖音与韵尾-n 的互补关系③以及 G 韵部的出现④，在他构拟的元音系统里 G 部似乎和 F 部相同。最后，高本汉认为他还发现了与藏语-r、-l 和-s 合理的对应音。由于他做了个汉语原本的-s 演化成-r 的附加假设，所以相比较-l 而言，更加倾向构拟为-r。应该在汉语舌尖音中寻找藏语-r 的对应音，这个想法非常重要。笔者在汉语舌尖音中只发现了藏语-l的对应音⑤。然而，由于几乎不能否认藏语-r 与汉语舌根音相应⑥，所以要解释这些对应音并不容易。我希望有朝一日对藏汉词汇比较式的问题有了新的处理办法，然后再来讨论这个问题。对于汉语本身而言，我觉

① 我不能在这里讨论缅甸语韵尾的类似条件。关于语音请见《不同语音区域的音标符号及其应用(Lautzeichen und ihre Anwendung in verschiedenen Sprachgebieten)》(柏林，1928 年)108 页。

② 参见下文。

③ 笔者在《上古汉语辅音韵尾之构拟》也讨论过，见 ii 第 8 页等。

④ 王念孙 13 号，见下文“元音系统”部分。

⑤ 见《藏汉词汇比较集》第 8～27 页。

⑥ 见《藏汉词汇比较集》第 9～28 页。我假设古藏语韵尾 r 发小舌音(见《藏汉词汇比较集》第 8～27 页)，龙果夫赞同该假设(Or. Litztg.，1931，col. 1087 and n. 3)，并且引用来证明他自己对现代藏语方言的观察。还参见龙果夫在同一篇文章中关于韵尾 d 和 l 类似的有趣评论，这是他在汉语和藏语方言中观察到的现象。

得引入-r 并不理想，汉语的整个语言学领域里都没有这样一个音[1]；而且除了舌尖擦音，与其他音也并不一定如此相似。但是高本汉反对我的看法。我还发现一个难题：他假设这个-r 音常常元音化成 i，而事实上，谐声系列中元音化舌根音与舌根鼻音的互补虽然较少，但完全平行对应[2]，已失掉其对应舌尖音。高本汉为证明元音化或脱落的舌尖音与韵尾-n 的互补关系，引用了藏语例子，然而例中的舌尖音却有一套完全不同的互补规则：dro-ba“是热的”、dron-mo“热的”、drod“把……加热”、rku-ba“偷”、rkun-ma“贼”、rkud“盗窃行为”、śi-ba“死”、gśin-po“死人”、śid 和 gśid“葬礼”、gśid-zan“丧汤”、śid-sa“埋葬”等[3]。因此几乎不能用藏语来证明汉语-r 的存在。而且如果将 śi-ba、gśin-po、śid 这一组[4]与汉语“死”字（高本汉构拟为 si̯ər）进行比较，则可见“死”也许不该被认为是“典型的开音节汉语词根”。[5]

我必须提及，高本汉推断韵尾发生元音化或脱落的字，大部分是去声，他本来曾在其《字典》里将去声视为韵尾源于清辅音的证据，但是后来却假设去声是导致辅音浊化的原因[6]，现在引入韵尾-r 就放弃后来的假设，又建立新的理论[7]。从字形可推出上古舌根音的字以-a 或-uo 结尾，与保留舌根音韵尾的字并不押韵，于是高本汉本来构拟了一个闭塞音-k，另外还假设有第二种上古方言[8]。现在他听取李方桂的建议[9]，在《汉语词族》里构拟了一个喉塞音韵尾[10]。

最后我还要指出，高本汉对辅音韵尾的怀疑无法通过入声字证实，甚至导致他误入歧途，例如认为 ki̯ə̯u“九”的舌根音是汉语独有的演变结果，因为它在

---

① 唐代某些文献转写汉语出现-r 代替-t，比如举一个最近出版物的例子：托马斯教授（F. W. Thomas）编著的金刚经残卷《一份婆罗迷文转写的汉文佛教文献（A Buddhist Chinese Text in Brāhmī Script）》（Zeitschr. d. Deutsch. Morgenl. Ges.，vol. 91，pp. 1-48）。这表明汉语方言中被转写的是齿擦音，但不一定是-r[比较伯希和教授（P. Pelliot）选择的转写字母 δ 及其在《通报》（vol. 16（1915），p. 3. n. 2.）的评论]。

② 《上古汉语辅音韵尾之构拟》ii 第 10 页。

③ 类似例子见 Jäschke《藏语语法（Tibetan Grammar）》（柏林，1929）附录，第 120～121 页。

④ 已在《藏汉词汇比较集》19 页引用。

⑤ 《汉语词族》第 37 页。也可比较 Māru 语 ši^{t}（《印度语言学调查（Ling. Survey of India）》，i 卷第 2 部分 247 页 263 号）。

⑥ JRAS.，1928 年第 773 页。

⑦ 《汉语词族》第 15、31 页及后。

⑧ 《诗经研究》第 134 页等。

⑨ 《东冬屋沃之上古音》第 408 页注释 1。

⑩ 见下文。

《印度语言学调查(Linguistic Survey of India)》所记录 2800 年之后的现代语言和方言中无迹可寻①。Mǎru 方言似乎保留着非常古老的发音，确实在“九”及很多其他词②中保留着一个古代韵尾(“九”＝Mǎru 语 kuk)。不过这一事实并没有动摇高本汉的观点。为了支撑自己的推测，他继续推进，构拟了一个“软腭颤音(velar Nachschlag)”③，为此引用斯堪的纳维亚语及其他语言的对应词作证，而就在引注中，他甚至试图削弱入声字押韵的证据：“在此基础上不可能构拟上古舌根音韵尾。”

笔者认为，作为上古汉语辅音韵尾的证据，与入声字相谐并不应该占据绝对优势。韵尾可以在谐声系列中通过与入声字相谐推测、通过同时元音化成 i 和 u 推测、通过与鼻音的互补推测，还可以将以上三条线索与诗韵结合起来考虑，最后利用同源关系发现或确定下来。本文将运用此法。

高本汉和我在以上观点分歧，倒显得我们的观点一致处如此确定，都无须赘述。但我要从一致观点中排除出去一点，即默认元音化辅音与脱落辅音原则上地位平等，我认为这一点非常值得继续考虑。尤其应该存疑的是，辅音脱落究竟表示原来存在一个音、还是存在另一种发音方式④、亦或二者兼有呢？甚至关于发音位置的结论到目前为止究竟有多少合理成分，或许也要修正。我想，大部分脱落的辅音韵尾无疑要么是舌尖音，要么是舌根音，明显缺少唇音，可以主要用异化作用解释⑤。除此之外，我们不但要处理-b 转写成-m⑥以及脱落的问题⑦，可能还要处理一个唇音的问题，它要么发生元音化成 u，要么脱落，在脱落过程中偶有渐变而进入舌根音或舌尖音谐声系列、或押韵的情况。上文已经指出，正是构拟擦音韵尾的设想使我们有可能想到，上古时期的-s 和-l 与-đ 在谐声系统和诗韵中甚至存在互补关系。我也已暗示，原始印汉语(Indo-Sinitic)-r 韵尾的命运也许在中国大地上已经发生了改变。而且如果我们处理原则上不可避免的元音化辅音韵尾与脱落辅音韵尾分化的问题，

① 《藏语和汉语》第 61 页。

② 比较同上注释 1，例如 Mǎru 语 pyiᵗ“给”与汉语“畀”(《汉语词族》37 页，构拟为 pi̯əd)相应。我希望在别的情况下再回到这一点。

③ 《藏语和汉语》第 61 页；《诗经研究》第 131 页。

④ 高本汉在《中日汉字分析字典》(29 页)区分三个 g 音：脱落的普通 g 音与元音化成 i 的硬腭音 g 互补，二者与元音化成 u 的软腭音 g 分立。然而他后来没有再讨论过这一区分。如果一个辅音在 i 和 u 后面脱落了，那么最可能的情形大概不是脱落，而是元音化发生后的收缩。

⑤ 见下文“唇音”部分。

⑥ 《中日汉字分析字典》第 30 页。

⑦ 同上第 29 页及后。

就会获得构拟上古汉语辅音韵尾的更广阔视野。高本汉对韵尾-r 及喉塞音的构拟明显也指向相同的方向。这里特别有趣的是，高本汉没能发现-a 韵和-uo 韵与入声字相谐的证据，而-â 韵和-ie̯韵不与入声字相谐，再结合其他材料，由此他得出假定：这些字原本都可能存在辅音韵尾，后来一定脱落了。

（二）细节

1. 舌根音

（1）-ə̯u 和-i̯u

高本汉将这两个韵分别分为两种：-ə̯u$_1$ 在谐声系统中与-i 和-uâi 押韵或互补，他和我都认为源于舌根音，我将其构拟为-ŭg；-ə̯u$_2$ 与-i̯u$_1$ 押韵，高本汉解释为上古-u 音的“裂变(Brechung)”。-i̯u$_1$ 与-ə̯u$_2$ 押韵，包含一个原始 u 音；除此之外，高本汉认为还有一个-i̯u$_2$，他构拟为-i̯o，认为它“不在舌尖音声母或舌根音声母后面出现”①。在元音系统中如此区分两种韵是新颖而重要的想法。高本汉猜测缺乏足够数量与入声字相谐的例子，并在此基础上得出结论，认为-i̯u$_1$ 曾经肯定以元音结尾，与其押韵的-ə̯u$_2$ 不可能有舌根音韵尾，而是从-u 裂变而来。高本汉将此二韵的区分与上述结论联系起来，但我并不觉得他是合理的，不仅是出于之前的综合观察考虑。我已构拟了一个原始舌根音②，确切地说是因为这两个韵在谐声系统和诗韵中都互补；除了高本汉自己引用的与舌根音押韵的证据③，我又发现新证据：高本汉在表 15④ 排列着大量汉字，其中的各个谐声系列里都能够找到证据，要么与入声字相谐，要么与-i̯ə̯u 韵(高本汉也认为它源于舌根音)互补⑤，要么明显与舌根音韵尾字是同源关系。表 15 的字属于如下谐声系列⑥：44 付、78 后、79 侯、80 厚、81 户、418 冓、419 口、484 句、488 具、494 區、571 扁、572 婁、607 毎、840 需、902 殳、913 尌、919 數、1014 斗、1015 豆、1103 奏、1123 取、1245 主、1247 朱、1257 芻、1325 禺、1327 俞、1329 臾。

下列谐声系列暗示上古舌根音韵尾：

① 见下文第(2)部分。

② 《上古汉语辅音韵尾之构拟》ii 第 14 页等。

③ 《诗经研究》第 131 页注释 1，《汉语词族》第 49 页。

④ 《诗经研究》第 170 页。

⑤ -i̯ə̯u 与-ə̯u 和-i̯u 的互补还出现在下列字：48 孚、49 甫[见下文第(2)部分]、603 予、819 叟，与表 15 的字无关。

⑥ 号码见高本汉《中日汉字分析字典》。

78 后："姤"与"媾"同源。[①]

"詬"与"訽"词源相关。[②]

418 冓：高本汉认为这个系列从字形上与入声字相谐，所以应为舌根音韵尾。

419 口：见衍生于此的 484 号。

484 句："句"与"丩 ki̯ə̯u"词源相关。

"夠"与"轂"同源，"轂"属于入声系列 506"殼 kʻåk"。

571 屚："漏"与"露"[③]和"霤 li̯ə̯u"词源相关。

572 婁：可能与下面的 919 号词源相关。

"鏤"可能与"彔 luk"和"錄 li̯wok"词源相关。

607 侮：高本汉也构拟了舌根音韵尾。

913 尌："樹"与"植 ẑi̯ək"词源相关，与"豎"同源[④]；属于《汉语词族》66 页 B20 号词族；也见《藏汉比较词汇集》55 号。

919 數："數"入声读作 tsʻi̯wok，高本汉《中日汉字分析字典》未收该读音，表示"突然"，应该添加到《汉语词族》70 页 B361 号，等等。[⑤]

1015 豆："豎"与"樹"同源。[⑥]

1103 奏："湊"属于《汉语词族》73 页 B542 号。

1122 聚："驟"的韵尾是-i̯ə̯u，也见 1123 号。

1123 取："齱 ṭṣʻåk"是"齪"的异体字。

"趣"与 1257 号的"趨"（见下文）词源相关。

"聚"见 1122 号。

1245 主："注"可能与 899 号的"鑄"同源，后者的韵尾是-i̯ə̯u。

1247 朱："咮"的韵尾是-i̯ə̯u。

1257 芻："鄒"、"騶"、"皺"、"縐"的韵尾是-i̯ə̯u（ṭṣi̯ə̯u）；参见"趨"，它与"趣"词源相关。[⑦]

---

① 见 418 号。

② 见 484 号。

③ 见谐声系列 577，luo <-g。

④ 见 1015 号。

⑤ 考虑舌根音韵尾的话，"藪"（洗）可能也应该加入《汉语词族》69 页 B235 号，等等。

⑥ 见 913 号。

⑦ 见 1123 号。

1325 禺：据《广韵》推测，“顒”、“騆”、“鰅”、“喁”读作 ngi̯wong。[1]

1327 俞：“偷”与“盗”d‘âu<-g 词源相关。

“逾”可能与“度”、“渡”-uo <-g 词源相关。

“窬”与“通”和“透”词源相关，后两字属于谐声系列 805 号，部分韵尾是-i̯ə̯u；也许能添加到《汉语词族》66 页 B34 号。

(2)-a，-i̯a，-uo，-i̯wo 和-i̯u₂

高本汉为这五个韵构拟了舌根音韵尾，理由是-uo 和-i̯u 分别源于-uoɣ 和-i̯uɣ，因此互补。我在《上古汉语辅音韵尾之构拟》i 第 17 页试图往这里再加一些谐声字。高本汉把-i̯u₂ 构拟为-i̯o，所以现在看来他的理由不够充分。不过只有 1284 号“吴”和 1317 号“于”缺乏证据，而 49 号“甫”[2]及其子系列是有证据的，因为其中的-uo 不但和-i̯u 互补，还和-i̯ə̯u（“牖”）互补。高本汉将 50 号子系列的入声字“博 pâk”解释成会意字（与《说文》一致），将“縛 b‘i̯wak”解释为“缩略语音（contracted phonetic）”[3]，而我要指出从“匍”字也能找到舌根音的证据[4]，这个字与“匐 b‘uək”字意义相同，而且毫无疑问词源相关，因此应该添加到《汉语词族》79 页 133 号等。

在与入声字相谐的 432 号“涸”、489 号“劇”与 1187 号“著”中[5]，高本汉还想把“涸”解释为会意字。为了反驳该解释，我举出“咯 kək”的例子，虽然《康熙字典》收录该字仅仅是作为对《字汇补》的引用[6]，还有“枯”和《汉语词族》61 页 118 号的字是同源关系。高本汉为 489 号谐声系列也构拟了舌根音韵尾，证据就是“劇”字[7]。然而其实 87 号“虎”才应该是舌根音韵尾[8]，高本汉认为它是 489 号的子系列。同时李方桂也强调 1187 号“者”与入声字相谐[9]。而且我还要指出，“猪”和“豖 t‘ i̯wok”同源。

---

① 我非常感激 Percival Yetts 教授偶然使我注意到这些字。参见他的论文《一对可确定年代的中国青铜器（A Datable Pair of Chinese Bronzes）》，《伯林顿杂志（Burlington Magazine）》1937 年 8 页注释 3。

② 高本汉认为它隶属于 42 号“父”。

③ 《诗经研究》第 134 页注释 1。

④ 《广韵》甚至表示“匍”除了 b‘uo 的读音，还有 b‘uək 的读音。

⑤ 见《上古汉语辅音韵尾之构拟》i 第 19 页。

⑥ 确切的标题是《续字汇补》，这部十四卷著作由吴任臣（见翟里斯《古今姓氏族谱（A Chinese Biographical Dictionary）》2326 号）编著。

⑦ 《诗经研究》第 133 页。

⑧ G. Haloun 教授友好地为我指出了该谐声系列的几个入声字：“虢”、“摅”。

⑨ 《东冬屋沃之上古音》第 408 页注释 2。

因为“汝”和“若”、“如”和“若”都交替出现，所以为 675 号“女”及其子系列 944 号“如”构拟了舌根音韵尾。高本汉试图推翻该结论，他引用《广韵》记载着“若”读作 ńźi̯a 时意指“干草”，还说道：“上古‘若’字有 ńi̯ak 和 ńi̯å 两读，表示‘像、如此’（后者与‘如’同源），可能是两个独立的词，属于同体近义词。”[①] 我不同意他的假设，这本身就不可能，而且很难将其与“拏”和“搦 njɒk”、“恕”和“赦（śi̯a <-g）”这样显而易见的同源关系一致起来。

与舌根音韵尾谐声的例子还有：1070 号谐声系列“且”[②]中有“蛆”（《玉篇》注音 ts'i̯ak）和“駔”（有 tsâng 和 ts'uo 两读）；“渣”（1155 号，是 1070 号“查”的子系列）与“滓”和“糟”[③]、“詛”和“詋 tśi̯ə̯u”同源，高本汉也在此构拟了舌根音韵尾。

我引用的-i̯u 韵[④]和-ə̯u 韵[⑤]押韵的例子在高氏表 13 里。由于已经将-i̯u 构拟成-i̯o[⑥]，押韵 i 已经站不住脚，所以我们必须将高氏表 13 的 400 号和 588 号谐声系列添加到押韵 ii[⑦]。高本汉将-a、-i̯a、-uo 和-i̯wo 韵中与舌根音相谐的字[⑧]排在特殊的表 14，对我的构拟提出新的反对意见：这些韵基本上都不与入声字相谐；尤其这些与舌根音相谐的字（“路”型），除了一个例外（表 14，366 号）[⑨]，只与-uo 或-i̯wo 押韵，而不与-a 和-i̯a（“家”型）押韵。我认为不与入声字相谐和不完全押韵这两点都不足以证明元音韵尾的存在，用高本汉自己的话来说，因为“出乎意料”[⑩]，那些字也像“木”、“玉”、“毒”那样不与入声字相谐。[⑪] 这里还有元音系统的特殊特征尚未阐明，我们可能还要探讨。

---

① 《诗经研究》第 137 页注释 1。

② 龙果夫（Or. Litztg., 1931, col. 1086, n. 1）指出汕头方言的鼻化形式 tś'i̯ã。

③ 《汉语词族》第 74 页 644-5 号。

④ 《上古汉语辅音韵尾之构拟》i 第 17 页押韵 i。

⑤ 同上押韵 ii。

⑥ 见上文。

⑦ 然而，我引用的“主”和“厚”押韵（1244 号）应该删去，因为属于上文已经探讨过的-i̯u$_1$：-ə̯u$_2$ 押韵。高氏表 13 的 58 号“雨”韵母构拟为-i̯o，虽然是原始舌尖音声母；59 号“庾”韵母构拟为-io，虽然也是原始舌尖音声母（高氏并为给出证据）；但是表 15 的 16 号“楰”韵母构拟为-i̯u，没有声母。

⑧ 即我的押韵 iii。

⑨ 关于这一点，我觉得应该加上表 13 的 614 号。

⑩ 《诗经研究》第 134 页。

⑪ 见上文“综合观察”部分。

“家”型韵与入声相谐的字，除了高氏字典所列，我自己没有其他发现①。不过涉及的谐声系列很少，涉及的字也寥寥，涉及的韵尾肯定已经脱落，所以我认为这项材料比想象中还要匮乏。我们检查高氏表 13 里的押韵，发现第一组（砠、瘏、痡、吁）的前三个字正属于上文提到的谐声系列“且”、“者”、“甫”，那么这一组可以用来证明与入声字相谐。如果我们在这里加上上文引用的其他谐声系列的字，比如“女”、“如”、“若”、“虎”，再将-ə̯u 韵的押韵也考虑进来，那么构拟一个舌根音韵尾仍然是合理的。因此，-uo (-i̯wo)韵里在表 13 和表 14 都押韵的字就可以用来作例证。高本汉得出这一组韵以元音结尾的结论，似乎根本是他将是否与入声字相谐作为最重要依据的结果。

2. 舌尖音

(1) -â 和-i̯e

按照段玉裁的做法，高本汉将-â 韵和-i̯e 韵分为两组，即段 16 部和 17 部。他为段 16 部构拟了原始舌根音韵尾，与我的构拟相符，但却认为段 17 部上古时期以元音结尾②。我受《诗经》不规则押韵③的误导，在《上古汉语辅音韵尾之构拟》ii 第 25 页为段 17 部很多字都构拟了原始舌根音韵尾，现在我认为该部应为舌尖音韵尾，与舌根音韵尾的段 16 部对应④。至于舌尖音韵尾的证据，除了与入声字相谐⑤，还有下列与舌尖音韵尾词同源的例证：

---

① -uo (-i̯wo)韵有原始舌根音韵尾的证据还可以从下列同源关系中发现一些：“衚 ɣuo”（街道）与“街”（同义）相关（《汉语词族》60 页 M24，kĕg）；“呼 uo”（呼喊）与“号”、“號”（ɣâu <-g，同义）相关；“紓 śi̯wo”（放走）与“縱 tsi̯wong”（同义）相关；“歔 i̯wo”（打鼾）与“齁 ə̯u”（同义）相关，后者我认为有舌根音韵尾（见上文谐声系列 484 号及《藏汉词汇比较集》325 号）。

② 这里构拟元音韵尾的设想在现代方言的-ai (-u̯ai)韵中也能找到反证，尤其是闽南语，例如福州话 muai “麻”和“痲”、nguai“我”、tuai“舵”等（比较高本汉《中国语言学研究（Philology and Ancient China）》714 页及后）。我应该感谢龙果夫使我注意到方言中的韵尾元音化，这一音变已经基本无迹可寻（Or. Litztg.，1931，col. 1086 and n. 1）。

③ 《小雅·节南山之什·小旻》第九诗节。

④ 为了与这个改动以及其他改动一致，下列谐声系列（见《上古汉语辅音韵尾之构拟》ii 第 28 页附表，号码见高本汉《中日汉字分析字典》）也要做相应改动，有的舌根音（或舌尖音?）韵尾应该改为舌尖音，有的应该加上齿音韵尾：1 阿、70 禾、72 何、93 化、117 火、132 羲、196 宜、204 義、223 也、337 奇、342 加、343 鬩、410 戈、413 哥、414 可、417 科、437 咼、533 离、534 離、569 羅、593 麻、647 那、679 我、684 罷、721 皮、753 波、776 西、846 沙、1006 多、1008 隓、1009 隋、1011 它、1099 左、1157 差、1313 爲。同时 704 号“備”的舌尖音韵尾应改成舌根音，1096 号“此”和 1110 号“觜”应该加上舌尖音（?）韵尾。

⑤ 但是我在《上古汉语辅音韵尾之构拟》ii 第 27 页注释 1 对此做了错误解释。

204 羲:"羲 χjie̯"[1](呼吸),属于词族"氣 k'je̯i"(同义)和"喟 k'jwi"(重呼吸),都有原始舌尖音韵尾。

337 奇:"崎 k'jie̯"又读 g'je̯i,有原始舌尖音韵尾。

"倚"(倚靠)属于有原始舌尖音韵尾的"依e̯i"(同义),;比较《汉语词族》83 页 217 号。

342 加:见下文 343 号。

343 叚:"瘸 g'i̯wa"(跛)属于"蹇 ki̯ân"(同义)。

410 戈:"戈 kuâ"(长矛)属于有原始舌尖音韵尾的《汉语词族》84 页 300 号等。

414 可:"何 χâ"(怎样)属于"曷 χât"(同义),比较《汉语词族》81 页 93 号等。

"奇"见上文 337 号。

435 冎:"咼"见下文 437 号,也比较"骨 kuət",如果该系列有舌尖音韵尾,那么"骨"就可以解释成语音组合,而非会意字。

437 咼:"窝・uâ"(巢穴)属于《汉语词族》12 页 114 号等。"窠"(有原始舌尖音韵尾,高本汉构拟为 k'uâr。)也应该属于该词族。

"過 kuâ"(超越)属于"橛"(门槛)(《汉语词族》82 页 184 号 ki̯wat)和有原始舌尖音韵尾的"外 nguâi"(外面),也可以加入上述词族。《汉语词族》81 页 90 号"遠 gi̯wan"(距离远的)可能也属于此。

593 麻:"摩、磨 muâ"(摩擦)属于"抹 muât"(同义)。

"麼 muâ"(馒头)属于"饅 muân"(同义)。

"靡 mjwie̯"(不)属于"未 mjwe̯i"(高本汉构拟为 mi̯wəd)、"末 muât"(同义),属于《汉语词族》93 页 83 号词族。

"麾 χjwie̯"(信号旗)属于有原始舌尖音韵尾的"旂 g'je̯i"(同义)。

"糜 mjwie̯"(稀粥)属于有原始舌尖音韵尾的"米"(米),可能也属于"飯 b'i̯wɒn"(米饭)。

679 我:见上文 204 号。

721 皮:"簸 puâ"(扬谷器)与"播"同源,后者所在谐声系列韵尾为 n。比较《汉语词族》33 页 33 号"磻"和 34 号"鄱",读音为 b'wân、pwâr 和 pwâ,因为高本汉为-â 构拟了一个上古元音韵尾,他解释 pwâ

① 高氏字典 132 号。

和 pwâr 并列，是由脱落-r 韵尾演变而来。

“跛 pji̯e̯”（倾身），又读 puâ（跛行），属于“偏”（倾向一边）。

“坡 pʻuâ”（斜坡）属于“阪 pi̯wɒn”（同义）。比较《汉语词族》94 页 152 号以下。

“被 bʻji̯e̯”（覆盖）属于有原始舌尖音韵尾的“蔽 pi̯âi”（掩盖，隐瞒）与《汉语词族》94 页 111 号词族。

“披 pʻji̯e̯”（打开，划分）属于“别 bʻi̯ât”（使分开，划分）与《汉语词族》92 页 26 号词族。

1008 陊：“陊 dʻuâ”（倒塌）可能属于“墜”和“隤”（《汉语词族》91 页 342 号 dʻi̯wəd 及 343 号 dʻwər）。比较“毻”字两个读音 tʻuâ 和 tʻuâi，后者有原始舌尖音韵尾。

1009 隋：1008 号的子系列。

1157 差：“搓 tsʻâ”（在双手之间碾、摩擦）属于“擦 ṭṣʻat”（摩擦，擦拭）。

1313 爲：“㺔”[①]除了读作 χjwie̯，还读作 χāi，-āi 尾指向原始舌尖音韵尾[②]。

（2）谐声系列 703 号“卑”

从《汉语词族》78 页 88 号看来，高本汉明显将“陴 bʻji̯e̯”构拟为bʻi̯ĕg[③]。他显然是按照段玉裁的排法来的，后者将该谐声归为 16 部。我为 703 号谐声系列构拟了舌尖音韵尾[④]，有鲁人之诵[⑤]为证，其中“鞞”[⑥]与“戾”[⑦]押韵，后者有 liei 和 liet 两读。

3. 唇音

高本汉在《中日汉字分析字典》[⑧]中简要提示，有唇音声母或含 u 双元音的音节可能有舌尖音或舌根音韵尾，可能源于唇音韵尾的异化作用。后来他

---

① 《广韵》去声卷第四泰第十四。

② 见《上古汉语辅音韵尾之构拟》ii 第 4～5 页。

③ “陴”因有齿音韵尾，所以应该添加到《汉语词族》第 94 页 111 号以下。

④ 见《上古汉语辅音韵尾之构拟》ii 第 26 页。

⑤ 记载于《吕氏春秋·先识览·乐成》。

⑥ 译者注：《吕氏春秋·先识览·乐成》原文作：“麛裘而韠，投之无戾。”与“戾”押韵的是“韠”，而非“鞞”。《康熙字典》载“韠”俗作“鞸”，所以应为西门华德之误，特此指出。

⑦ 高氏字典谐声系列 530 号。

⑧ 见第 30 页。

在一篇论文中对此详加解释①。我在《藏汉词汇比较集》②中指出更多异化作用的情况③。谐声系列 499 号“萑”出现在藏汉词汇比较式 275 号及 277-9 号，如果我们接受为其构拟-m 韵尾，那么就可以将其添加到《汉语词族》95 页 21 号“顴 g'i̯wän <-m”④以下。同样，我们可以根据比较式 283 号，为谐声系列 845 号“旬”构拟原始唇音韵尾，从而将“旬 zi̯uĕn <-m”（十）和“十 źi̯əp”（十）归入同一词族。我们为比较式 266 号的“歲 si̯wäi <-d，si̯wät”也构拟唇音韵尾。那么《汉语词族》89 页 265 号以下的词都应该是唇音韵尾（仅指带 w 的词），如上文提到的 845 号“徇”（比较式 276 号），还有“團”（比较式 265 号 d'wân）（圆）和“轉”（比较式 267 号 ti̯wan）（转动）可能属于藏语 zlum 和 ldum（圆）⑤。比较式 272 号“飇 dzi̯wan”（旋风）属于高氏字典谐声系列 843 号，该系列的词属于同一词族，我们根据它的藏语同源对应词将其构拟为 ts'ub。根据藏语 ljibs（舔）为“吮 dz'i̯wän”（同义）⑥构拟原始韵尾-m，并扩展到整个谐声系列 293 号“允”。从“浚 si̯uĕn，tsi̯uĕn”（深）和“駿 tsi̯uĕn”⑦（快马）两个词可以发现这个-m 尾的证据，它们都属于谐声系列 293 号的子系列（1127 号），分别与“深 śi̯əm”（深）⑧和“駸 ts'i̯əm”⑨（疾驰）同源。最后，我们可以将带原始-m韵尾的“楦”（鞋楦）看作藏语 hlam（鞋）的同源对应词。因为现在已经为谐声系列 93 号“化”构拟了舌尖音韵尾⑩，汉语“靴”χi̯wa（鞋）本来在比较式 289 号与藏语 hlam 对应，应该和 krad（同义）对应更合适。谐声系列 1141 号“退”也有原始唇音韵尾，因为“退”的旧字形“衲”声符是“内”，有唇音韵尾⑪。

---

① 《上古中国音当中的几个问题（Problems in Archaic Chinese）》JRAS.，1928 年，第 770 页及后。

② 见第 23 页及后。

③ 也见上文“综合观察”部分。

④ 据藏汉词汇比较式 277 号＝藏语 h̠gram。

⑤ 见《藏汉词汇比较集》第 44 页 § 96。

⑥ 比较“舔 t'iem”（舔），粤语中有 t'im 和 lim 两读，揭示原始声母 t'l-。

⑦ 比较藏语 ć'ibs（马）。

⑧ 比较《汉语词族》第 97 页 36 号以下。

⑨ 比较藏语 ć'ibs（马）。

⑩ 见上文“舌尖音（1）”部分。

⑪ 见下文“声母”部分。G. Haloun 教授曾引用该字形。他为谐声系列 97 号“褱 ɣwai”也构拟了原始唇音韵尾，因为将其视为“罘 d'âp”的子系列，高氏字典未收录该系列。他希望不久能够自己来处理声母构拟的难题：假设呈互补关系的声母在发音部位上差别却如此巨大。

二、元音系统

高本汉的上古汉语元音系统以段玉裁和王念孙的押韵理论为基础，在《诗经研究》中已经构拟出主要轮廓，在《汉语词族》中引入舌尖音前的元音进行补充，又在讨论李方桂的建议后进行了修正。但是第二版构拟仍然不能尽如人意。例如很难相信，上古汉语在舌尖音韵尾前面只有 a(a、â、ă)、e(e、ɛ)和 ə 这几个重读元音，而没有 i、o 或 u。高氏系统里舌根音韵尾前面也不会出现重读 i，因为他解释《切韵》的-i 全都从-əi 或-ɛi 单元音化演变而来，而后者源自-əg、-əd、-ɛd 或-ər。另外，在舌根音韵尾前面构拟那么多 ə 和 o 也令人犹豫。

至于讨论高氏系统的细节，我想很难接受上古汉语双元音与《切韵》双元音 ie 对应。通过与藏语比较，我们可以推测这一类上古汉语词可能是这样的：单辅音或双辅音声母＋单元音(前面可能有介音 i̯ 或 u̯)＋辅音韵尾。高本汉机智地删除了《切韵》的双元音 uo，认为它部分源自上古 o 音“裂变(Brechung)”，部分源自上古 wo。这样一来，他为之构拟了的四种上古音来源 ie、ia、iô 和 io 的双元音 ie 就显得与 uo 性质完全不同。还有另一个难题：轻易将非重读辅音性质的 i̯ 构拟成“辅音＋l/r/y”结构的复辅音，然而我们很难接受对元音性质的 i 做相似处理[①]。我建议只是暂时保留该方案[②]。而且如果我们观察高本汉依据押韵所做的元音区分，它们(至少部分地)看上去并不够合理。例如，他的 D 部只有一个字韵母是-iei(蛴)，从未在诗韵出现过；E 部有两个字(嚏、曀)，F 部有三个字(戾、棣、淠)，其他字都分到 G 部(共计 25 字)。他正在将 iei 韵区分为 iad(D 部)、ied(E 部)和 iəd(F 部)，而每个韵部都不超过一到三个字，还将大部分 iei 韵字(G 部)构拟为 iər，因为他认为 G 部字原本应该元音相同、韵尾不同。他遵循王念孙将 G 部和 F 部区分开来。由于 F 部除了入声字外就只有去声字，我们想知道构拟韵母 iər 是否没有受到上文提过的高本汉的声调理论影响，虽然他已经放弃该理论。我认为应该从元音上对上述韵部做必要的区分，因为(仅仅陈述事实)大部分带舌尖音韵尾-i 的字(42 ＋ 4 字，未计算-wi)也出现在 G 部。至于双元音 ie，我觉得最简单的办法就是假设它源自一个单元音(ɛ̄?)的“裂变”。

总体来说，我们不禁觉得，高本汉构拟上古汉语元音系统时过于严格遵循

---

① 《汉语词族》55 页的构拟 íĕg ＞ ía ＞íe̯也令人犹豫，宁愿认为构拟上古音 ie 是个“原则性错误”。

② 见《藏汉词汇比较集》第 54 页。

中国学者对押韵的区分，有时甚至称得上细致入微。不可否认，一旦印汉语系(Indo-Sinitic)词汇比较取得进展，亲属语言的元音系统将会非常有助于修正目前的构拟。

三、声母

高本汉在构拟上古汉语双辅音声母时异常谨慎，这样做是对的，理由见如《汉语词族》56 页及后。构拟双辅音声母时不但依据字形，还参考同源关系，例如将“昏 χuən”构拟成 χmwən[①]，这种方法很新颖，但我认为完全合理。

…………

一篇批评性的评论文章应该强调作者与评论者之间的意见分歧甚于相同观点。上古汉语的构拟才刚刚起步，还需要大量修正和强烈批评，这是再自然不过的事了。本文丝毫不会贬低高本汉教授对此做出的贡献。他构拟的新音系再次证明了他在研究领域的敏锐眼光和蓬勃活力。

① 见《汉语词族》第 93 页 99 号以下。这间接证明了我在《藏汉词汇比较集》§97 中为“火”构拟上古音 muâđ，推测演变为 uâđ < muâđ，以便解释大多数印汉语表示“火”的词都含有 m 声母(比较藏语 me 和若开语 me-n:等)。高本汉现在构拟“火”为 wâr(《汉语词族》第 80 页)。